法海寺全景复原图局部（张嘉鼎 绘）

法海寺关帝庙（张嘉鼎 绘）

晏公祠（张嘉鼎 绘）

法海寺遗址（2011年）

香山法海寺

张嘉鼎　铁木伦　著

學苑出版社

图书在版编目（CIP）数据

香山法海寺 / 张嘉鼎，铁木伦著．—北京 ：学苑出版社，2014.10

ISBN 978-7-5077-4618-1

Ⅰ．①香… Ⅱ．①张… ②铁… Ⅲ．①佛教－寺庙－介绍－北京市 Ⅳ．①K928.75

中国版本图书馆CIP数据核字（2014）第217541号

出 版 人：孟　白
责任编辑：洪文雄
装帧设计：徐徐书装
出版发行：学苑出版社
社　　址：北京市丰台区南方庄2号院1号楼
邮政编码：100079
网　　址：www.book001.com
电子信箱：xueyuanpress@163.com
联系电话：010-67601101（销售部）　67603091（总编室）
经　　销：新华书店
印 刷 厂：三河灵山红旗印刷厂
开本尺寸：710×1000　1/16
印　　张：13.5
字　　数：235 千字
版　　次：2015年1月第1版
印　　次：2015年1月第1次印刷
定　　价：48.00元

目　录

导　言

北京城的西郊，从南向北横亘着一条连绵起伏的山脉，其南端接房山，北接昌平；中间因永定河（古称无定河）蜿蜒曲折经过，将山截为两段；南段最高峰有百花山、马鞍山；北段最高峰为妙峰山，人们称之为西山，属太行山支脉，与燕山山脉相连。在这条支脉的中间凸起的地方形成了一座550多米高的山峰，就是香山的主峰香炉峰（鬼见愁）。以它为中间点，向右（向南）就是凤凰山（万安山）、翠微山、八宝山、平坡山、卢师山，直通永定河畔的官闸口；向左（向北向东）有寿安山（卧佛寺后山）、荷叶山、金山、青龙山、瓮山。这组山脉像是一只卧在地上的大象：香山主峰为象头，八宝山为象尾，翠微山、凤凰山为象身；红山头为象腿，寿安山、青龙山为象鼻子，直伸向青龙桥。如今香山四王府东侧“正蓝旗”后山仍有“象鼻子沟”的地名。这组山脉，就是人们常说的

西山叠翠图局部（张嘉鼎绘）

“西山”，而小范围也就是通常所说的香山了。乾隆六年（1741年），乾隆皇帝有诗歌赞西山：“迤逦西峰翠霭侵，纱厨闲凭散幽襟。无心最喜云生岫，得句多因座对岑。黛色烟光相罨画，卧游静赏当登临。晚来兰若僧方定，遥想疏钟度远林。”

由于这座山挡住了北面来自漠北的寒风，又拦截着东南来的潮湿暖流，成为调节北京城区气候的天然屏障。山岭上遍布着森林植被，平原上曾是水网湖沼河流，是许多动植物栖息生长的地方，为人类的生存创造了条件。香山自古就是一处天然壁垒，山上炮台和要塞是护卫京城的门户。早在3世纪的“曹魏”时代，负责蓟城防务的“征北大将军”刘靖，为解决军粮的需要，修筑“戾陵遏”和“车厢渠”引水工程，直把水引进高梁河，灌溉了大约两千顷土地，种植水稻。

晋代，西郊曾建龙泉寺，清朝康熙时改叫潭柘寺，所以人们常说：“先有潭柘寺，后有北京城。”到了唐高祖武德五年（622年），在马鞍山建了慧聚寺（明代重修改名戒台寺）。辽代时北京成为陪都——南京。后来，金代建成金中都，金章宗在西山一带建了金山行宫、玉泉山行宫——芙蓉殿、香山行宫——大永安寺、法云寺香水院、大觉寺清水院、瓮山泊金水院等名胜古迹。

元代把香山碧云寺、卧佛寺的水用石槽引入玉泉山汇入瓮山泊（昆明湖）。明代，西山一带开始了园林构筑，埋在“十三陵”定陵那位皇帝叫朱翊钧，是有名的“万历皇帝”。他的外祖父李伟，在海淀镇北盖了“京国第一名园”——李园。书画家米万钟建了“勺园”，人们评论说：“李园壮丽，米园曲折，米园不俗，李园不酸。”

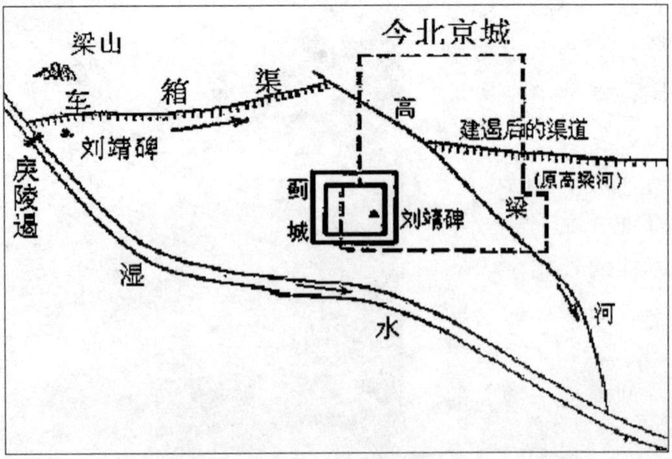

戾陵遏与车箱渠示意图

到了清朝，康、雍、乾祖孙三代，先后用了一百五十年的时间营建皇家苑囿，开始了北京西郊筑园的鼎盛时期，建成了著名的“三山五园”，即：香山静宜园、玉泉山静明园、瓮山（万寿山）清漪园和圆明园、畅春园。在这些皇家苑囿附近，还建造了许多宗室大臣的赐园，如淑春园（故址在北京大学未明湖畔）、镜春园、鸣鹤园、朗润园、蔚秀园、承泽园（北大校园内）、近春园、熙春园、长春园、绮春园（后改万春园）等，海淀东西二十里内，山环水抱，名园如珠，连绵不绝。环绕这些园林的还有三个“八旗外驻营”：一个是圆明园护军营；一个是蓝靛厂外火器营；一个是香山八旗健锐营。圆明园护军营如今只留存下“遗光寺”西边的“镶红

正黄旗及小营（清《西山名胜图》局部）

香山法海寺远眺（张嘉鼎绘）

旗”营和清华大学南侧的“蓝旗营”（正蓝旗）地名，其余各旗已然更名或久已不存。

北京西郊诸园林除了光绪重修的颐和园外，也只剩香山静宜园和玉泉山静明园等为数不多的皇家园林遗址景点了。虽然在北京植物园内保留了几座健锐营碉楼和营房，团城演武厅也建成了博物馆，但其他大大小小的历史遗迹大多已渐消失在人们的记忆里，其中有一座历史上富有盛名的寺庙，不仅文献中多有记载，而且在西山一带还流传了许多有关它的传说和故事，它就是香山法海寺。

香山法海寺位于西郊香山南麓的万安山半山腰，也叫万安山法海寺，原名叫“法华寺”，其山脚下的关帝庙叫法海寺，后来合为一个大庙，过街塔门上篆“敕建法海禅寺”的匾额。从明朝到清朝，这座寺庙受到朝廷的保护，屡经修缮。清朝入关不久，顺治十七年五月二十一日（1660年），奉御旨发告示于万安山法海寺“禁止闲杂人等放牛羊、打柴……”并在康熙五年春三月（1666年）立石碑和修整寺门。至今寺内四幢石碑完好。因此，人们又称这座法海寺为“北法海寺”，称模式口（磨石口）法海寺为“南法海寺”。

这两座法海寺不仅名字相同，据说地下有一条地道相连。大约是在清末，“正红旗”有一个人偷着去法海寺内探宝，被法海寺内的二当家的抓获，方丈不在家，就把他关进法海寺南沟帮的一个山洞里，待方丈回来发落。谁知一时忘记，两天后方打开洞门看饿死没有，可是一看洞内没人，点燃火把，遍找不到，只见有一条地道又深又远。后来才知道，被关的那人闷得难受，他摸黑儿朝洞里走去，越走越远，越走越亮堂，终于找到了另一端的出口，上来一看，已经来到模式口的南法海寺。从此，人们知道这两个寺地下相通着。

在西山三百六十寺中，法海寺非常有名。传说北法海寺是杭州《白蛇传》里那法海“金山寺”的下院，其实，那是附会杜撰之说。真正的法海另有其人，如今有一座“敬佛”碑石，刻着顺治以“痴道人”为号书写的“敬佛”两字石碑；其碑阴（背面）就是“西天东土历代佛祖之图”碑。在前院南面立有“紫沙门传临济正宗三十二世嗣法报恩法海开山第一代慧枢行地主”的御碑。而大雄宝殿前北侧石碑的碑阳就是“示禁碑”，碑阴是“敕赐万安山法海禅寺界址”碑。

据故老相传，这北法海寺的和尚很有学问，“扬州八怪”之一的郑板桥（1693—1765）和《红楼梦》一书的作者曹雪芹（1715—1763），都同老禅师交往甚厚，在此“学经访道”，曹雪芹书中所描述的“参禅”及佛学机理，都是向这里法海禅师学的。郑板桥三次来北京，三次住在北法海寺内，他有：“汝到京师必到山，山之西麓有禅关；为言九月吾来住，捡点白云房半间。”的诗句。他在第二次来北法海寺时，大约是1736年，他回忆头一次到北京同友人游法海寺时摘苹婆果的情形，写道：“惜年曾此摘苹婆，石径欹危挽绿萝。金碧顿成新法界，惜他荒朴转无多。参差楼殿密遮山，鸦雀无声树影闲。门外秋风敲落叶，错疑人叩紫金环。树满空山叶满廊，袈裟吹透北风凉。不知多少秋滋味，卷起湘帘问夕阳。”郑板桥第三次来法海寺正值1741年冬天，他有诗写给离此不远的“卧佛寺住持青崖老人”，诗曰：“一夜西风雪满山，老僧留客不开关。银沙万里无来迹，犬吠一声村落闲。”还有另一首《山中雪后》：“晨起开门雪满山，雪晴云淡日光寒。檐流未滴梅花冻，一种清孤不等闲。”此次住在北京时间很长，直到转年春上，他将到山东范县当县令告别紫琼崖主人时，已是：“红杏花开应教频，东风吹动马头尘。”从此，再也没来北京。可是他在京期间所写的诗词却成为他一生美好的回忆，也使居住在香山法海寺和卧佛寺附近的人们感到亲切。

老舍先生于1964年来此小住并创作了《正红旗下》。当时他曾探访此山此寺并调查了曹雪芹在这一带的传说，留下了：“门头村里好为家，文艺源泉岂浪夸。金玉良缘终是梦，镰锄碧野遍开花。……”的诗句。[①]

老舍先生晚年在此寻游，到我家做客，与吾父促膝长谈……诸多场景，我历历在目。

如今模式口的南法海寺已修葺一新，并对外开放，可惜曾经辉煌宏伟，人文荟萃，影响巨大的北法海寺却消失在人们的记忆里。如今，北法海寺碑石虽在，庙宇面目已非，不老泉池尚存，但梅花已枯，苹婆已无。我少年时所见的后殿、大钟及绕屋的泉水也全不存，令人深感遗憾。最让人可惜的是许多了解香山法海寺的人相继故去，加上相关文献缺乏整理，许多史料记载也渐同南法海寺相混淆，留下许多讹误。北京香山法海寺曾吸引许多朝野之士学佛敬祖，祝国祐民；留下了古今诸多历史名人、文人雅士的足迹和诗词篇章的记述歌咏。这是香山其他庙宇所难比的，这也是香山法海寺的特殊价值所在。

笔者张嘉鼎生在这里、幼年就居住在这里，解放前夕迁居到山下。1965年战备的需要，搬迁到门头村铁关帝庙后，居民新村居住。1957年起，我曾将香山法海寺和附近的庙宇、名胜绘画成图保存，留下了许多真实的资料。为了保护文化遗产，重视传统文化，丰富人们的生活，我携同铁木伦将积攒60年来关于香山法海寺的资料以及与之相关的趣闻轶事，汇集成册，以飨读者，力图向大家呈现香山法海寺的往日胜景。可喜的是1999年1月，海淀区人民政府将此处列为“海淀区文物暂保单位”，并于1999年7月立牌保护。2011年4月底有关部门对山门进行清理维修，并升级为海淀区文物普查登记项目，牌上记录：“北京市海淀区文物普查登记项目，法海寺遗址，海淀区文化委员会二零一二年一月立”。

法海寺，是在元代大宣文宏教寺遗址上建立的，清代康熙、雍正、乾隆时期

---

① 笔者曾撰文《北京两处“法海寺”》，刊于《地名报》1988年第八期。

是法海寺的鼎盛时期。其寺界规模在顺治所立“示禁碑”上有所记载：“敕赐万安山法海禅寺界址：东至山门塔；南至龙泉岭；西至主山顶；北至香山岭。”其他文献还记载了其位置和规模。《余文敏集》载：“出小碧云寺而西，有宏教寺，寺在山脊，东上一阁宣庙曾驻跸于此。”《珂雪斋集》载：“宏教寺有亭可眺，亦有乔松怪石，佛像清古，为山中第一。”《曝书亭集》载：“朱彝尊《西山宏教寺题壁》：都城西山宏教寺，正德间中贵晏忠所造。……按元史，中书省言：养给军民，必藉地利。世祖建大宣文宏教寺，寺赐永业。今遗迹无考。观晏忠祠石像礼器制度浑朴，不类明时所凿。且元于儒释初无分别，疑寺即宣文宏教之遗址，晏忠特修饰之尔。”

从各文献所记述内容来看，有石狮、寺门、

法海寺示禁碑（被毁前，摄于2011年）

殿柱石、须弥石座、摩崖石刻、古松、奇石、古泉、石碑、旗杆石座、围墙等古迹建筑，还有一条后花园的山谷，建筑遗址、石洞、古木、奇花、怪石、溪流等可大致推测出香山法海寺的山场规模不小于百亩。

为了使大家有个比较明晰的概念和地理方位，本书按香山法海寺地界碑所属范围，从以下几部分加以叙述：

一、香山法海寺的历史概况和历史面貌；二、香山岭南庙宇群的分布情况和简要历史；三、阅武楼建筑群、八旗键锐营、小营与香山法海寺的密切关系；四、龙泉岭庙宇群的分布情况和简要历史以及与香山法海寺的关系。五、香山门头村与西山门径。力图给读者复原香山法海寺及周边的辉煌胜景。

一、法海寺沧桑

据考证：佛学在北京起源于东晋十六国时期。潭柘寺始建于西晋永嘉元年(307年)，寺院初名“嘉福寺”，清代康熙皇帝赐名为“岫云寺”，但因寺后有龙潭，山上有柘树，故民间一直称为“潭柘寺”，因其历史久远，故又有“先有潭柘寺，后有北京城”的俗语。1977年延庆县“宗家营”出土了北魏太和（227年）铜镀金释迦牟尼佛像；1982年房山区“北郑村辽塔”出土了数尊北魏的石佛像。南北朝时期，东魏、北齐和北周先后统治北京，中原佛教也影响到北京。北京法源寺有碑文记载此事。

隋唐时期，北京四周寺庙林立，城内就有悯忠寺、宝集寺、崇效寺、胜果寺……这些寺庙当时集中在房山白带山、幽州城和盘山三处地方。到契丹、女真和蒙古等少数民族建立的辽国、金国、元帝国时，佛教更是兴盛。辽国公主建的“大昊天寺”名冠全国。辽国所刻“房山石经”四千余石，为佛学文化集大成者。金代时期，虽不如辽国的“八大宗派”（禅宗、净土宗、律宗、密宗、三论宗、唯识宗、天台宗、华严宗等大乘八宗；成实、毗昙等小乘）兴盛，但是流行的禅宗有临济、曹洞、云门三个派别。建有大庆寿寺、万寿寺、圣安寺为三派传播的中心之所。

元代大都，除了有传统的汉传佛教外，又传来了藏传佛教（即喇嘛教），修建了诸如白塔寺等藏传佛教寺院。《元史·释老传》载：“帝师之甚尤不可与古昔同语。”其中的藏传佛教寺庙有：大圣寿万安寺、大护国仁王寺、大普庆寺、大承天护圣寺、大天源延寿寺、大崇恩福元寺、大宣文宏教寺等。《山行杂记》载：“香山南为门头村。村后为万安山，山门上建白塔为宏教禅林。”其中所载

明宣宗画像

宏教禅林即香山法海寺前身。据《元史》记载，中书省向元世祖上书说，“养给军民必藉地利。世祖（忽必烈）建大宣文宏教寺，寺赐永业。”

明清时期，佛教寺庙很多重修，那时有：真觉寺、大慈恩寺、大兴隆寺、大能仁寺……明代崇尚噶举派，清代崇尚格鲁派（还有古老的萨迦派）。汉传佛教都以“伽蓝七堂”的形式为主，设弥勒殿、四大天王殿、三世佛殿、十八罗汉、四大菩萨等。“西山三百七十寺，正德年间大珰作。”明代修庙最多的是太监们和万历皇帝的母亲、慈圣皇太后李皇后。李皇后是穆宗皇帝的贵妃，万历六岁时其父皇驾崩，由母亲摄政，笃信佛教，所以对“京师内外多置梵刹，动费巨万，帝亦助施无算。”明宣宗朱瞻基，就是著名的宣德皇帝，他提倡佛教，并诚执铸造香炉，所造宣德香炉成为最珍贵的精品。他曾经驻跸香山法海寺旁的“中峰庵”。

《五城寺院册》载：“静宜园之西万安山有法海寺、法华寺。”《日下旧闻考》载：“法海、法华二寺前后互相连属，相传为宏教寺遗址，本朝顺治十七年（1660年）修建，改今名。前为法海寺，门上有小塔，门内为关帝殿。约半里许为法华寺，门内弥勒佛殿前恭悬皇上御书额曰德水香林。联曰：法雨霏空标七净；慧珠照海启三明。大悲殿前御书额曰筏通彼岸。联曰：山色溪声真实义；天光云影去来身。后殿恭悬圣祖御书额曰法门通慧，皇上御书额曰十地圆通。联曰：华海灵源分一滴；金轮妙谛演三乘。寺右精舍五楹，额曰悟色香空。联曰：妙谛远空华海藏；勤修长获福田根。皆皇上御书。殿内本朝碑二：一为顺治十七年奉旨示禁碑；一恭勒世祖（顺治）御书敬佛二字，乃赐僧慧枢者，碑阴隽历代佛祖图。门内本朝碑一，大学士（曲沃）卫周祚撰（应是书），康熙五年（1666年）立。”碑文落款是：资政大夫刑部尚书淮南龚鼎孳拜撰，光禄大夫少师兼太子太保刑部尚书内国史院大学士曲沃卫周祚书。寺后西南为龙王堂，有泉流通僧院。

清定都北京后，清朝皇帝也接受了汉传佛教的影响。顺治时，临济宗最盛，对顺治帝影响很大。民间野史就有顺治出家的传闻和记载。到了康熙时，除了重视临济宗外，也重视律宗。康熙四十年（1701年）《临济宗派图碑》“临济正宗”排图如下：“智慧清静、道德圆明、真如性海、寂照普通、心源广续、本觉昌隆、能仁圣果、常演宽宏、惟传法印、证悟会融、坚持戒定、永继祖宗。”又续曰：“湛然法界、方广严宏、弥满本觉、了悟心宗、惟灵廓彻、体用周隆、闻思修学、止观常融、传持妙理、继古贤公、信解行证、月朗天中。”①

康熙、雍正、乾隆时期，为藏汉佛教的交融时期。香山法海寺也得到了重视和修复，其发展也随之进入鼎盛时期。雍和宫清代石碑《喇嘛说》载“兴黄教，之所以安众蒙古。”藏传佛教在北京受到帝王和皇室成员崇敬和信奉，得到了重大的发展。他们礼敬高僧，为藏传佛教大兴寺庙，所做“功德”无数。

康熙帝亲自册封了一世章嘉国师、一世哲布尊丹巴活佛和五世达赖喇嘛，率先在宫廷创设中正殿念经处，兴建了玛哈噶喇庙、永慕寺、资福院等多座喇嘛庙等。雍正皇帝舍邸为庙，建成了规模宏伟的京城第一大庙——雍和宫。乾隆皇帝

清初法海寺（清《西山名胜图》局部）

① 抄自国家图书馆藏拓片《临济宗派图碑》。

更是重视藏传佛教的发展，在雍和宫内亲自立碑，刻有著名的《御制喇嘛说》碑。碑文记载："兹予制一金瓶，送往西藏，于凡转世之呼必勒罕，众所举数人，各书其名置瓶中，掣签以定。"道出了建立金瓶掣签制度的缘由。

雍正时，在内蒙古多伦淖尔汇宗寺附近一里左右地方，建造了善因寺。从此，清政府赐给历代章嘉呼图克图以内蒙古多伦淖尔善因寺为居住地，并统辖内蒙古49旗、青海29旗为供养地；作为章嘉累世的居住、梵修之所。从此，历代章嘉呼图克图夏住多伦淖尔善因寺，冬居北京嵩祝寺，成为惯例。《顺天府志》载："嵩祝寺，章嘉胡图克图所居。东有法渊寺，西有智珠寺。又东为三厂遗址，明置番经厂、汉经厂、道经厂于此。……"

弘历（乾隆）继皇帝位后，对章嘉极为信任和宠幸，让他住持雍和宫、旃檀寺、法海寺多年，并主持佛经的翻译工作。还让他主持了一些重大的宗教和政治活动，穿梭奔走于京城与蒙古、青海和西藏之间，成为弘历处理宗教和民族问题

故宫雨华阁

的参谋和助手。例如乾隆二十二年二月，达赖喇嘛圆寂，弘历命章嘉国师赴西藏协助驻藏大臣寻访转世灵童。他在西藏工作一年多，访定了灵童，得到皇帝的确认，由六世班禅大师给灵童落发剃度，解决了达赖喇嘛的传承世系问题。

1749年，乾隆皇帝还在故宫西六宫的墙外，春华门内建有一座三层鎏金宝顶、四角攒尖、上伏四条金龙的楼阁——雨华阁（也称雨花阁)。1769年加建抱厦，1776年重铸金塔、金龙、金顶。1779年完工，这是故宫里唯一一座藏传佛教的金顶建筑。是章嘉国师若必多吉应乾隆皇帝请，奉旨仿西藏阿里托林寺而建。阁分三层，呈宝塔状，一层最大，分为三进，乾隆御书《智珠心印》匾，悬于前厅。中厅有三座檀香木雕成的坛城，供奉三位密宗得道的先师。后厅是佛龛，供奉着九位佛像。后墙和两边墙壁上，画着佛像，左边像极美、右边像极丑，一美一丑反映出藏传佛教的特色。一层二层之间有小平台，设窄楼梯通上层，使三层阁变为四层，正符合藏传佛教分为四个等级的教义。所以，小平台两侧也有佛像。二层供奉着八位佛，壁画也是八位佛。二楼供奉着五位佛；檐下悬挂乾隆的御书“普明圆觉”匾额。三楼供奉着最高佛法的三位人身兽面双身大力金刚佛。这里是雨花阁的最高点，四周有廊子，可以望见故宫四周的风景，檐下高悬乾隆皇帝御书“雨花阁”的匾额。在这所院落的大门两侧就是分别供奉历世章嘉和班禅影像的影堂（佛堂)。乾隆皇帝向章嘉呼图克图活佛“顶足膜拜”习密宗大法，他二人既是师徒又是君臣，其所受礼遇可说至高无上了。据《大清会典事例》载：“嘉庆十一年（1806年)，上谕：现在章嘉呼图克图之呼毕勒罕转世（指四世章嘉呼图克图·丹毕坚赞)，着仍赏给香山法海寺、五台山普乐寺院等寺居住，所有国师印信及金顶黄轿、九龙黄坐褥、黄伞等项，着在松竹寺（即嵩祝寺）内妥为供贮，俟转世之呼毕勒罕习经卷后，能维持黄教时，再加恩赐。”

在雨华阁前面院内有两所房屋，西侧是章嘉呼图克图的佛堂，东侧是章嘉呼图克图活佛的居室。乾隆学佛时，章嘉在此侍候值宿，并教授密宗功法。清宫雨华阁章嘉呼图克图佛堂的香火，一直很旺，与皇家一起祭祀，直到宣统出宫，所有的祭祀才停止。至于每年雍和宫、黄寺、黑寺的“跳布扎”打鬼，断断续续直到今天，已成为一种民俗的表演活动了。

香山法海寺、宝相寺、招提寺……都是乾隆时代，三世章嘉呼图克图·若必多吉活佛奉皇帝旨意重修和新建的庙宇。特别是宝相寺，乾隆二十六年（1761年）乾隆皇帝对若必多吉活佛说：“我们满族人自博克多汗（指清太宗皇太极）

居住莫顿（盛京，即今辽宁沈阳）的时期起，直到现在，虽然信奉佛教，却没有出家的习惯。如今想在京师西面的山脚下建立一座寺院，内设一所全部由新出家的满族僧人居住的扎仓，你看如何？”

若必多吉活佛说：“博克多汗与格鲁派结成施主与上师的关系以后，在莫顿建有僧团和佛堂，后来迁都北京，历辈先帝和陛下都尊崇佛教，建立了身、语、意、所依止处，成立了僧伽，尽力推广佛教。当今又想创立前所未有之例规，建造佛寺，振兴佛教，自然是功德无量，圣恩浩荡。”

于是乾隆帝下令拨款，在香山修建了一座形式与雍和宫相仿的寺院（据乾隆帝所书承德《殊象寺落成瞻礼即事成什》的序言说，是按皇太后所记文殊容貌刻石，在香山建寺，题名宝相寺），内有佛殿和僧舍，由若必多吉活佛主持开光仪式，并担任堪布给新出家的满族僧人传授居士戒和沙弥戒。乾隆帝还下令说“在此寺聚诵时必须全部用满语诵经，因此所诵经典，务必译成满文。”若必多吉活佛遵此旨意，翻译了各种仪轨和修法的经籍，并因为西藏诵经的语调不适合用满语念诵，专门为用满语诵经的僧人制定了新的诵经语调。

乾隆三十二年（1767年），若必多吉活佛负责在北京西山脚下创建的内供大型文殊菩萨骑狮刻像的寺院——宝相寺建成，举行了隆重的开光仪式。乾隆皇帝亲自驾临其地，奉献供品。

以后，凡是乾隆皇帝到香山行宫来办事，就召住在附近香山法海寺内静修的若必多吉活佛，到静宜园勤政殿陪侍皇帝，咨询佛事活动。乾隆五十一年，若必多吉活佛圆寂在五台山镇海寺后，乾隆每每思念章嘉，便写下许多诗词。例如，乾隆怀念章嘉活佛[①]的诗歌《栖云楼叠去岁韵》[②]：

清晓山园莅驻舆，栖云例以据床居。
萧疏林麓真宜夏，构筑轩亭此最初。
肤寸何当即施雨，及时庶可润新余。
章嘉忽忆谈禅处，结习难忘自笑予。

---

① 章嘉国师是青海西宁人，生于康熙五十六年（1717年），是藏传佛教四大活佛之一。他幼年时聪颖伶俐，被雍正帝接进皇宫，对他倍加宠爱，让他与皇子弘历一起学汉、蒙、满文字，二人遂成为同窗好友。十八岁时被皇帝封为“灌顶普善广慈大国师。”

② 张宝章主编《乾隆三山诗选》第227页。

法海寺二道山门上的瞭望台遗迹

讲述了乾隆在香山栖云楼憩息时，回忆起往年驻静宜园，在此室召见章嘉国师谈禅讲经的场景时，不免怆然难忘。足可见乾隆皇帝与章嘉活佛·若必多吉的关系。章嘉国师足迹遍西山，曾陪六世班禅赴香山寺巡礼。他曾做《长颂》诗赞誉西山胜地为“天然美景”，是“福德无比佛祖说法处”。[①]

嘉庆十一年时，香山法海寺赐予章嘉呼图克图活佛，成为其京郊避暑之地。当时的章嘉呼图克图是第四世章嘉呼图克图·益希丹毕坚赞，此时已经19岁。根据记载，在元朝宏教寺遗址上曾出现法海寺、法华寺两座寺庙，到清顺治朝进行了修建，统称为法海寺。

1900年，法海寺毁于八国联军之手。八国联军将法海寺里的金佛和法器掠

① 陈庆英、马连龙译《章嘉国师若必多吉传》，1988年汉泽本。

法海寺遗址保护牌

法海寺遗址普查登记牌

走，并将山上小白塔捣毁。原来他们以为塔门上的小佛是金佛，费力爬上一看是陶佛和石佛，气急败坏就将其砸毁。

清帝退位后，根据“清帝逊位”的有关条款，寺庙和八旗营房得到了保护。随着八旗薪饷的断绝，八旗旗人多自谋生路，由于受所掌握技能所限，造成香山地区“三多”，教书的多，当警察的多（与当兵差相近），职员（银行、电车、邮局、铁路）多。无着落的旗人也有卖房和卖地生存的，境况凄惨。法海寺也因无国家的供养难以维持，靠出租房屋维持。抗日战争爆发后，章嘉大师南迁，只留少量家族人员和少数僧人看庙。因不时有土匪乘机侵入抢掠，家族和僧人全搬到山下松堂喇嘛庙里居住。到抗日战争胜利之后，这里都处于无人管理状态。山上的大殿被人盗卖木料砖瓦拆毁，后殿和其他建筑还存在，还有寻房（借住不交房租）的几户居住。

20世纪50年代初，庙宇虽还存在，但已断香火久矣，完全靠旗人自觉地维护。1949年，毛主席进驻香山办公，法海寺因临近香山，被划为军事禁区，将人们全部迁下山，法海寺完全废弃。1958年，香山开辟为公园后，法海寺仍然空着，只剩下最后的寺庙房屋。“文革”期间，法海寺遭到极大的破坏，许多建筑物不复存在。20世纪80年代建金山陵园，圈占了法海寺庙外的部分地方。1999年1月，海淀区人民政府将此处列为“海淀区文物暂保单位”，并于1999年7月立牌保护。2012年法海寺山门得到修复，海淀区文化委员会将法海寺遗址列为“北京市海淀区文物普查登记项目”。

二、走进法海寺

万安山是北京西山群峰中的一座小山，位于香山南侧，又名中峰，高450米。据《宸垣识略》载："西山别嶂忽开，如两袖之垂。其左为帝王庙、翠严寺、曹家楼，其右为弘教寺，而其中为中峰——在香山之后，以其居诸峰之中，故曰中峰。"法海寺在万安山正中的山脊上，坐西朝东，左右各有一沟，为"南沟"和"北沟"。如谚语哑谜诗："九缸十八窖，不在南沟在北沟……"说的就是这两条沟了。万安山也叫"凤凰山"，其山形似展开一只翅膀的凤凰，俗称"凤凰单展翅"。明清两代的风水方家，都建议皇帝要注意这里的风水，否则凤凰要展翅高飞了。

在这北沟里和北沟的北坡上有许多的其他庙宇。而南沟为"阴山背后"，早年建有"寨子"的营房，后来"起死回生"在北沟北岸重建了营房，这南坡就余留几株"盘儿松"和一个山洞（直通南法海寺的隐蔽洞口）。还有几块种荞麦的薄田，成为狩猎"山鸡"的地方，那里酸枣树密集，成为山鸡冬天觅食的地方，如今成了墓穴的林地。

明清两代此寺虽几经兴废，但其规模总是依山而建，其山场范围包括了法海寺塔门和左右的两沟直到山顶的小白塔，如今在这山林仍有残垣遗迹可寻。而且，元、明、清三代的兴废建筑遗址均有。

这里为什么要建庙宇？按明代皇帝的规定，这些地方为龙脉所在，不可建坟墓和庙宇，所以，元代的许多庙宇和太监的坟墓全都废弃了。只有道家的寺观留存，又多了许多的道家墓穴，如近年发现的"旭华之阁"北侧的"致和延寿洞"和它前面的"滕公之墓"即是。京西有句俗语："一遛边山府，七十二座坟"，说的是从颐和园北宫门的红山口往西直到杏石口的广大地面，就有：娘娘府、道公府、小府、四王府、公车府、杰王府、陈府、下道府……名为“府”，实际是坟墓。为了看守这些“地府”，还在玉泉山西侧设立了“坟户营”（如今叫丰富营）。

明代时，在门头村曾建铁关帝庙。据《日下旧闻考》载：“铁关帝庙铸铁为神像。明碑一，已仆，字迹半漫漶，略举其可辨者曰：门头村延寿寺（即：铁关帝庙），嘉靖戊申（1525年）于其东置赡寺庄地一所，庄地之阳，铸神像，修饬庙貌，至是年庚戌修葺，五月竣厥事，嘉靖庚戌闰月，知井陉县事六安（阙）撰。”

这个明代的铁关帝庙与凤凰山有什么关系呢？在香山一带有这样一个传说：乾隆皇帝相信风水，香山南山原名“凤凰山”，像展开了一只翅膀的凤凰，乾隆怕凤凰飞起，在这里设铁弓一柄，拉满弓对准西山的凤凰，不让其起飞。这里命名为“铁弓庙”。将凤凰山改名“万安山”；将卧佛寺后山改为寿安山；将四王府的金山改为压金山。这都是一物压一物了。我想这也许是道家斗法的功夫了，明

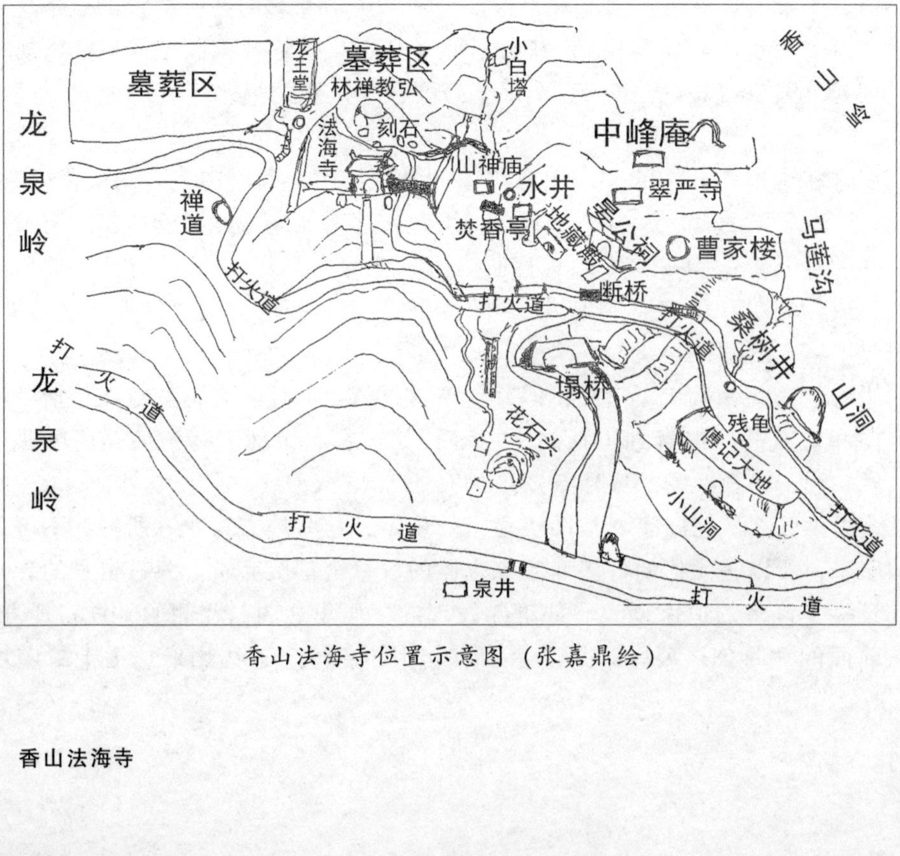

香山法海寺位置示意图（张嘉鼎绘）

代有几个皇帝信道教，也有几个皇帝信奉佛教，所以，时有盘山老道告和尚拆道观，时有和尚请命皇帝倒道观修寺庙的记载。清代尊崇藏传佛教的“黄教”，所以香山藏传佛教的寺庙很多。而乾隆很自信自己的密宗功能，把一切有风水的地方全都用“八卦神针”钉死了。在这个凤凰山的凤凰胸脯上修建了这处“法海寺”，可见他的良苦用心。

法海寺，成为当年饱学之士的聚会场所，连皇族的子弟也到这里聚会。顺治皇帝信奉佛教，其自号“行痴”、“痴道人”；他的孙子雍正皇帝，自称“圆明居士”。雍正的弟弟慎郡王允禧，号紫琼崖道人、紫琼居士，是郑板桥的好朋友，板桥跟琼崖道人书信往来不断，用赠书画诗歌来表达思念之情，如《画兰寄呈紫琼崖道人》：“山中觅觅复寻寻，觅得红心与素心。欲寄一枝嗟远道，露寒香冷到如今。”由此可看出一方面他们之间关系密切，另一方面人家亲王没架子，不以皇族傲视人。乾隆皇帝在当和硕宝亲王时就自称为“长春居士”。他的弟弟弘昨号瑶华道人、一如居士，他看到堂侄永忠从敦敏、敦诚的叔父墨香（名额尔赫宜，他是乾隆的侍卫）处借到了《红楼梦》小说，读后写道：

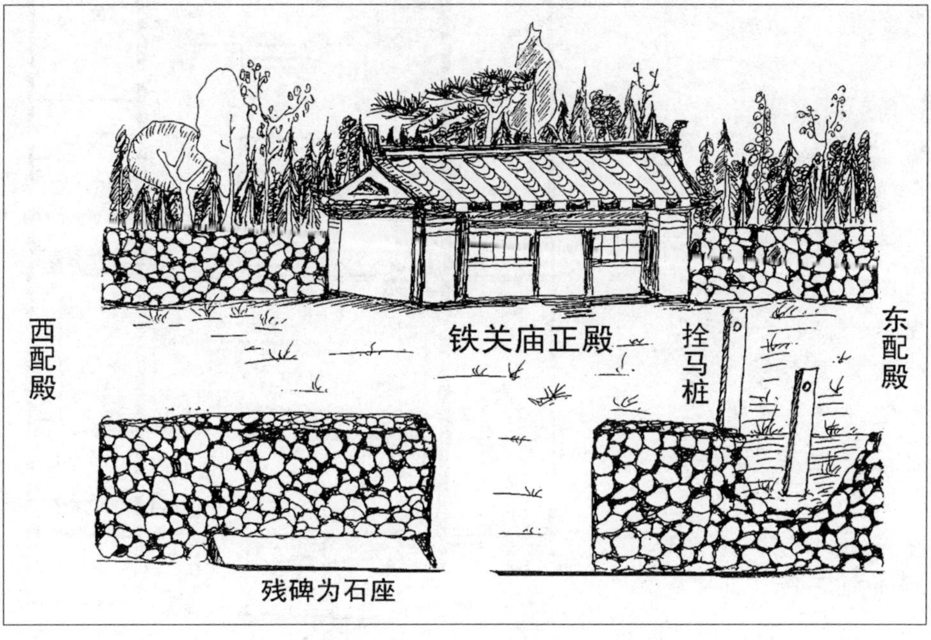

门头村铁关帝庙示意图（张嘉鼎绘）

“传神文笔足千秋，不是情人不泪流。
可恨同时不相识，几回掩卷哭曹侯。

颦颦宝玉两情痴，儿女闺房语笑私。
三寸柔毫能写尽，欲乎才鬼一中之。

都来眼底复心头，辛苦才人用意搜。
混沌一时七窍凿，争叫天不赋穷愁。”

（见《延芬室稿》稿本第十五册）

弘旿在永忠的这三首诗词的眉批上写道：“此三章诗极妙。第非传世小说，余闻之久矣，而终不欲一见。恐其中有碍语也。”这段文字成为红学界一段佳话。

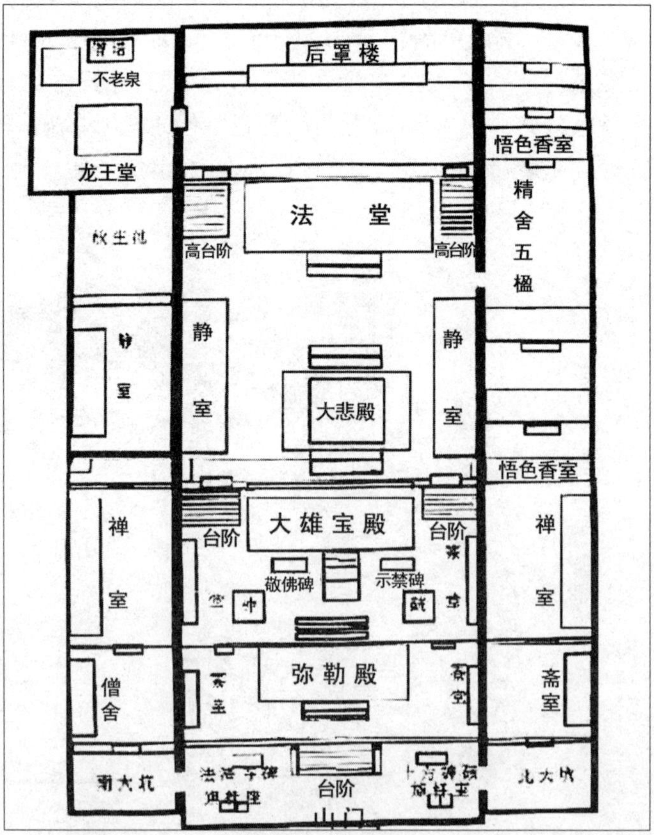

乾隆时期法海寺建筑示意图（张嘉鼎绘）

乾隆的兄弟众多，有影响的几个全有道号，如皇十六弟庄亲王号“爱月居士”；皇十七弟果毅亲王号“自得居士”，曾经奉命与若必多吉活佛护送七世达赖喇嘛回西藏。那多罗平郡王福彭号“如心居士”，与曹雪芹是姑表兄弟，福彭的母亲是曹雪芹的亲姑姑。他在朝为官，侍奉雍正经常奏对参禅，回答自如。乾隆的叔叔和硕和亲王号“旭日居士”；大学士鄂尔泰号

“坦然居士”等。虽说听起来这些名字亦僧亦道，但说明清代皇家对佛教的重视程度。

这里的住持和尚也是很有学识的人，著名的老和尚明慧曾认雍正皇帝为师傅，自称为“老徒弟”，他给雍正皇帝的奏折写“奏请皇上圣躬万安”“臣僧明慧跪”。雍正皇帝朱批曰：“朕安，老徒弟你好么？”足见雍正皇帝与明慧关系的密切。

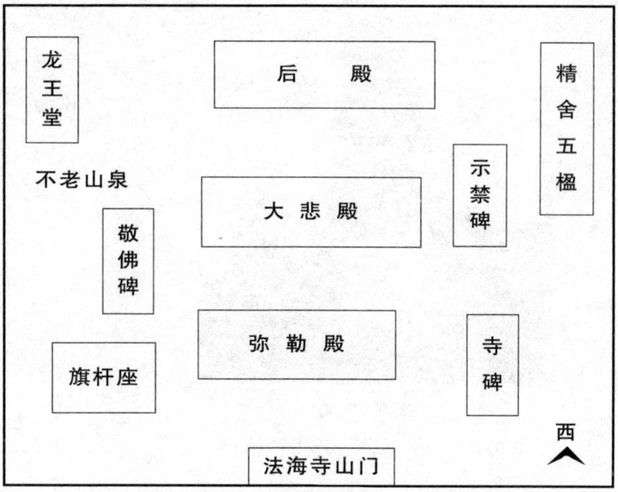

明末清初时法海寺的建筑格局示意图

元、明、清三代，西山变化很大，特别是清代，乾隆皇帝懂得易经和卦理，为破明朝风水，在西山大兴土木，广建寺庙和园林，西郊的“三山五园”（万寿山、玉泉山、香山；清漪园、圆明园、畅春园、静明园、静宜园）就是这时兴建的。所以，山陵寺庙、洞府墓穴混杂其间，时时有新的发现。

法海寺几经修缮和扩建，曾建有钟鼓楼、弥勒殿、大雄宝殿、念佛堂、后山殿、龙王堂等建筑。现今这里庙门依旧高耸，庙墙虽破但大部分遗存，殿基完好，树木茂密，泉水依旧，金山陵园将寺庙中路后面和右路（寺南）占用，左路（寺北）尚存庙遗址。庙内的旗杆座、寺碑（四幢）、供桌和匾额摩崖石刻尚保存完好。虽然香山法海寺的往日景象不再，但是透过这些遗迹残貌，人们不难体味它往日风采。多年来，法海寺遗址一直是人们寻幽访古的地方，但愿它能恢复往日的风貌，让更多的人了解它的人文典故。笔者从小出生和生长在这里，结合文献、自己的经历，带着大家走进法海寺去领略其往日的辉煌。

大神通塔门和大神通塔院（关帝庙）

大神通塔门原为大神通塔院的山门，即后来的关帝庙的山门。《山行杂记》载：“(宏教禅林）入门为大神通塔院。前为平台，宽三四十丈，有亭据其阳。寺中殿宇亦高敞。殿后有泉，飞绕方丈而行。坡不半里有祠，中列圣贤像。祠前

香山法海寺塔门
（梁思成，林徽因1933年拍摄）

香山法海寺关帝庙（张嘉鼎绘）

上石磴二十级即中峰庵，庵有方亭。亦名来青轩。”此处说的就是法海寺的关帝庙。门前的平台是后来的打谷场场院。西侧就是万安桥，桥上有金马驹的脚印。金马驹的传说故事就发生在这里。

塔门儿里北侧是关帝庙，原来叫“大神通塔院”。大殿三楹高大宽敞，里面是关公和周仓，还有那匹“赤兔马”，神像很高大威武。有泉水绕屋，西为方丈屋，院中间有泉池，院内桧柏成林。20世纪50年代，关帝庙只剩大殿和院落，后来成为小队的仓库。

这个关帝庙里的马，有很多的传说，特别是那条牵马绳与别处的马绳不同。这里的赤兔马有马童牵引，比真的马匹要高大。据正黄旗的老人说，当年征剿大小金川的战争很残酷，在灭绝“金酋”后，皇帝亲自在瀛台审讯金囚，并枭首示众。有怀恨之人将其人筋抽出，编为拴马绳系于关帝庙的赤兔马身上，以示永远有关老爷看守他们不再谋反。我去看过，早已不存或从来无此事发生，也许只是阵亡家属的怨恨而已。而不知何时人们把赤兔马变成白龙马了。

1957年除“四害”时，我曾和民兵一起到此“夜捉麻雀”。那时的关帝殿神像还在，是生产队的谷仓和打谷用具的贮藏室。离此庙门前面一丈地就是“打谷场”，是鸟雀觅食的地方。我们全村曾在此开过选举大会，红条幅、彩旗飘扬，比过节还热闹，门前点着汽灯，亮如白昼。选举结果是杨春海当了队长，他没有文化，是贫苦人出身，我叫他“雨哥”。

他的祖母和我的祖母是亲姐妹俩，我祖母生我父亲一个儿子，他祖母生他父亲等七个男孩儿，他父亲行四。我叫他父亲四大爷，雨哥比我大有二十岁，不过他娶媳妇时，是我给提的壶，乘马拉轿车到门头村东头去接亲。还是旧式婚俗，我那嫂子很漂亮，小巧玲珑，很得乡亲们的喜爱。她管我父母叫“叔儿、婶儿”，叫得可亲了。雨哥于“文革”后下台，由萨厚泽之子萨继承接任队长。20世纪80年代，一天我回香山偶遇雨哥在搬迁后的家西边路边小桥上歇息。聊天时发现他完全是个多病而善感的老人了，很失落，家境不好。我安慰雨哥看远点儿，他笑笑说：“我一生吃了没文化的亏，不然，哼！”我明白他的意思。没过多久听说他走了，那个精明的雨哥，把什么全说成“屁味儿”不当回事的他，带着许多不解和遗憾走了。

趣闻轶事

曹雪芹与“金马驹的传说”

在北京香山流传着一个万安山金马驹的传说。北京西郊香山门头村的张永海、白淑媛老人讲，听老辈儿人说这个传说是曹雪芹曹老爷讲的。那还是在清朝乾隆年间，西郊香山一带驻着皇帝的亲兵——“八旗子弟兵”，八个旗是正黄旗(正读整，整个是黄色的旗为整黄旗)、正红旗、正白旗、正蓝旗和镶黄旗、镶红旗、镶白旗、镶蓝旗。他们骑的马匹也按旗的颜色分为枣红马、金黄马、清川马、玉兔马四种颜色，而且都是精选的战马。这八个旗为一个营，叫健锐营。在那时北京西郊共设三营，另两个营叫“蓝靛厂外火器营”和“圆明园护军营”。这故事就发生在健锐营正黄旗里。当年各旗都有专人放牧马群，称马伕。正黄旗的牧马人叫“杨银子”，是汉民。他出身贫寒，六岁时父母得病先后死去，跟着奶奶饥一顿、饱一顿地熬成人。在他不满二十岁那年，奶奶也去世了，剩下他一个人，不得不给旗里放马，一干就是三十年，没人愿意把姑娘嫁给这么个“马伕”去受罪，因此五十多岁还“耍着单儿”。

杨银子每天太阳不出来就赶上那五十四金黄马从营子里出来，轰着往凤凰山去放牧。马出了马圈，就你争我抢奔腾着向山上跑去，每天都要经过“塔门儿”，他站在塔门儿西端看着马匹挤着从这里通过，一匹一匹过个数儿。过了塔门就是一座峋嵝状的石砌单拱大桥——万安桥。桥北是关帝庙，住着老和尚法海禅师和小徒弟慧僧。

有一回，老杨放马归来，无意之中在桥西数了数马匹，真奇怪，怎么数怎么多一匹。数了几次也是五十一匹。可是待他站到塔门儿东侧再挨个儿数时又只有五十匹了。足足有两个月都是这样。起初，他以为自己上了点年纪，可能眼睛开始花了，数不准是可能的。这天，他看见小和尚拿着瓦罐去泉眼儿提水，老杨就叫他"慧僧！过来！""您叫我干吗？""我叫你给我数数马，看有多少匹？"小和尚认真地一匹一匹数，数完一遍说："五十一匹。"老杨说："你呀！白跟师傅学念经了，连我放几匹马都数不过来，行啦！打你的水去吧！"小和尚不服气，追着马群后头又数了几回，都是五十一匹。老杨心里觉着真是一件怪事。

老杨是个心直口快的人，见了熟人就跟人说这件怪事。有人当成耳边风，有人敲着他的脑袋开玩笑地说："老杨呵！老佛爷看你放一辈子马怪苦的，可能把那匹'日行千里，夜耕万顷'的金马驹子赏给你了，好叫你也讨个老伴……"逗得大家哈哈大笑。俗话说："言者无意，听者有心。老杨的话被一个叫莫洛桑的人听到了。

提起莫洛桑，认识的人还不多，因为他来到这正黄旗才一年多，听人讲他是四川的"金川蛮子"，平时穿戴奇特，会说好几种民族的话，也能说一口流利的"京话"，这人很有点学问。他待人忠厚、善良，又多才多艺，官府衙门几次请他去做"通译"，他都婉言谢绝了！他说："我是山人，只图做个良民百姓，哪怕四方漂流，我不愿受高官厚禄，享乐厅堂……"

他来到旗里，起先是在都统老爷家教家馆。他有时也给汉民子弟教识字。后来这事被老爷知道了，对他很不满意，训斥他不该教"野孩子"识字。莫洛桑一气之下辞了教，索性搬到关帝庙的西厢房住下，和法海老禅师脾气很相投，法海也是个知识渊博的人，他们经常在松间月下品茶吟诗，法海高兴时还能挥毫作画。

莫洛桑自从得知杨银子放马的怪事后，决心看个究竟。这天，他也来到桥头，特意数了数马群，果然多出一匹，可是，怎么也看不出哪匹马有什么特殊的地方。他暗地里仔细观察，每匹马他全去摸了摸，也找不出任何线索。

一天，莫洛桑和小和尚到泉边去提水，偶尔发现泉边有几个特别深陷的脚印，这给他提供了线索。这天，天黑得出奇，莫洛桑给几个穷娃娃上课回来晚了些，他深一脚浅一脚走回来，睡眼蒙眬间来到塔门的门洞前，忽然看见西山顶上有一个金光四射的东西飞驰而来。他顿时清醒了许多，只见那金光闪闪的东西像箭一样直奔泉边，似乎是梦中所见。他掐了一下耳朵很疼，知道不是在梦中，就悄悄地跟着向泉边走去。当快到泉边时，隐约看出是一匹马，嘿！甭提这马有多精神了！它昂头甩尾，四蹄不停地动，浑身一片金辉，一双大眼分外明亮，是一匹接近长成的马驹！像一个快要成年的漂亮小伙子那样让人喜欢，那几分稚气显出一些淘气，更让人觉出纯真无邪。喜得莫洛桑真想上去把它搂住呵！可是金马驹还没饮水就被生人吓了一跳，它长嘶一声，箭一样朝山顶飞驰而去。莫洛桑想：真是一匹罕见的宝马良驹，要想得到它必须这么办。

从此，每天夜深人静，莫洛桑就悄悄起来到泉边等候。开始，金马驹见他就跑，日子久了，见莫洛桑没有恶意，熟悉了，不跑了。

转眼过了一年，莫洛桑和金马驹完全混熟了，他给它搔痒，理毛，还到山顶采来金线草喂它。莫洛桑试过多次，这马驹不敢过万安桥东去，莫洛桑想：这桥边的庙和塔是镇它的信物，使它永远也不敢接近吧！一旦把它弄过桥去，就会现原形，再也变不回去了。于是，莫洛桑就有意夹着马脖子朝桥边引，每天都向桥前走几步，金马驹甩开莫洛桑就跑，莫洛桑也不强求，只要每天能向前跨进一步他也就满足了。转眼又到了冬天，金线草没有了，莫洛桑就买来胡萝卜喂它。一天天，一月月，转眼又是半年，金马驹离桥头只有三步远了，莫洛桑心里有说不出的高兴。

这天是五月端午。晚上忽然起了乌云，真是伸手不见五指。莫洛桑眼跳耳鸣，心里总也平静不下来，他想：莫非今日就是得到它的时候了吗？两年多了，为了它没睡过一天安生觉，总算到头了。说什么也要把它弄过桥来。

天还没黑，莫洛桑就坐不住了，他洗了澡，刮了脸，换上了新衣服，干干净净地早早去泉边等候了。好容易才盼来金马驹，莫洛桑比每日都格外小心，金马驹也比每日都顺从和听话。从泉边到土坡一大段路很顺利地走过去了，但是，快到桥边时，它怎么也不上去，莫洛桑急了一身汗，拿出白天为金马驹准备的粽子喂了它，金马驹才走了一步，眼看再有两步就过了万安桥的中心线了，莫洛桑使出全身的力气夹住马脖子往过连拉带拽，就在这要成功的一刹那，突然从关帝庙里传出响亮的梆子声，“梆—梆梆！”这马驹从来没听见过这种声音，顿时拼命挣脱，莫洛桑双手抓住马鬃不放，金马驹立起双蹄将莫洛桑甩掉，由于用力过猛，把万安桥石头都踩下三个深深的马蹄印。莫洛桑只抓下了两把马鬃，他十分懊恼，可是一过了万安桥，这手里的马鬃全重了起来，变成了金灿灿的金条。

就是这天晚上，杨银子做了一个梦，有匹金马驹子向他飞奔而来，到近前连连向他点头并说了话："为了报答你牧马三十年的苦心和对我的照应，我送你五十条金子放在万安桥东边，明日一早你到桥东来取……"杨银子给人家放了一辈子马也没见过金子啥模样，一高兴跳了起来，从炕上轱辘到地下，原来是个梦。此时三星西去天也快亮了。他起来赶上马群往山上赶去，来到万安桥东边，按梦里说的那地方找，什么也没有。正在发愣时，从西边吹来一阵山风，眼见从桥西滚过来一些长短不一的马鬃，滚过来一落地，就变成了金灿灿的金条了。

塔门关帝庙图（张嘉鼎绘）

再说莫洛桑第二天晚上又到泉边去等，可是再也见不到金马驹了。正当他在泉边打瞌睡时，突然当的一声，泉水里出现了金马驹的影子，它嘴上衔着一块笏牌，影影绰绰地写着一些字："得我非难事，练到功成日。穷汉均吃饱，地里不长草。凤凰吐乌金，翠微献珍宝。灯头全朝下，再来把我找……"

莫洛桑是有学问的人，惟有一点解不开，就是点的油灯灯头怎能朝下呢？怕永远不会有这一天了。于是收拾好行装，准备回南方去了。临行前，他找来牧马人杨银子，当着法海禅师的面讲了金马驹子的故事，并把自己抓下来的金条五根送给老杨，老杨没有要。于是他给法海留下斋银和香火钱，又去看望了几家穷苦的学生，也留些金子给他们，就回南边老家去了。

再说老杨自打有了金条后，找了个老伴，不再给“旗兵老爷”牧马了，快快乐乐地度他的晚年。

曹雪芹说他亲自听法海讲过这故事，还亲眼见过那桥上的马蹄印。这故事因为与塔门和万安桥连在一块，所以人们都去那里看马蹄印。于是一代代地传下来了，如今使用了电灯，“灯头全朝下了”，金马驹呀！你该出现了吧？

万安桥

在塔门西侧约30米的地方，就是万安桥，这是一座单孔罗锅桥。东面正对着塔门的门洞，西面半山就是万安山法海寺。这座“塔门桥”是元代修建的单券石拱桥，桥洞极高，在里边喊话唱歌有回声儿，夏天多热，桥洞里也是阴凉阴凉的。那券是用花岗岩石料一块块起拱券起来的，非常的结实，每块石头间都是严丝合缝的组合在一起。据说当年在桥头立有界碑，上面写着：“塔倒庙修，庙塌桥修”。经常有“南蛮子”来这里“憋宝”，老和尚将界碑起走收藏在法海寺的殿后，防止无谓的麻烦。其实，说到“塔倒庙修”，说明庙里有东西，什么东西？古代就是“金元宝”类了，而庙塌了桥来修，桥底下一定有金元宝了。可几百年过去了，塔没倒，庙未塌，直到“文革”前的1965年，方将塔门和关帝庙拆除。

塔门万安桥老照片

万安桥上还真的出现了三个马蹄印儿，有人说是“石匠”路过时凿下的，有说是庙里的老和尚为了香火旺，晚上自己錾出来的；有说原本那桥上的石头上就有个洞儿，多事的人将其扩为马蹄印蒙人……这个地方给我留下了许多儿时的欢愉。

我少年时代正是抗美援朝的年代，常到山上去洗澡，而万安桥我们习惯称塔门桥，那里正是南沟和北沟两股水的汇合处，由于冲击力作用，在桥南形成了一个大水坑，有两丈见圆，一丈多深的“锅底坑”，虽深，可从来没淹死过人。有一年，一个牧牛的小孩子不会水，落入坑心，正在要淹死的时候，从水底出来一只笸箩大的王八将他驮上来送到坑边上了，当时有人看见了，说是神龟出现了。有老人说这坑就是那大龟借水头的力量逶出来的，这山沟里有一连串的大坑，都是它的窝，它会地遁，随时会从不知哪个坑里出来救人。

所以，一到夏天，我们就都到这里来洑水，有的学“狗刨儿”，有的学“扎猛子”，有的“骑水骆驼”（将中式裤子裤腿儿扎起来，充满空气，将裤腰扎上，成为汽包，为“水骆驼”，骑上在水里游，一上一下很好玩儿）。大一点了，就从桥上往下跳水，还有许多的花样儿。那时，乡村的孩子管游泳叫“洑水”或“洗澡”，全光光的，太阳一晒，黑红的肉色，像条条小鱼蹿来跳去，很有童趣儿。大人和女人都不到这里来，那里是我们男孩儿的自由天地。洗澡时，顺便将衣裤洗干净，晒在草地上的荆条棵上，等玩儿够了，该吃午饭了，到流水的地方冲洗一下身子和脚，穿上干净的衣裤，提上鞋，抓上两只蝈蝈，敞开怀，顶着草编的帽圈儿，沾湿了顶在头上，一手是大麻子叶当扇子，一手是提着蒿子编的蝈蝈笼儿，潇洒地回家，多惬意呀！把美好的童年记录在这里。

我们在桥上，也不忘把小鸡鸡对准那马蹄印比赛看谁撒的准，能把马蹄坑儿里灌满尿。有时从那里爬出个“官儿老爷”来，那可是又有游戏了，那“官儿老爷”是屎壳郎里的雄虫儿，头上有角，象小犀牛儿。还有“官儿娘子”，比它就逊色了。一般的样子略大，没官帽儿。它们是把落在桥上的牛粪滚成球儿，落在马蹄坑儿里就在那里安了家。捉到它们，可以让它们拉车，就是用火柴盒儿和秫秸秆儿等做成小车，让官儿老爷拉车。让官儿娘子坐车。大家都是合作玩儿这个游戏，有什么点子就出什么点子，密切合作，很有意思。

沿着万安桥上山，原来有用“条石”修理的山道，因年久失修，有的地方被山水冲刷成坑；有的地方风化成砂；有的地方又荆棘丛生，蒺针蒺藜遍地；有的地方被泥石流掩埋，成为现在的山道弯弯的样子。如今，这里的山路因经常有人上山来，也有人自发的清理一下，尚能识别出路径。倘若从红旗村南路上山，沿公路可到南坡山下，再攀登到中间这万安山上，到处是种植的油松和红叶林木。这里的变化不大，再往上就变化大了，有环山公路修到法海寺山门前。那是造林队和陵墓管理处为了埋葬骨灰盒修墓碑以及护林防火而修的路（防火道）。

法海寺山门

法海寺山门很宏伟，站在寺门朝山下望去，宝塔、石桥和村落尽收眼底。山门前左右有两尊石狮子，曾伤痕累累的守在山门前（2014年3月初石狮被盗，不知所踪）。寺门里左右为旗杆石座，一边一块石碑。寺内分三层院落，一层比一层高数尺，第一层院落为“前殿”，第二层院落为“正殿”。一边又是一块石碑，左边就是“痴道人”手书的“敬佛碑”，碑后是“西天东土历代佛祖之图”。右侧是御批告示石碑——示禁碑。

顺两侧台阶攀上去为“后殿”，十分宽敞雄伟，一排宝殿依山势列阵崖前。殿前有石槽蜿蜒通过，系直通不老山泉的泉水渡槽，水清澈见底，甜凉甘冽。虽说山近海拔三百公尺高，而“不老泉”仍涌流不断，从未干涸过。真是“山多高水多高”，所以称为宝山。后殿正中廊下挂着巨钟一口，鸣时万山回响，一呼百应，真乃“落日千家打暮钟，令人不觉发深省。”（清·吴兴祚诗句）

法海寺建寺几百年来，经过了许多兵燹，然而寺门仍然坚固地站立着。山门上的门匾题为“祝国祐民”。清代的顺治年间，在《示禁碑》中就提到“……照得法海禅寺，乃祝国祐民之所……”赞扬了藏传佛教在巩固国家领土和政权中所起的作用，说明了法海寺重要的历史地位和作用。

法海寺山门前的石狮

20世纪50年代以来，这里成了没人过问的地方，任人破坏，墙倒屋塌，面目全非。然而，那山门却高高地挺立在山巅，当太阳出来的一刹那，透过前面茂密的树丛，就会看到那紫红的墙头和那高昂的门楼，仍显现出当年的威严。关于这座山门，还有一段神奇的传说。

据说，有些人想毁坏这座山门，他们为了多赚些钱，竟然挖掉了寺门右侧

法海寺山门（2011年）

法海寺山门地面的水泥包遗迹

的立石当了墓碑。然而，他们没有想到的事情发生了。一天，他们用卡车运来一车水泥，为了修墓用，他们一时用不完，又没有临时的存放处，于是就想利用这山门的地方存放着，他们将水泥一袋袋地码放在山门里，真可谓坚实之极，大约有一米多高，也没做任何的防雨措施。当他们放好后，汽车刚刚离开，天气就变了，本来太阳高照的晴天，突然“小白塔儿挂帽儿”了（法海寺山顶上的小塔），一阵狂风过后，倾盆的大雨就浇了下来，伴着炸雷的轰鸣，奇怪的事情发生了，大雨像救火的水龙头一样喷射着山门和过道儿，积水很快淹没了水泥堆，并带着浊流穿过缝隙将山门的鼠洞虫窝灌满，这一阵大雨，把山色澄清如碧玉，将庙宇洗刷如新席。乌云过后，红日当头，那炙热的烈焰照射过山门，将这一车水泥凝固成一体，将整座山门撑住，如同打上一道一米高的石墙。后来，民工们想将这些水泥凿开，利用此处再存水泥，但是没能刨动，只好就此罢手。也许印证了老北京那句谚语：“山门不倒寺重修”。如今，那些水泥仍将山门筑固如铁，迎接着来往的人们。（按：2011年寺门已重修）

法海寺的石碑

一进法海寺山门，在左右两侧就

会看见两幢高大的云龙石碑。石碑基座上精致的云龙石雕，无言地述说了它往日地位的光辉。北侧那幢石碑是法海寺的主要碑石，记录了这里的历史和地理环境。许多书里多有记载，但有些记载与石碑刻石略有不同。1975年11月，我与我的大哥、五弟等上山来查看时将各碑记做了详细的抄录，现汇记如下。

御赐法海禅寺碑（北侧）

御赐法海禅寺碑基座上的浮雕

在法海寺庙门内的北侧（左边）立的一幢石碑是《御赐法海禅寺碑记》，碑文如下：

西山层峦叠狱，绵亘金方，为
神京右壁（臂），其中潭岩洞壑之胜，淋宫碧甃之奇，造物之生殖，国家之培护。千百年来，如宝山藏海，包罗环密，势蕴形函以故蔚盘之气，
龙凤其章，积厚之光，宵汉俱永也。夫山必待人而灵，洼降流峙之争奇竟异，必藉深沉雄迈，与夫超濅无欲之人，息踵其间，始
可以分日月之英华，来鬼神之呵护。故自笑岩宝禅师而后，英贤暗毓，间出者希，岂其国运鼎革，推陈吐新，爰有传临济正宗
三十二代，我
慧枢大和尚，南询北返，耸壑昂宵，拨草寻根，天假以元教之旧址，诛茅盖顶，成其梅隐之高节，不意，时值
圣人殷勤问道之诚，固应佛法勃窣将兴之会。适请报恩老人，为之賁玉帛于空林，锡伽黎于内殿。夫老人者，和尚瓣香归命师也。
世祖皇帝每见宝主，克绍步趋，体用显承漠烈，乃于猊座之旁探旨味奥，深契
龙颜之首宜，谓是白足者，器量过人，洵可肩承末法。风猷有素，自当领袖方

袍。雷辊飚弛，雨降六龙之驾，山鸣谷应，三呼万岁之声殆梵苑之僅闻，亦名山之胜事已。移时，钞给尚方，襕颁金紫，和尚鹫顾靡皇，脱然尘芥，姑拜一衣，以副圣怀。

皇帝益眷异之，犹为曹溪之真乳，临济上乘，因额其门曰法海禅寺。山场分界

御制勒旨，无不悉注宸衷，而期为永祀垂伾也。为是檀信顷动不日成之。给孤资布地黄金，山鬼致干霄赤木，甍栋连云，夕练卷诸峰

之秀，脉棱罨日，朝霞署百丈之辉。非止片瓦翻身，宛尔，千华绕座，草蹊紧峭无间，远裔穷陬，桦竺横披，尽愿瞻云就日，一寸土

剪不芟荆，万年场开山作祖。大庆临济，一灯像季几泯孤风，独能力振，传薪既烬，可谓于无阴阳地，建立撑天柱地利竿者也。

夫如是者，则西山法界复新，草花木蓝，尽发优昙宝树之香；谷啸泉鸣，亦助迦棱频伽之咏，皆由于

皇帝知人，明喆比天眼，于如来识真僧为古德，使法轮不退，钟竿依有道之长，灯火长明，社稷衍无疆之祚，非偶然耳。宁也羁孤穷。

大临罔象而逡巡，黾勉歧途，瞻化城于咫尺；人师难遇，于经师取交辟。以夫，南指佛化，阴翊于王化。将令事而续东林，感胜果

圆成。卧边泯而永叹。故乐为之序述如此。

资政大夫刑部尚书淮南龚鼎孳拜撰。

光禄大夫少师兼太子太师刑部尚书内国史院大学士曲沃卫周祚书。

大清康熙伍年岁在丙午春三月吉日（按1666年）

重

古燕耿　　德　镌

有

章嘉鼎于癸巳年冬月吉日 礼敬复刻碑文传示

在法海寺庙门内的南侧（右边）立的另一幢石碑是皇帝御赐给开山第一代禅师慧枢和尚的御碑——《敕赐万安山法海禅寺十方碑碛》。

“勅赐万安山法海禅寺十方碑碛

道隆从隆，道污从污，以世运之淳浇，皆随人心之诚伪而更也，所以

佛昔在世，日中食而树下宿，甘苦皆同罗睺等视，其宏慈至德、旷劫可风。降而

觏烟，生悲法衰有验已渐，非曩日之遗烈，况
至道流东，震局渐翻，而世愈漓矣。为是
百丈海祖设丛林，以首立清规，建法幢，而各程定式，皆为杜微防渐之远谋。岂
其法久弊生，义殊人变，乃后畜徒立爨朋
党乱讼，往往以蓝若之净场究为污地，可为痛哭流涕叹息者曷胜道哉。地不
揣凉德，爰思砥之，而有未能不意于
参历之余，遯迹于万安之法海旧址，适得
恩赐加崇，勉推唱导。年未久而云水骈臻，殿
堂式廓俨成一法会之席矣。但既十方共
聚，是即十方常住之所，推有德而住
持祖脉，请有能以补职，量才名位，不可
假窃庶孰非以滥膺，遗纲严肃亦甚昭然，
即有薙发剃度，亦总十万等伦也。
若法位中人，必有众德相，推其如庸劣者
流，亦而萍踪偶合，倘敢妄希眷属自私而
恃强横，据此即分房立户之原，
而法败蠹生之渐，真可为公诛公殛之人，
鸣鼓责逐，孰得容之此地！之所以是究，
是图而思患豫防之早计者，惟戒
令之首切也。若夫，招提出纳，祸福攸
关，则粒米茎齑，皆属檀信之脂膏，为成
道故而助众禅修，持种此出世之福因
每见有私取私用，或以俗子而希赡养，偏
党而食其旨，竞不念梨水同甘之古格，而
漫费常住，另立烟火，是欲适意
一时而受罪靡穷也。噫！独不观偿债而为
改形匹绢而酬片纸，前辙有鉴，今不鐫定
成规，而剃度者妄思本宗之谬
臆，此私者谓予静养之应宜，则法席不从
此而坏败

敕赐为安山法海禅寺方丈碑碛

法海禅寺十方碑基座上的浮雕

佛制，不于此而扫地耶。常住十方，六和共聚，爰集各执，共期盟誓，敢有徒众溺私食用隐徧，乃至避劳享逸，苦乐不均者，阳

宪陰衔，固无漏纲，公槟同罚，共有明条。特惟勒碑定案，永垂不朽，以为后鑑，无得违此常住之规，是约。

光禄大夫少师兼太子太师刑部尚书内国史院大学士曲沃卫周祚书。

赐紫沙门传临济正宗叁拾贰世嗣法报恩法海开山第一代慧枢行地立。

大清康熙五年岁在丙午叁月吉日

章嘉鼎于癸巳年冬月敬录校订重刻

进入庙宇后，上十三层台阶是弥勒殿遗址，再往后上十三层台阶是大雄宝殿遗址。大雄宝殿前的左右（南北）两侧有两通石碑。南侧石碑是顺治皇帝写的敬佛石碑，阳面刻写：“痴道人　　敬佛”。盖一方篆字“太和主人”印宝。

在这通石碑的碑阴，刻着《西天东土历代佛祖之图》。

法海寺前院遗址（2011年）

中间刻“一祖摩诃迦叶尊者”；右为“二祖阿难陀尊者”；一祖左为“三祖商那和修尊者”；左右分开排列，第一排到“二十二祖摩拏罗尊者”；第二排“二十三祖鹤勒那尊者”到“二十七祖般若多罗尊者”，第“二十八祖东土初祖”；“二十九祖东土二祖慧可大祖禅师”到“三十二东土五祖宏忍大满禅师”；第三排从“三十三祖东土六祖慧能大鉴禅师”后，多有二祖并存如：“三十四祖东土七世南狱怀让禅师、三十四世东土七世奇原行思禅师”；到“三十八祖东土十一世为临济开山、三十八世东土十一世洞山开山良价禅师”；此排最为多，说明道业昌盛之时。到“临济七世石霜楚圆禅师、洞山七世抆子义青禅师”；第四排支派更多了。但只刻录到“四十二世清凉文益禅师”、“洞山十二世云宝宝禅师”。

敬佛碑

在大雄宝殿前的北侧立着香山法海寺示禁碑，碑阳是皇帝发的告示。①

碑文如下：顺治十七年（1661年）五月二十一日奉御旨着宣徽院官穆成葛发告示于万安山法海禅寺慧枢和尚处，禁止闲杂人等放牛羊。禁止各处闲杂人等搅扰，钦此。碑示如下：

钦遵合行传示。宣徽院为楷奉敕谕，严禁搅扰以肃善地事。

敬佛碑上的御刻印宝

① 注《北京晚报》总编辑李风翔组织我们到卧佛寺的造林队开座谈会，邀请我写篇文章，我就写了《清代严禁伐树割草石碑》一文发表在1992年12月17日的《北京晚报》7537期。

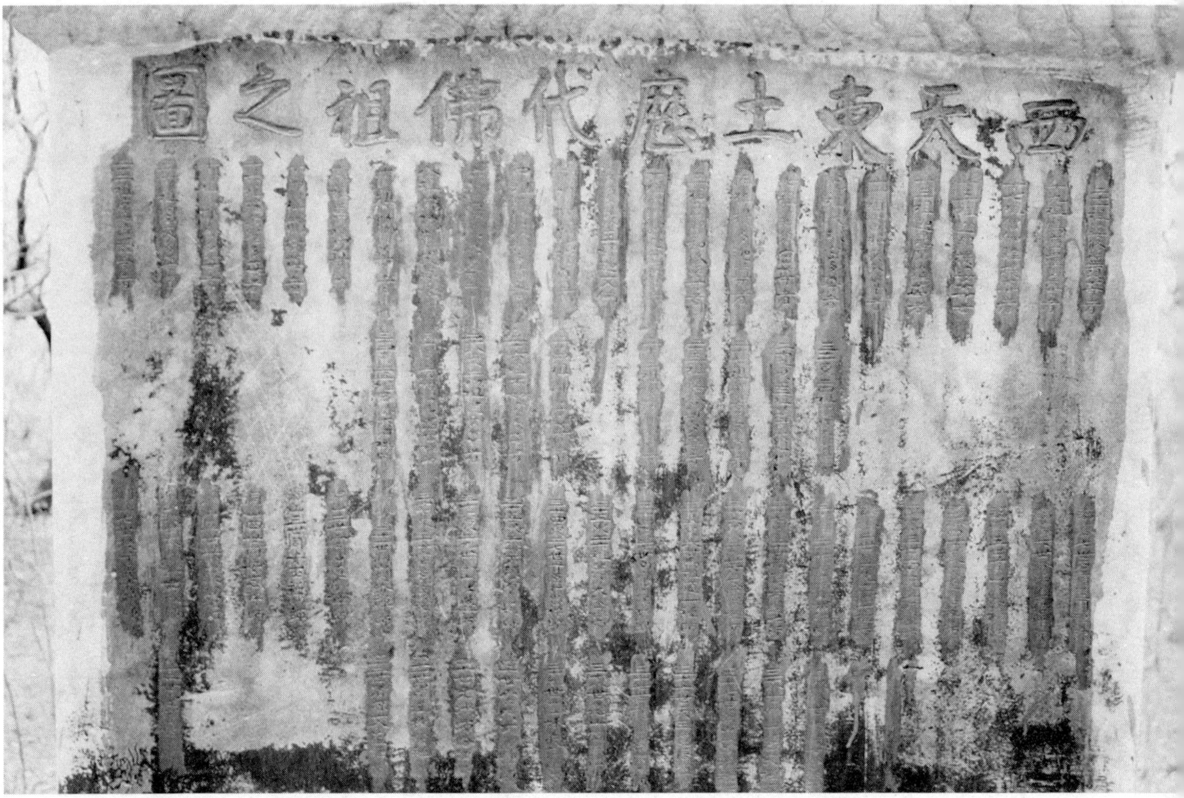

敬佛碑碑阴的《历代佛祖图》

“照得法海禅寺，乃祝国祐民之处。其附近居民，尤宜虔洁崇奉，护持香火地土。迩来，无知棍徒，牧放牲畜，蹂躏田禾，伐树割草，恣意搅扰，实繁有徒。除以往姑不深究外，相应以出示之日为始，严行禁止。为此示仰西城关外坊官吏及该县地方番甲人等，知悉，以后，务要拨派乡约总甲各役，不时在彼巡逻。倘若远近一切满汉居民闲杂人等，敢有仍蹈前辙，牧放牛羊，作践山场，砍树割草，践踏田苗，搅扰欺凌者，无论满汉，许该寺住持僧人同地方甲役人等，即时擒获，解赴本院，从重治罪，决不姑贷，须至告示者”。顺治拾柒年伍月　日。

(碑右半部为汉文，其左半部为满文，如今大部漫漶不清。)

从碑文可看出，为了保护法海寺山场香火地土，防止无知棍徒牧放牲畜蹂躏田禾、伐树割草、恣意搅扰，顺治帝着宣徽院官发布告示予以保护。

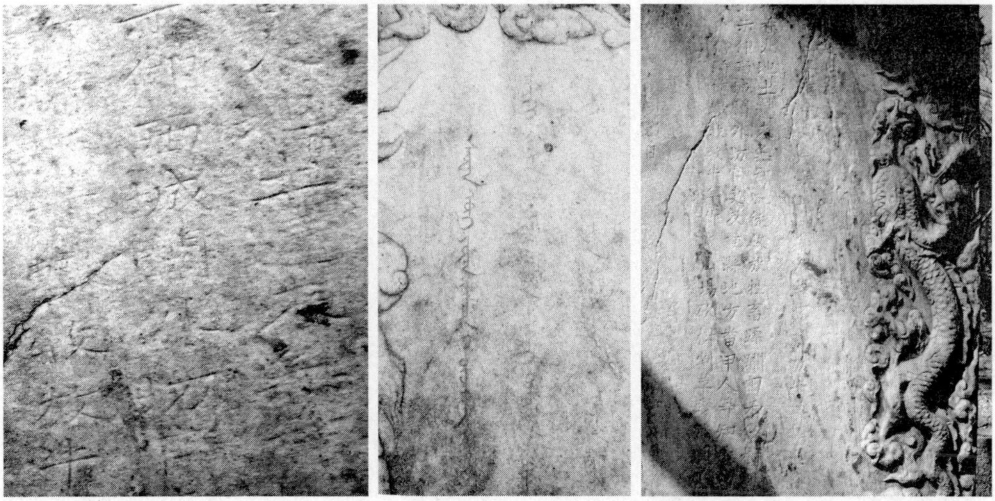

示禁碑（局部）

在这幢碑的碑阴是法海寺的地界碑。上刻着：“敕赐万安山法海禅寺四至界址：东至山门塔；南至龙泉岭；西至主山顶；北至香山岭。”此碑如今仍在法海寺遗址内，与另外的《御赐法海禅寺碑记》、《敕赐万安山法海禅寺十方碑碛)》等共存，是研究清初政治制度与军事布防的实物例证，对今日的“封山育林，护林防火”也有很好的借鉴意义。（按：不幸的是2013年1月16日夜，此碑被盗贼用机械盗运时弄断，海淀文管所已报案。可见法海寺遗址有待整体保护。）

示禁碑

从相关文献可以看出，香山法海寺在乾隆年间最为兴盛，此寺与章嘉活佛有很密切的关系。那时与乾隆皇帝关系极好的章嘉呼图克图·若必多吉活佛，夏天就居住在这个寺庙内避暑。弘历曾翻山越岭到西山法海寺去访章嘉国师。建成静宜园后，每到香山即邀章嘉来栖云楼谈禅讲经。他在《题栖云楼》诗注中写道：“章嘉国师虽番僧，而清文、汉文无不精通。戒律精严，老诚宿学，尝居法海寺。驻静宜园必召见此室，咨国语翻藏经事。偶谈禅理，深契三昧。乃于五台别后，遂尔示寂。虽生灭本无，而即境未免怆然，亦余结习之未净也。”他曾几次写诗表示对章嘉国师的哀悼与怀念。

旗杆座

香山法海寺的山门里左右两侧，原来都设有“旗杆座”，在山下的“实胜寺”月亮门里，也有这样基本一模一样的旗杆座。它是在佛事时升幡用的，也有说是节日里或佛事时“挂灯”用的。我在1983年到戒台寺采风时，也听说“戒台寺挂灯”的传说故事。为什么左右两侧都设旗杆座？而正对庙门左侧的旗杆座更靠前一些，而面对山门右侧的旗杆座靠里一些，这在建筑样式方面是有规矩的。因为

旗杆座

左为上首，要靠前一些；右为下首，稍后一些，以示礼节。

记得小时候，我们常爬到旗杆座上去玩儿，那时旗杆已经没有了，旗杆座就是一个约两米高一米宽的三块长石和一块一米五高一米宽的短石组合成的四方形汉白玉石台儿，四周刻有半圆形球和海水纹路等装饰花纹。上面有束腰形雕刻，矮石那面是为在旗杆上拴绳索升降旗帜用的，后来那面成了我们爬上跳下的梯子。据老人说：皇帝来要升“龙旗”，佛的节日升“幡旗”和“彩子”、“流苏”、“串儿灯”等，说明那是制造庄严气氛用的祭祀旗杆座。藏传佛教（喇嘛教黄教）是清朝的国教，章嘉呼图克图是国师，香山法海寺是祝国祐民之所，当然，那旗帜、銮驾、执事等也是相当隆重的了。暮鼓晨钟，四山回和，梵贝之声，不绝于耳，祈求风调雨顺、国泰民安。一寺相领，百寺呼应，京西大地，钟磬和鸣，那是多么太平的一种景象啊！

钟鼓楼和弥勒殿

一般而言，寺庙一进山门，左右就是钟鼓二楼和中间的弥勒殿。可是法海寺的山门里，上了二层台阶后，在弥勒大殿后面左右方才是钟鼓二楼。老人说汉传佛教都是以“伽蓝七堂”形式建筑的。香山法海寺从清初的三重殿宇，前为弥勒殿、中为大悲殿、后为佛堂的格局。几经大修和扩建，到乾隆时期才成为宏伟的大庙。

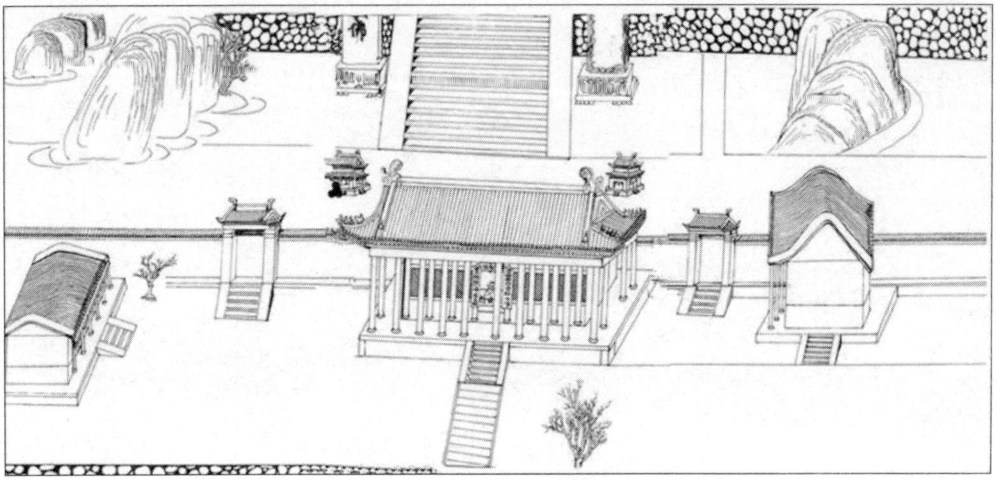

弥勒殿院图（张嘉鼎绘）

由于香山法海寺是皇家寺庙，进入庙后，要先见到皇帝的碑文，又因地势布局所限，故在原本钟鼓楼的位置上树立了御碑，钟鼓楼就改建在了弥勒殿后。进了山门，又上了十三层台阶，在小平台上，方建弥勒殿，而此弥勒大殿三楹，也是皇家气派。早期，法海寺只设弥勒和大悲殿，不设佛殿。原来皇帝尊重章嘉呼图克图本身就是“活佛”，不仅乾隆尊重活佛，他的父亲雍正皇帝也很尊重活佛，并有著作叙述此事。说章嘉活佛是真的再来人（指二世章嘉呼图克图），有真活佛就不塑木佛了，所以设弥勒殿。后来，乾隆扩建香山法海寺时，听取了三世章嘉的建议，才修建了大雄宝殿、观音殿、藏经楼等，保留了前面的弥勒大殿。如今弥勒大殿柱础仍在。

弥勒殿是山门里第一重殿，里面供奉的是弥勒像。

弥勒是菩萨，尚未成佛，是“未来佛”，所以人们也称他为“弥勒佛”。弥勒

弥勒殿遗址

菩萨之所以成为未来的佛，是因为他为我们做出了榜样。他原本是印度来的僧人契比，到中国来后，他带愿而来，名字改为“布袋和尚”，以中国人的面目出现，笑容可掬，人见人喜。人们一进庙宇的大门，就看到这个弥勒，一身的忧愁顿消，被他诚挚的笑容感染。

大雄宝殿

如今我们看到的香山法海寺大雄宝殿的石础，可以推测其应是北京地区规模最宏伟的大雄宝殿了，可与潭柘寺的大雄宝殿相媲美。据古建师傅说，香山法海寺在乾隆翻建时，比潭柘寺大雄宝殿高出1尺3寸、宽出2尺5寸，从柱础的直径可以看出来。从诗人的诗注中也可看出：“佛像清古，为山中第一。”（《珂雪斋集》）大雄宝殿后面的挡水墙至今仍非常完整结实，全是条石致垒而成，厚厚的殿墙和磨砖兑缝的构造依然清晰。高大的石供桌和须弥宝座完好地堆放在殿中。宽大的走廊石条和甬道，巨大的石础和香炉基座也完好存在。只是北面因修临时

大雄宝殿遗址上的石供桌和后挡水墙

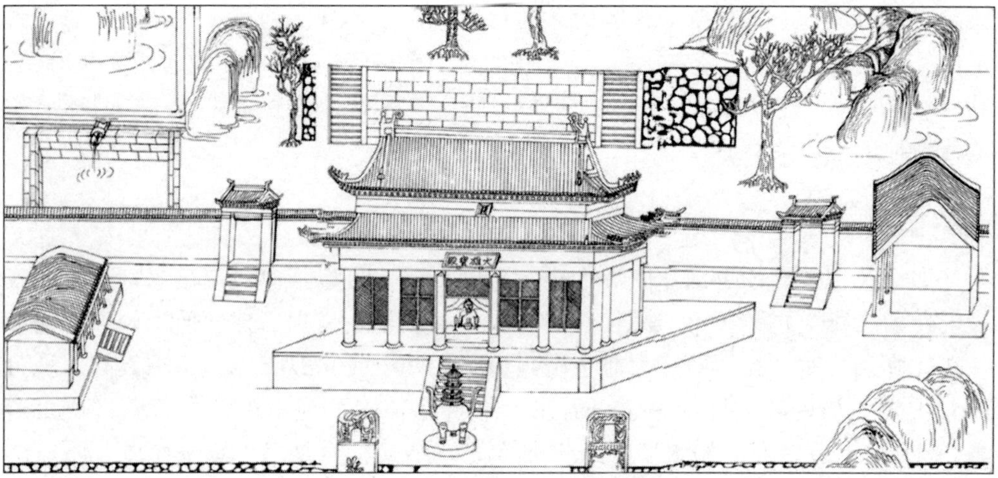

大雄宝殿院图（张嘉鼎绘）

道路导致大殿基础而遭破坏。

此处原来是大悲殿，乾隆重修时采纳三世章嘉的建议改建成大雄宝殿，供奉释迦牟尼佛。在大雄宝殿南侧后面，是通向上面观音殿的13层台阶，如今完好无损。连着后面的挡水金刚墙。右侧的台阶已被修路毁坏。

大雄宝殿遗址上的香炉基座

观音殿

从大雄宝殿上来，就是观音殿，也叫大悲殿。这里原来是个非常宁静的地方，大殿前后是从龙王堂流来的泉水水道，宽一尺三寸，深一尺五寸，长满闸草，里面游动着龙睛鱼。与此殿比肩排列的是北面高坡上方丈院的佛堂。观音殿前后是高大的桧柏和龙松，南侧是古老粗壮的榆树为大殿遮荫。站在大殿前，就能看到下面右侧院里的放生池中间开着的紫莲花和跳跃的鱼儿。

如今，柱础、台阶、廊檐条石仍在，须弥宝座不存，水道石槽被埋于土下或毁坏，桧柏更加粗壮，老榆树也还在那里站立，伫望观音殿能早日复修。

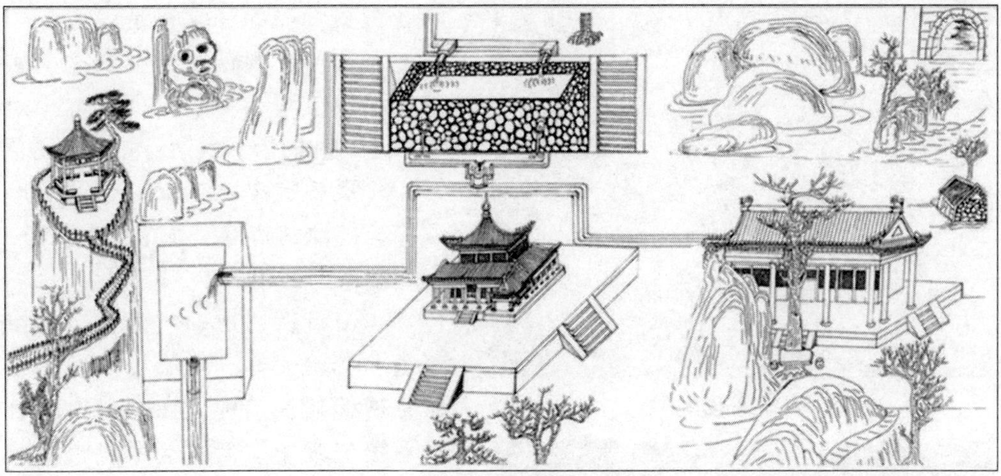

观音堂院图（张嘉鼎绘）

念佛堂（法堂）

念佛堂（又称后大殿）就是法堂、学习室。位于法海寺中轴线偏南，在后大殿和藏经楼大殿前，通龙王殿和不老泉院，也是僧人聚会的地方。佛寺里的法堂是对大众开放的，就是讲经说法的地方，是请居士、寺庙中大德来讲解学佛的心得，探讨学佛路上的问题，按藏传佛教的争论方法进行辩论等交流佛法的地方。

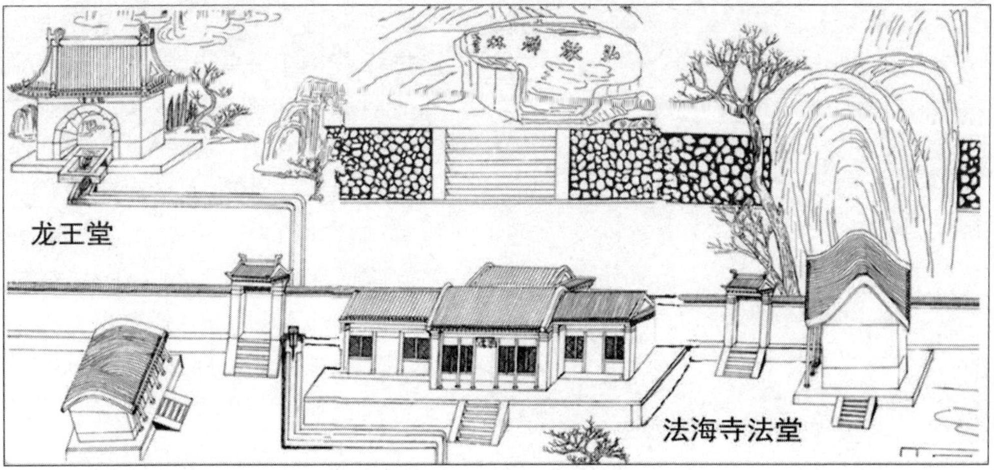

法堂·龙王堂院图（张嘉鼎绘）

念佛堂遗址

通往暗室的地道入口

后罩楼遗址

如同机关学校的礼堂，是很庄严的地方。我们从现存遗址看到这个法堂比大雄宝殿小不了多少。可见当年来此学佛的僧俗四众还是很多的。

此殿还有个地下室，据说是珍藏佛经佛像的暗室，如今仅存石道，暗室已被土填埋。

如今石道、柱础、甬道、廊檐条石、台阶完好，残墙可看到是磨砖兑缝的建筑结构，在大殿中间甬道石第二块上，刻着新中国成立前夕“天一教”的碑文，因刻工粗糙，又风吹雨淋日晒，已然漫漶不清了。

后罩楼与藏经楼

我们从山门进寺，到这后楼地点，已经来到半山腰了。所以，有人称此为“后罩楼”，也是如围屏一样将寺院围上或罩上。加上这半圆形的两层后楼围护，给人以安宁之感。站在这楼上，可俯瞰全院乃至山下村廓。当年郑板桥在此居住时他写诗赞颂道：“树满空山叶满廊，袈裟吹透北风凉。不知多少秋滋味，卷起湘帘问夕阳。”可推测出他住在后罩楼的东北边一间屋里，卷起帘，可看到夕阳，可见到风吹落叶堆满走廊的情景。如今后罩楼的地基成了陵园上山的路基。藏经楼的柱础

"弘教禅林"弋庵

"弘教禅林"刻石

"片石孤云"刻石

"翠屏"刻石

石就在车轮之下。再往上走就是金山陵园的墓葬群了。

我在童年和少年时期，常到法海寺里来玩耍，那时的庙宇保护得很好，后殿正中廊子上挂着"敕铸法海寺钟"的大铜钟呈黑色。廊前就是回环流动的泉水和泉池，里边有闸草和游动着的龙睛鱼。水从庙前右侧流出寺院，成为南沟山水的水源。法海寺内有巨大的榆树、银杏树、柿子树、松树、枫树、弈树（红灯笼树）和楸树、枣树、梅花、常青藤、藤萝、苦楝树、梧桐、泡桐、绒花树（合欢树）、杏树、香椿树、柳树……还有一些附生植物如瓜娄、金银藤、苦露、凌霄花等。

大约是在20世纪70年代，我在大钟寺开会休息时，曾看到了这口钟在钟堆中。后来，摆放开展览时，我却没找到摆放位置，我想应该还在大钟寺内。"人过大钟寺，寺钟大过人"，与华严钟比，法海寺钟小多了。但那是一口古钟，声音非常动听，四山回合，吴兴祚写诗歌道："落日千家打暮钟，令人不觉发深省。"长鸣的钟声似乎在提醒修道人：人生苦短，如救头燃，

后罩楼院图（张嘉鼎绘）

一天又过，加紧学佛。其实细想想，对我们每个人，不也是一种警示吗？

如今后罩楼地基被陵园做为通道占用了。藏经楼的柱础就在临时修的道路上任车碾踏。所幸的是后罩楼前那一组摩崖石刻尚保存完好，如一庵写的斗大大字“弘教禅林”，一庵的诗：“春山梵刹青天半，楼阁峥嵘北斗齐。曲迳盘空环翠色，登临扫石记留题。”尚在。在一庵诗的上方还有四明徐旸的诗：“登山与临水，人在白云深。一曲南风畅，悠悠太古心。四明徐旸书”。旁边就是“回光台”、“壁观”、“念佛”等刻石。巨石前面下方就是“返照巖”“眠云窝”的刻石。在此石刻前方不引人注意的地方，一块浮石埋没在枯草落叶中，上面却是“苍雪友书”的一首诗：“踏破苍苔云半亩，携琴来访一庵叟。谩理冰弦为我弹，流水高山心万古。”离此前方5米处，是一块不大引人注意的刻石：“潜拙主人憨翁氏‘书’吾谷”在坡坎墙上。他还有一块刻石在“松抱佛桌”东面坡坎下的一块加工过的长条石上：“片石孤云”四个大字；右首竖刻：“潜拙地书”四字；左首竖刻“于万安山”四字。

震翁也在“松抱佛桌”南侧的巨石上刻有“翠屏”两个大字，署名“震翁题”。

在北墙下还有“石壁”和“剑池”的刻石，后者笔者没找到，不知还存在否。

方丈院

在香山法海寺长方形的院落的西北部是方丈院，院落的前面是山堑，有庙墙建在悬崖边。有角门与寺庙相通，而方丈院是个独立的四合院儿。有僧舍和生活设施，柴灶、水井（池井）、储藏室、柴屋、大锅灶等僧房在北房，厨房灶间在南房，西房为储藏间，东房是柴房和库房。东边还有一块菜地，种着萝卜和豆角、倭瓜、丝瓜、菠菜等蔬菜。犄角是茅厕，粪坑就在北墙外的沟里，是个很深的贮粪池，封闭的，很卫生。

从大雄宝殿北侧沿石阶向上，登上此山坡，就会看到一处平坦的院落，迎面是一株古桧柏，那就是法海寺的奇景之一的"松抱佛桌"，那古柏如一位老人，伟岸地站在那里，双手抱着一块一米宽、一米二长、30多厘米厚的方石，石头已经长进树身，成为一奇景。据说老方丈在这里跟许多文人墨客会面，在这石桌上

松抱佛桌

方丈院佛堂（张嘉鼎绘）

写诗作画、弹琴饮茶，曹雪芹也在这里留下深深的足迹。可惜那些石凳不知去向，光留石桌纪录下当年的风华。

“松抱佛桌”后面，就是方丈院的佛堂。如今那须弥宝座完好地立在那里，被塌方的土石瓦块遮盖露出一角。那北墙下，如今还保留着一间长五尺宽四尺的僧房，只有坐处而无法放僧榻，那才是真修省人的居处。就是这样的僧舍，也不是什么人都可以住的，非要经过严格的考试，方可上山。那僧舍后面就是一条通往后花园的小路。小路西侧的土坡上，就是“大震超地禅师寿藏处”的刻石。其北是另一“眠云窝”的刻石，“窝”字是道家古字。

此方丈院在香山法海寺的三路建筑的右路（北路），方丈院后面是个天然的大花园，自然流水，树木葱茏，遮天蔽日，药草芳菲，百鸟奇花，珍禽异兽……是难得的大自然宝库。如今庙宇虽破，但自然景观依旧，“眠云窝”、“翠屏”的刻石仍在。

据说法海寺的老方丈是个很有学问的人，善诗词歌赋和书法绘画，经常和一些山下来的文人墨客在此聚会，其中，就有著名的郑板桥和《红楼梦》作者曹雪芹。那位与郑板桥、曹雪芹关系极好的“大震超地禅师”寿葬处也还在。他以

大震超地禅师寿葬地

“眠云窝”石刻

迴光台拓片
（韩胜军拓）

“震翁”与朋友写诗相和，谁能知道他原来的身世呢？当年，端木蕻良先生在写《曹雪芹》长篇时，曾向我多次讲述起这位“震翁”的故事，还让我与那时已经八十多岁的了解震翁事迹的安徽绩溪三门呈洪静渊老人通信。

洪先生很快给我回信，介绍了他的乡邻清代大哲学家屯溪隆阜戴震的情况。戴震著有《孟子字义疏正》一书，此书前面有一篇“导论”，说戴震与曹雪芹的思想好恶，一脉相通。洪先生还给我介绍了另外一位与曹雪芹也极好的“震翁”——史震林（1692~1778），此公当时也很有名，著有《西青散记》《华阳散稿》等。他的夫人号“转华夫人”，名程琼，曾著有《旧雨辰星集》诗集，还有《香奁集》诗集。都是写才女的诗，如《香奁集》中，就把“宫闱后妃”、“大家闺秀”、“平民家的才女淑媛”“明末清初的秦淮歌妓”分门别类编写出来。他丈夫史震林写的序。据说此二“震翁”全在香山法海寺出家，与曹雪芹和郑板桥全是好友。隐居于此更恰当，不一定要出家。因住在庙里，被人说成是出家也不能说不对。就连当地老百姓跟老舍先生也是说曹雪芹在法海寺出家（老舍先生诗注中写，给郭沫若先生信）。

趣闻轶事

曹雪芹与“法海禅师”

据老人们回忆，当年法海禅寺的老禅师在西山很出名。他不但懂天文地理，对经史子集也很精通，对佛经就更是了如指掌。他会弹琴吟诗，也能挥毫作画，他写的字尤其漂亮。附近有学识的人常常到法海寺里闲坐聊天儿，他就用不老山泉水烹茗恭候，颇为人们喜爱。曹雪芹就是其中的一个常客。他不但能从到这里来的人们谈吐中收集素材，而且很喜欢研究佛经，特别对佛家僧侣的“显圣”传说很感兴趣。来这里的人中，也有地位很高的皇族子弟，如“紫琼道人”是乾隆的叔叔，自然会聊及种种宫廷轶事。

曹雪芹像
（张嘉鼎绘于1961年）

法海寺内有口大钟，钟上铸的是一部“摩诃班诺波罗蜜多心经”，曹雪芹都能背诵出来，特别是：“照见五蕴皆空。度一切苦厄。舍利子。色不异空。

空不异色。色即是空。空即是色。……”这些思想，曹雪芹都能和法海禅师讲得头头是道，越谈越深。有时，黑夜忘返，就宿在寺内。这些经文是最深奥的，也很少有人懂得，因为“只能心领神会，不可言传”，而曹雪芹则把这些写进他的书中。特别是“空空道人”的一言一行，都渗透着这种“色空”思想。据说有一回，法海禅师取出历代文人来寺留下的墨迹，请曹雪芹观看，其中有“哑谜诗”一首，是“空空道人”留下的，许多年来没人能解，法海禅师请雪芹解解，雪芹一看哈哈大笑，提笔在纸上题了一句话，使法海禅师非常吃惊，不得不佩服曹雪芹的学识。空空道人留下的四句诗谜是：

一树红杏个个青，阴天下雨满天星。

三个老道四面坐，不言不语念真经。

曹雪芹写的谜底是什么呢？四个大字：“未知有也”，就是空空如野吧！“红杏”怎能会“青”？“下雨”怎能“满天星”？三个老道三边坐怎能四边？不言不语怎能念经？从此当成笑话传出来了。也有人说曹雪芹写的是“原远空声”四个大字。红杏原来是青的，眼前下雨远处空间还是满天星，三个老道四面坐有

弌庵诗照片

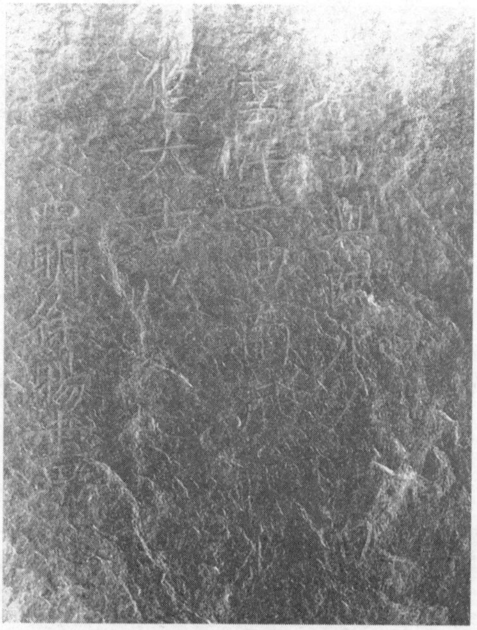

四明徐旸诗照片

个空位，不言不语念真经是心声。所以说是：原远空声。“铁树挂灯笼”，心性、法性、佛性、真性……万法归一，法法皆空，因果不空。

这倒很像乾隆给这“精舍五楹”的题匾：“悟色香空”和对联：“妙谛远空华海藏，勤修长获福田根。”

龙王堂

龙王堂是香山法海寺的水源头。龙王堂仅有一大间东向的庙，内供龙王。庙右侧有泉井一口，伸手可汲水，活泉长流，沿石槽流通全寺，水入放生池，最后从东南角龙口流出为南沟水源之一。

俗话说：“山多高，水多高。”法海寺之所以成为宝地，就是这里有“龙脉”龙王堂。龙王堂的水有个特点，雨多不溢，无雨不涸。从这眼泉里流出的水，就是环绕寺庙的泉池的常年流水和方丈院饮用的生活用水。冬天这水不冻，夏天这水冰凉。甘洌清凉，不腥不涩，不腐不浊，是真正的优质矿泉水。老人说：“水好，就是两毛五一两的茶叶，沏出的茶，比五毛一两的茶叶用一般的水沏出的茶都好喝。”所以，当年的曹雪芹和郑板桥等文人墨客，都爱饮此龙王堂沏的茶水。

不老泉水就是说可以“筑颜”或“驻颜”的泉水，让人减缓衰老。在这样的松涛明月、古寺宁静之夜，沏上一壶茶，与有学识的方丈海阔天空、说古论今、抚琴高歌、参禅悟道，清茶飘香，流水潺潺，人在画里，坊间词话。留下多少传说，平添多少诗意，青山不老，溪水长流，尽享这人间的仙境，胜似琼楼玉宇，瑶池紫

龙王堂遗址

华。这就是当年香山法海寺文士聚会的具体描画。

一眼不老泉，几点腊梅花。
墙外苹婆果，绿萝映晚霞。
忽传清磬声，梵贝木鱼发。
投身空法界，处处见莲花。
有此极乐国，何必奔天涯！
天天听法语，荡涤心如茶。
如如新法界，德水香林刹。
只存微清香，随风飘万家！
何时聚今贤？也到山法华。
品茶吊先贤，洒泪祭章嘉。
天光云影现，华海众生家。
不老山泉在，众植腊梅花！

如今可喜的是这眼清泉还在，只是被陵园职工盖在厨房屋子里，供修陵墓的员工生活用水。龙王堂和后面的白塔、水道、腊梅花等已无存。原来在龙王堂前有盘巨大的石碾和一盘石磨，据说是仙人弄上山来的，为炼丹砂磨矿石用的。新中国成立后还保留很好，近几年方被人为毁坏。

小知识

法海寺的珍贵物产

龙王堂后边和前面是许多老干虬枝的龙松，长着许多的茯苓和茯神，是很好的药材。加上“苦露”（地精）等，是寺庙养生、健身的好药材，又可入药，又可生吃。老人说是这里的水好才生的仙药，据说这里过去还长出过人参和灵芝。香山法海寺藏宝无数，皆属精华。苦露酒、茯苓饼、万寿瓜……西瓜霜、腊梅片、苹婆果、香椿芽……苦苦菜、葫芦瓜、雪里蕻、花椒芽……荞麦米、酥子油、香衣草、老洋瓜……染眉石、黄瓜玉、煤精子、硅化木、马牙石、洞里珠、京白玉……水晶杏、京白梨、香槟果、玫瑰香……大盖柿、京蜜桃、石榴树、扁缸桃、山欧梨儿、紫桑葚……白枣、蜡枣、花椒枣、袍红、尜枣、坠子枣、老虎眼和大酸枣……香山法海寺的“四红”惊天下，红枣、红柿、红叶、山里红（山楂）。下面结合历史传说介绍几种供大家了解。

眼药水　据说老北京有一种“沃古林眼药水”，很神效。有人说是香山法海寺方丈的神方。据说就是用的龙王堂前腊梅花上积雪扫下，存于坛中，埋于地下。将夏天的大西瓜，取瓤放于瓮里埋于地下五尺，经三年挖出，将瓦坛壁上西瓜霜刮下，而用地下埋藏的梅花雪水调制成药：

点眼去翳，重放光明。少年点眼，一生明亮。

姑娘点眼，不虚不花。六十穿针，如同乌发。

腊梅花　北方缺少的是桂花和腊梅花，香山法海寺就有腊梅花。因其少，方显得格外珍贵。那株龙王堂老梅，据说有百多年的树龄，老干虬枝，天然成画，年年开花，清香扑鼻，黄如鹅卵，淡雅无华。真是：

梅花喜寒更爱雪，大雪封山独染霞。清净世界闻犬吠，方知己自在人间。

踏雪寻梅古曲多，惟独香山腊梅奢。不是人间关爱少，实是种十九不活。

法海山寺有灵泉，方出天上梅一棵。踏破铁鞋难寻觅，我辈无福只听说。

但愿人生能长久，法海禅梅永存活。众业共造佛世界，赏我仙梅一万棵。

三月兰　在香山法海寺里有两种三月兰。一种是草本如灰菜类的一种，开蓝紫色花儿，是有臭椿树味道的那种花。花很繁茂，远看也很好看，就是不能亲近。花期长，一年到头全开花。

山上有另一种特殊的“三月兰”（又名“香翠巧”，不是地边长的翠巧花），那是一种多年生的植物，开的花像翻飞的小燕子，很美，那才是真正的“三月兰”。虽只有淡淡的清香，那叶子也似蒿子一样，但是自有其高贵的气魄在，不容别人小看。这种花开的时间很长，老是似开非开的样子，不张扬，持续性好。这种花不生虫不招蚁，不引蜂蝶，默默地自已孤处，也不成片，在百草丛中，偶尔显露出一株。它不像铃铛花那样鼓着腮吹喇叭，也不像映山红的山丹那样火红耀眼，更不像玉簪抹一身香水那样醉人。它就是它，平常中带着高贵的气质，不卑不亢，不娇不嗔，活得自在、活得奔放，活得有滋有味。

丹参　一层红皮，虽薄如纸，却是丹参，红色的山参，在药草中是很贵重的药草呢！它是治疗心脏病的重要的草药。丹参片救活多少人的生命啊！虽就是那样的一点点红皮儿，它是吸收了大山的精华，天地的雨露，四季的风霜，把自己用丹砂染成赤色。中医谚语说：“红色养心，绿色养肝。”那黑色呢？黑色养肾嘛！五方五色保护着脆弱的人群。

丹参是那样弱小，但是集体的力量能将一个大活人的动力（心脏）修好。那香山法海寺的丹参又有不同，其力量比别处的丹参“劲儿大”，成为心脏供血不足的克星。

苹婆果 不是苹果，也不是野生苹果，应是一种药材。而法海寺的苹婆果象“杜梨儿”，很有味道，据说可以生吃。有些书上把苹婆果说成是苹果，或叫小苹果。如清代康熙三年（1664年）的《房山县志》记载：“苹果，一名苹婆果，《采兰杂志》：燕地苹婆果味虽平淡，夜置枕边有香气。”清代光绪十一年（1875年）《昌平州志》记载：“苹婆果，《帝京景物略》：昌平玉峰山树尽苹婆，又出镇边城者圆小而坚实曰冷果子，入坛可经久。”都把苹婆果说成是苹果了。

1982年6月，有位同事借给我一本书，是他老家蓟县的书，名《说盘》是写盘山的书。在这部书的下卷，我发现有一则关于苹婆果的记载。《说盘》书中写道：“苹婆果，为燕地果中佳品，盘麓感化寺前有苹婆果树，大可合抱，实甘且蕃（茂盛），居人云：此树岁可得钱二千，江南橘柚五十树，不能及也。”可见“大可合抱”绝对不是苹果树树种。

在《辞海》1979年版（上）1302页上载：“苹婆果，亦称‘凤眼果’、‘罗望子’、‘罗晃子’。梧桐科，常绿乔木。叶长椭圆形，初夏开花，花杂性，无花冠，花萼粉红色，圆锥花序。果实分为四五个分果，外面暗红色，内面漆黑色。产于我国南部和印度、中南半岛、印度尼西亚苏门答腊。常植为庭园树。木材轻韧，可制器具；果实和肉类同煮，味如栗子，亦可生食。”

苦露 中药名为“地精”，黑精为首乌类，此苦露为白精。宫廷内有《去疾延年咒语秘方》，其方为：苦露酒15斤；当归5两；桂圆肉8两，埋地下一月后，取出饮。法海寺的万安山上，长着很多的药材，其中最著名的就是“苦露”，那秧子像是一种六角喇叭花的秧子，细又长，叶子碧绿、较厚、桃形，为轮生，爬秧很高、长。秋天，理着瓜秧向地下挖去，一般有三至五个“块茎”，也有只

法海寺的苦露

生一个苦露的秧儿。最底下的那个苦露最大，年头最多，药性最强。

苦露如同土豆形，外有一层表皮，刮开为雪白的肉质，见空气会慢慢变黑，脆甜爽口，是健肾养精补血的佳品。可生吃，可泡苦露酒。将苦露洗净、刮皮（或带皮）泡入大口瓶中，要用好高粱酒，或“二锅头”，泡一月即可饮用，是为苦露酒。若加上当归、桂圆肉两味健脾养心补血的药后，埋地下一个月，接收地气的滋润，减少燥热和酒精的钢性，取其平和再饮用，就有益寿延年的养生作用。特别是法海寺的苦露酒，与别处的又有不同，是因这里的水质最佳的缘故，称为太极水，也叫皇极水。

趣闻轶事

曹雪芹和“苹婆果”

苹婆果栽培较少，香山法海寺的苹婆果给郑板桥很大的惊奇，他几次提到在香山法海寺摘苹婆果的情景。

在他第二次来北京时，大约是1736年，他回忆他头一次来北京同友人游香山法海寺，摘苹婆果的情形。他写道：

昔年曾此摘苹婆，石径欹危挽绿萝。
金碧顿成新法界，惜他荒朴转无多。
参差楼殿密遮山，鸦雀无声树影闲。
门外秋风敲落叶，错疑人扣紫金环。
树满空山叶满廊，袈裟吹透北风凉。
不知多少秋滋味，卷起湘帘问夕阳。

与郑板桥同时代的大文豪、《红楼梦》（石头记）一书的作者曹雪芹先生，也是香山法海寺老方丈的座上客，目前虽无考古证据，但在民间，流传着许多的传说，虽说是耳识之学，不足为据，但作为文化遗产，也有重视的必要，如古老的神话故事《大禹治水》一样，补充了禹夏时代信史的不足。这里也摘录几则传说故事，以娱眼目。

据香山白栎亭讲述说：曹雪芹在“正白旗”家里种许多竹子，还有“天棚、鱼缸石榴树”。最为有趣的是，他亲手植了两株苹婆果。这苹婆果树是向万安山法海寺的老和尚要的，就种影壁后边，人都说他这是：“影壁后头摇钱树，影壁前边聚宝盆”。摇钱树就是这两株苹婆果，“聚宝盆”是说影壁前的荷花鱼缸，里边种着莲花养着鱼。为什么叫摇钱树呢？还有一段故事呢！

曹雪芹种的苹婆果是一种小苹果，不像如今这么多品种，也没有这么大，据说叫“胡斯赖”紫红皮，有香气，但不好吃，像棉花桃，摆在果盘里看着玩的，也叫“闻香果”。

曹雪芹好研究，他摆弄的这两株苹婆果真是通人意，年年挂满枝头。曹雪芹靠着这些果子可以卖许多银子，所以人称摇钱树。可是那时这种果子并不是值钱的东西，为什么曹雪芹能卖那么多银子？说来也巧。

有一年，曹雪芹收果子，发现都是紫红紫红的，独有一只果子上有一块绿，而且是片树叶一样的绿块儿，曹雪芹一看就明白了，原来一只树叶粘在果皮上，影印下这只特殊的果实。这一启发，曹雪芹“发了财”。

原来，那时旗人有许多“客套”，又要壮门面又要少花钱，还要讨个吉利。曹雪芹抓住旗人的这个弱点想了个主意。这一年过年，曹雪芹给他的朋友们送礼物，用一只自己制作的四方灯笼，四面的白纸中央留一圆孔，每孔里放一只苹婆果，鲜红鲜红，每只苹婆果上有一“天生”的字，是“春夏秋冬”，灯笼盖上写着“四季平安”，用手提着，王府的小爷们一见全呆了，认为是“神物”，苹婆果上能天生字？加上小灯笼又漂亮，可算是有钱也无处买的稀罕物。任你要多少钱，这些子弟是不在乎的。曹雪芹于是收了不少银子。从此，每年这些小爷们抢着派人给曹雪芹送银子要他留只“平安灯”。特别是那带天生的“春夏秋冬”的苹婆果，每只值二两银子。就是不知怎么长出字来的。曹雪芹告诉他们是“天生的”，他们更加相信了。其实，曹雪芹是在受了树叶的启发之后，想出的办法。当苹婆果长到一定大小时，他用墨在向阳的一面写上“春夏秋冬”几个字，每只苹婆果上一个字，四个一组，四个一种字体，待苹果上色以后，没墨的地方自然晒成红色。有墨的地方还是原来的青色。待摘下来以后，用湿布将墨擦净，字儿就显出来了，非常好看。不懂科学的少爷和昏庸的老爷们，还以为是神仙的意旨呢！每每把“平安灯”挂在佛龛和神庙里，求其“四季平安”。曹雪芹坐收银子，所以乡亲称这棵树为“摇钱树”。

曹雪芹还有“万寿葫芦”，也是他进银子的一条路子。那年月，旗人佛龛前兴摆葫芦，有的年代久了，就变得紫红油亮的。曹雪芹就在房前屋后种了大大小小不同种的葫芦，他的葫芦与众不同，葫芦上天生有“万寿”、“盘肠万字”和符号、福字等，又算是“神物”一种，特别是一种“小压压葫芦”，是人们佩戴在身上和拴荷包上的饰物，上边也有“卍字”等字和符号，被当成宝贝。这是怎么来的？

原来，曹雪芹待葫芦长到一定大小时，看它基本不再长了，皮也快老了，就用锥子在葫芦上刺字和刺画符号，流出的一点点液体不必管，待葫芦皮长硬以后，字迹显现出来，非常醒目，待收回来以后，曹雪芹用红绳一拴葫芦辫儿，挂在拐棍儿上，拿给王府小爷去当“寿礼”送给老人们。那葫芦摘下来，雪芹用竹节草把皮刮新，留下字和符号，其余部分白黄干净，再涂上一种油，就成了“宝葫芦”。所以他每年都能得许多银子。

贾母吃过苹果吗？

1987年播映的电视连续剧《红楼梦》中，第28集《开夜宴异兆发悲音》中，有特技镜头拍了满盘子的大红香蕉苹果，非常好看。其实，清代那时我国还没有这样的高级苹果。

我们中国古代的苹果叫柰（nai），是一种比较原始的野生品种。个儿不大，有的古籍上说是“沙果”中的一个品种。也有的说成是海棠。北京香山有一种接近如今苹果的品种叫“苹婆果”，这在香山法海寺内曾有种植。与曹雪芹同时代的扬州著名的画家郑板桥，曾经三次来北京，他每到京师必到西山，三次住在香山法海寺内。他在第二次来北京时，写下了：“昔年曾此摘频婆，石径攲危挽绿萝。”的诗句。回忆他头一次来北京时的心境。这种苹婆果并不好吃，香山人管这种果子叫“胡斯赖”，是满语。叫白了成了“虎拉车”，紫红皮儿，里边象棉花桃，中看不中吃，是摆在果盘里看着玩儿和闻香儿的果子，与佛手、黄金坠儿(香瓜)、石榴等物一样，是摆果盘的物件。特别有趣儿的是，曹雪芹将这种果子写进了《红楼梦》书中，管贾府里一个清客名字就叫“胡斯来”，有人解释是“胡乱来”的意思，其实不是，就是这种苹婆果“胡斯赖”的谐音，他把清客胡先生比作“中看不中吃”的“棉花桃子”，光有一副好皮囊，非常形象。

经过改良后的“苹婆果”叫“酸槟子”，外表变化不大，质地变脆，味道变酸，产量很高，但远不如“国光苹果”味道好。直到民国以后，《园艺学》发展了，才培育出和引进优良苹果品种。如香山的“西山果园”内栽培的黄帅、青香蕉、红香蕉等苹果品种，但产量都不大。解放后，才大量栽培果木。近年引进日本的“富士”苹果，产量不错。所以说，史太君那个时代，尚没有供宴会食用的苹果品种。

“茯苓饼”与老寿星①

据说慈禧太后晚年，特别喜欢吃茯苓饼，这还有一段故事呢。是一位退休的“老药工”刘福师傅讲给我听的。

香山法海寺有个老和尚，人称老寿星，他到底有多大年记，连自己也说不清，总说九十九岁，不说一百岁。他会气功，也会给人看病，老人和小孩的病一看就好；他会用山上的草药制成药丸，有神效。他每天除了吃松籽儿，就吃一种自己烙的小圆饼儿，喝山泉水，练功，写字、给人看病，诵经、采药……

有一年，慈禧住在香山行宫，夜里犯了心疼病，可把侍从们吓坏了！太医院的大夫全在京城，可怎么办?!守园的苑丞说：“离此五里法海寺有个老寿星会瞧病，不如去请他来给老佛爷治治！”也是病急乱求医吧，就派人用轿子连夜把老寿星抬到香山行宫。老人看慈禧是因劳神过度、心血亏损，就将随身带来自己烙的小饼在火上烤了烤说：“吃吧！吃吧！吃完就好啦！”慈禧只觉得自己胸口象针扎一样的疼，心像时跳时停似的，憋得出不来气儿。看见白胡子老寿星为自己治病，还以为自己来到另一个世界上，使劲儿拉住老和尚的双手说：“老神仙救我呀！我不想死！老神仙救我呀！”

老和尚把那小饼烤好给她吃时，她觉得一种清凉的东西通到心底，这痛快呀！顿时胸口也不堵了，心也不慌了！不一会儿工夫，就安静地睡着了。

第二天醒来以后，她以为自己是做了一个梦。当知道是法海寺的老寿星救了她的命，就亲自乘小轿到法海寺去探望老神仙。来到山门，就闻见一阵清香，她不许手下人惊动老神仙，下轿悄悄进了庙门。来到弥勒殿时，见老神仙正在廊下烙饼。老人见施主来到，也不远迎，只是双手“合十”行礼。慈禧来到近前，把一件金色斗篷披在老人身上。老人请施主落座，献上小饼和自制梅花茶。慈禧吃着小饼，饮着香茶，又叫手下人献上供奉银，表示谢意。慈禧问老人：“老神仙昨日救我一命，吃的这小饼可是仙丹妙药制成？”老人说：“生在人世何需求仙？自有人间五谷百草保平安。”慈禧非常佩服老神仙的话，她说：“这小饼是什么

---

① 注：这故事我曾交给王一奇先生，经他刊登在《中国食品传说》一书第70页（1986年7月版）

谷物制成?”老人说：“此乃茯神、茯苓是也。小刹多松，松根所生之物，包根为神，附根为苓，昨日所食乃茯神养心饼，今日所做乃茯苓饼也。平日食得茯苓饼，百病不生健如松。”说着，老人从窗台上将一块块晒干的茯苓拿过来让慈禧瞧，又抓了一把柏子放在慈禧手中说：“柏子能养心，茯苓能安神，若得其中味，能过百岁春。”慈禧赶快叫人记下来，回去载入太医院的“仙方”册里。她告别了老神仙，回到京城。从此，每天让太医院着人采集茯苓，精制成茯苓饼送上来。据说慈禧吃了，竟“返老还童”，头发也变黑了。从此，这茯苓饼就成了宫中的长寿食品。后来传到市井，就成为北京的一种有名特产。

三、香山岭南庙宇及遗迹

香山岭和对面的龙泉岭之间是万安山，万安山与香山岭间是一道山沟，曰青龙沟，也叫北沟。在沟与北坡间有几处凸出的小平台，沟与平台之间纵横交错的溪流和山泉与组建在平台上的庙宇相连。

在万安山与龙泉岭间是黄龙沟，也叫南沟，与北沟完全不同，山洪将巨石冲下，形成许多的大坑，是乡民夏天洗澡的地方，却无一座庙宇，成为野山沟。这清浊两股山水，在万安桥南汇合成一股大水，流到门头村东的旱河，与香山几股山水汇合成南旱河。香山地区有三百六十寺之称，当然，不都是实胜寺和法海寺这样的大庙，还有许多的小庙，如法海寺前左沟坡上的山神庙、地藏庵、晏公祠、邀月洞、中峰庵、翠严寺、曹家楼等小庙。山下还有关帝庙等。这些庙宇，有辽金时建的佛寺，有明代道家建的道观，还有清代建的寺庵。释道儒一体，在这美丽的山林之中和谐相处。而在这些庙宇中，有些很有名的，如中峰庵，就是因为有明代的皇帝在庙里住过一

复修后的法海寺山门（张嘉鼎摄于2011年8月）

夜，和尚就不敢住了。这些小庙全集中在法海寺北沟一带，南沟属阴坡，而没一座小庙儿。

法海寺山神庙

香山法海寺的北沟凸出的一块平台上，正对法海寺庙前的石磬那地方，建有“山神庙”一座。据说是辽金时代的老庙遗址，到明代和清代重修的。山神庙、土地庙是中国道教系统的庙宇，不过，满洲人在长白山起家，又是靠狩猎和游牧为生的民族，对图腾和地方神祇是很崇拜的，就是不建山神庙，他们上山也总是要祭山神的。

我进去过山神庙，那时里面供奉的神祇已经没有了，是三间空着的北殿，更显高大。因经常有牧羊人在此避雨和休息，满屋的羊粪。山神庙的窗子和门早被人卸走了，瓦垅和屋檐上，成了鸟雀的天堂，住着野鸽和麻雀等。庙前是一株非常漂亮的大盘儿松，高大如伞，青枝碧叶，枝干如柱，长着鳞甲，上面栖息着斑鸠和喜鹊。据老人说他们小时候这松树就这样高大，可有几百年了吧！上面结很大的松塔儿，秋天会落许多的松籽儿，这是牧童和遛早的老人拾取松籽玩儿的乐趣之地。据说这里的松籽能治病，“那是山神爷的点心”，老人说。

山神庙前据说原有石“五供”什么的，到我去时，那里是平整的石台，但有剩余的香火头散落在地，说明零星祭祀的人还有，那真是“心祭”了。比起“地藏庵”的香火，那就差远了，因为附近的乡邻送三或烧纸，全要归送到地藏庵，那里成为老人升天的归宿。因此，香火一直很好。

山神庙遗址

如今法海寺山神庙的遗址被修路所占，只余一段残墙。

山洞与断桥

香山法海寺北面山洼里有个大石洞，深且干净，这是一个救命的石洞。英法联军、八国联军、抗日战争中的日伪扫荡，这个山洞，都是附近满汉人等的避难所。

英法联军侵略中国时，他们来到香山健锐营，那些“老毛子”们到处搜罗钱物，当地的百姓发明一个招儿，很是管用。因为家里不能留人看家，老毛子砸开门乱翻，于是，人们早上逃难前，将火（凉热灶）封好，上面放一块茅厕里捞出的砖头儿，老毛子进屋他也呆不了多长时间，又臭又淹眼睛，把他熏中毒就晕过去。这招儿还真灵，后来“八国联军”又来时，用这方法还是很管用，他们不走，谢庄（下庄）的人就会用大刀片儿削鬼子的脑袋，“二人抬”一点捻儿就要他们一群鬼子的命！可恨的是日本鬼子，不怕熏不怕臭，照样翻东西。我是1941年2月17日（农历）出生的，不久，正赶上鬼子来扫荡。母亲抱我上山进洞逃难，谁知那鬼子有一种“野山炮”，能打几十里地远。据说是在西直门试验发炮，几炮就打到法海寺山上了，离我们躲藏的洞口不远，巨大的爆炸响声把我惊吓得大哭不止，母亲又没奶喂我，吃豆饼算是最好的食品了，吃混合面儿拉不出屎来。突然放哨的说有探子（特务）朝山上来了，我一哭会暴露目标，母亲马上把我的口鼻堵住，当探子看到鬼子的炮弹又落下来，吓得奔跑下山时，我已经被憋晕了，把母亲急得又是抹挲我的胸口，又是摇晃我，还是神仙有灵，半天，我才奇迹般地活了下来。这个山洞目前仍在，我去过很多次，我差点在这里丢失了魂

山洞洞室内

塌桥遗址

魄，这里记录着我对日本鬼子的仇恨。

如今此洞隐蔽在通往陵园的路北高坡上，被塞满树枝，是个前后连接的两个券室，石头全是精密打磨好的，十分坚固，里面高大宽畅，冬暖夏凉。从规格和施工来看那是很讲究的建筑，不是一般百姓可为。也许是金元时代的墓穴，但没有殡葬的痕迹，很可能没来得及使用就改换朝代了。也许是早期被盗掘一空或被当权者毁弃。

离洞上不过百步的地方，就是一座大石桥，如今成了断桥了（近年被砌在陵园停车场围墙上，仅留一洞），那是英法联军干的，追反抗的军兵，将桥炸断。其实那是很古老的一座石桥，当年的人是骑马上山和游览的，可从北山骑马路过石桥到"宏教寺"，就是香山法海寺，再到龙泉禅林，再向下到宝谛寺、延寿庵。寺寺相连，景景不同。

可喜的是在其下方还保留着另一座"塌桥"，规格略低于上面"断桥"的建筑结构，如今隐蔽在新修的路边，桥洞基本完好，桥基条石被洪水冲刷掏空，桥前冲成大坑，北侧不远的泊岸被山洪冲垮跌在沟旁，记录和告诫后人，这里曾经有过的洪峰，可惜现在人们不考察水文就在下面原来的山沟里，建设了许多楼房，那是很危险的呀！

中峰庵（来青轩）

北京西山在辽金元明清时期有三百六十寺之称，有些寺很有研究价值，如"中峰庵"当年明宣宗朱瞻基曾住过。可是中峰庵在哪里？《日下旧闻考》上有两处写着："中峰庵旧址当在今宝相寺香林室之西南方庙、圆庙之间……"和"今宝谛寺建于滕公寺旧址，其后稍西北为宝相寺，又稍西北为方庙、圆庙，二庙之间有隙地，俗称四方圈……疑即中峰庵旧址。"关于中峰庵，文献中的记载很多，均可了解其历史面貌。以下摘录几则以供参考。

赑龙碑座

《帝京景物略》载："中（峰庵）西山而领焉，莫高中峰庵。峰意左顾，其左支，张而左，左涧水从之。晏公祠、翠严寺、永寿庵宅山阴，门水阳。其右支，逐而亦左，右涧水舍之。宏教寺宅山阳，门水阴。两涧右会而桥，桥边而门，门冠塔三尺（应为丈），宏教寺门也。入中峰左右嶂，率是门也。游者，难（笔者按：应是旅）岭上之永寿庵，而乐（笔者按：应是临）翠严之麓，今去（笔者按：应是再）去，不欲入矣。翠严先有老梧桐数株，游人诗多成其下，择梧叶书之。寺有僧，怪客不携金钱，劚（竹音）桐卖琴肆中。又一夕，火其精舍，以绝读书者。自是僧榻厨间，客来，坐佛殿也。”“竟过翠严，则入晏公祠。出乎祠，坡数十步，蹑危（笔者按：应是蹬）十百者三，中峰庵矣。庵地尽石，无土，阶磴犀径，尽可枕藉卧，不生一尘，实无尘也。不以风拼，不以雨盥濯。松满院，响谡谡然。左右故涧，涧涸，石曾当疾（激）流，坠者，偃者，横直卧者，泐者，背相负者，未止辄止者，犹怒，松鼠出入石根中，净滑诡曲，不可扑

法海寺中峰庵位置示意图（张嘉鼎绘于2003年5月10日）

矣。”“涧南上宏教寺，废寺也，三木欢喜佛，蹲右配殿中。游者往往稽其重腹下，曰宜男也。”

临朐冯琦《中峰庵》：“中峰何高高，孤寒起寥廓。寺楼相隐见，石径相参错。振衣立爽垲，举杯向广莫（应是漠）。不知山路尽，但见天宇豁。对面蓟门峦，青紫点危削。远树若草科，西湖岂盈勺（音灼）。万象各自为，片云随所泊。洞龙雨工罢，霪霪归旧壑。”

《珂雪斋集》载：“西山别嶂忽开，如两袖之垂，其左为帝王庙、翠严寺、曹家楼，其右为宏教寺，而其中为中峰。中峰庵有石楼可眺，有亭高出半山，围墙十里悉以白石垒砌。”《帝京景物略》载：“中峰庵地尽石无土，阶犀径磴可枕藉，卧松满院，响谡谡然。涧南上，宏教寺废寺也。”

《介石斋集》载：朱国祚《中峰晚望诗》：“中官丙舍即花宫，松柏林前梵磬风。试上精庐高处望，楼台金碧夕阳中。”《燕市集》载：王犀登《宏教寺诗》：“先朝行殿作禅宫，黄屋青山本是空。闻道一人曾驻跸，山僧不敢住当中。宣皇在日寺新成，万乘亲来寺里行。芳草也知无玉辇，秋风秋雨满阶生。”

文献记载纷纭，要找到中峰庵，就要先找到当年这里“山中第一”的大寺“宏教寺”。因宏教寺是元世祖（忽必烈时代，1260—1295年）时所建的“大宣文宏教寺”，到明代宣宗（朱瞻基1426—1436年）时已历一百七十余年，到清代顺治十七年（1661年）时，正好已有四百年历史，而且宏教寺遗址重修后，改称为“法海禅寺”。

据《春明梦余录》记载：“中峰在香山之后（应是南），以其居诸峰之中，故曰中峰也。蹑危磴而上，有庵，庵两翼有亭。山之阳有宏教寺，山之阴有晏公祠、翠严寺、永寿庵。”余文敏也记：“（宏教）寺在山脊，东上一阁宣庙（朱瞻基）曾驻跸于此。”至使“山僧不敢住当中”了。到明代已是“先朝行殿作禅宫，黄屋青山本是空”了。

笔者因家住实胜寺旁，20世纪60年代起经过多次考察和考证，终于找到了晏公祠、法海寺、地藏庵和中峰庵的遗址①。“中峰庵”建在万安山北侧山环一处平坦的石垒平台上，东有断桥，寺遗址东有一山洞完好。过断桥通往南坡之上就是法海寺，中峰庵与法海寺之间是山涧，在涧底平坦处是晏公祠和地藏庵、山神

① 1993年5月，《中峰庵在哪里？》一文发表在《北京文物报》1993年5月，第54期。

庙以及翠严寺、邀月洞遗址。原有的晏公祠“石殿”已移到五塔寺（名正觉寺，今北京石刻艺术博物馆）内保存。正如《山行杂记》所写：“香山南为门头村。村后为万安山，山门上建白塔为宏教禅林。入门为大神通塔院……寺中殿宇亦高敞。殿后为泉，飞绕方丈而行。下（笔者按：应是上坡）坡不半里有祠，中列圣贤像。祠前上石蹬二十级即中峰庵，庵有方亭，亦名来青轩。”

因而《日下旧闻考》所说中峰庵在宝相寺西南，就是在如今“无梁殿旭华之阁”西南，是错误的，与笔者根据史书记载的方位考察不符。故此予以订正。中峰庵遗址目前已面目全非，其遗址下方已成为金山陵园的停车场，所幸山洞尚存，在公路坡上隐蔽处。

翠严寺

翠严寺是个建在石基上的完整的小庙，只有大殿三楹。后为禅院，是修行的好地方。院里有清泉最为著名。可惜，当年的翠严寺，如今已经没有踪迹可寻，但它上面的中峰庵和石洞还在，只是飞流和石渠没有了。在新修的公路边上遗存着残碑龟趺，据木铎家声老人说是原来翠严寺的碑趺。如果真是翠严寺的遗物，那就成了唯一的纪念物了。中峰庵是庵，邀月洞是地藏庵的洞，庵全不用龟趺的，只有庙宇用，而附近只有翠严寺是庙，用龟趺，庵堂全用云墩立碑。我觉得木铎家声老人说得有道理，但没有旁证资料，暂记录在此。

翠严寺示意图（张嘉鼎绘）

《五城寺院册》载：“门头村东小屯村有西禅寺。”寺内有明代正德戊寅年（明武宗朱厚照十三年，1518年）立的碑两块，一为敕谕碑；一为大学士湘源蒋冕撰。蒋碑略云：西禅寺在都城西之小屯村，村西五里万安山有寺曰翠严，及今寺额皆朝廷所赐名。《长安可游记》载：

“由广慧庵遥望山椒，丹楼飘渺，询知为曹家楼。楼距山巅，下（笔者按：应是上）临石洞，右折百步为翠严庵，更上即中峰庵矣。”《珂雪斋集》载：“翠严寺不甚宏敞，而具山林之致。门有渠，天雨则山巅飞流，直走原麓。刹后石路百级，有禅院，四周皆茂树。有泉甚清，可煮茗。”

《少室山房集》载胡应麟《宿翠严寺》诗：“乱峰遥策杖，零露几沾衣。客列青霞馆，云生白石扉。寺寒山鸟下，钟定水萤飞。为爱西窗宿，泉声出翠微。”

晏公祠和古井

如今，我们从方丈院佛堂后的小路往北，下坡到山沟旁，可以看到残存的原来石桥的墩洞。过了沟，往东走数步，应该就是原来的“道统门”，如今石门痕迹已无。可喜的是北侧那眼古井尚存，被土石杂物填进，已不见水。据年近八旬的张德旺老人讲，他年青时这井水可用手摸到，如果掏一下，肯定会出水，不一定有那么高水位了，但是不会干涸。再往东就是地藏殿和晏公祠了。

晏公祠原名道统庙，明武宗朱厚照正德七年（1512年）太监晏宏所建。在法海寺西北涧沟北坡石壁上，是依山崖石壁凿建的三间石室。石室外左侧有一石龟，石室门上额曰：“停云巖”，是斗大的三个大字，极规整。在这三间石室两边是两扇石窗，东边石窗的上面刻着“邀月洞”三个碗口大的字。西面石窗上三个字已经漫漶不清了，我曾请教过木铎家声老人，他回忆说：“我小时候那字还有呢，是‘慎思殿’或‘慎思堂’三字。”按佛学来说，这“慎思殿”与石室里边“三省斋”到是很符合佛的教育思想，“三省”即早上、中午、晚上从身、口、意三方面检查自已有哪些不符合佛的教导的地方，并立即加以改正。

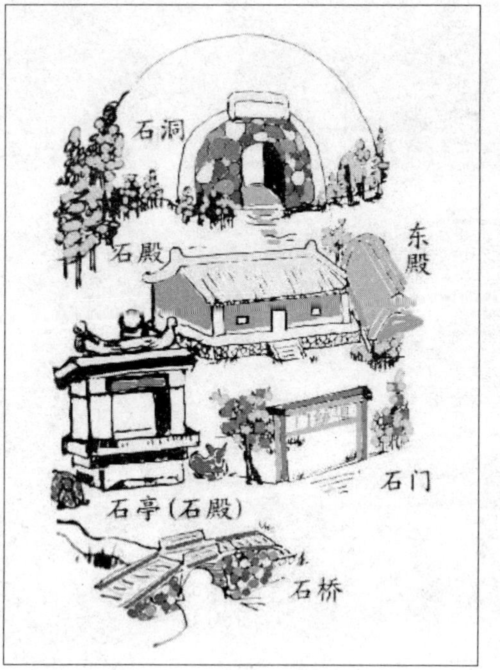

晏公祠示意图（张嘉鼎绘）

明间与次间之间有石券门相通，左侧（西面）券门上额曰：“四知堂”；右侧（东面）券门上额曰：“三省斋”。每间石室内的墙壁上都有佛龛、文字，特别是左次间的后墙壁上，几乎布满了文字，遗憾的是文字脱落甚多。如：“……等之所用还，事实情况……念老稚闻之，恐其果去……之情粲攀番永为覆疵之……得助民多会奏留当审……蔽佛道以负……任复心之盛意哉，如蒙伏望……防言果非……降与守臣，老……劝如存留又任亦……蒙惠甚等因与巡……西监……察忠谨素著奉命……守廉静保留写赉奖励者，照旧用于陕西地方……益臣……林……镇守得……具本奏办事以慰念……晏骞不胜……”。水渍严重，覆盖面广，大片大片脱落，应是奏折或是书信。用化学方法或许可以恢复原状。近千年的文物应该得到妥善保护。

晏公祠

地藏殿古井

晏公祠里供有三皇五帝、三王、周公、孔子、孟子以及宋代儒家周敦颐、程颢、程颐、张载、朱熹等人的石像。

《帝京景物略》载：“晏公祠，正德中晏常侍忠所立也。过涧石桥，过桥石门，曰道通（笔者按：应是道统）门。石殿三楹，像皆石，上像三皇五帝三王，左像周召孔孟诸圣贤，右像周程张朱诸大儒。壁五石龛，一龛标一经名，维以藏其经。殿外一石亭，亭壁立钟篌干戚钱钹弁裳之属，一如五经，以便治是经者。左龙马，马毛旋五十五，数具一如河图；右雒龟，龟甲四十五，数具一如洛书。东堂三楹，壁列忠臣龙逄以下、孝子曾闵以下，右图而左书其行事以告观者。石像浑朴，不类汉以后及西域像。法堂后垒石为洞，洞壁标先儒格言及咏道诗。祠今居守者一僧也，仍于其私室设彼教像，诵彼教文字焉。”

《山行杂纪》载：“香山南为门头村。村后为万安山，山门上建白塔为宏教禅林。入门为大神通塔院。前为平台，宽三四十丈，有亭据其阳。寺中殿宇亦高敞。殿后有泉，飞绕方丈而行。下（应是上）坡不半里有祠，中列圣贤像。”

《帝京景物略》载《姜应甲题晏公祠诗》：

空山石祠堂，落穆跨深壑。肖像古圣贤，高下坐渊漠。

殿犀列龟龙，如出自河洛。煌煌先儒语，所为忠孝作。

性理累百卷，题壁见大略。历览感我心，人传晏公凿。

厥志在尼山，高邈得所托。愧哉彼檀施，衅血涂丹获。

《日下旧闻考》载：“元史：泰定二年（1325年）中书省言养给军民必藉地利。世祖（笔者按：忽必烈时，约1260~1295年）建大宣文宏教寺，寺赐永业，当时已号虚费，今遗迹已无可考。观晏公祠石像礼器，制度浑朴，不类明时匠人所凿。且元于儒释初无所分，疑寺即宣文宏教之遗址，晏忠特（应是侍）从而修饰之者。当再与博雅君子考之。”此处“疑寺即宣文宏教之遗址”显然是错误的。“宣文宏教之遗址”在其晏公祠对面南坡阳岗上。

石殿石亭

《帝京景物略》载：殿外一石亭，亭壁立钟篪干戚钱镈介赏之属，一如五经，以便治是经者。左龙马，马毛旋五十五，数具一如河图；右雒龟，龟甲四十五，数具一如洛书。

此石殿应该称为“道统香火殿（焚香亭）”比较恰当。现被存放于北京石刻博物馆内五塔后面。“大明正德年”是明武宗朱厚照时期。正德元年（1506年）为丙寅年，此亭下刻“大明正德壬申孟秋制”，那就是正德七年（1512年），距今已经将近500年了。道统是宋明理学家尊称儒家学术思想授受的系统，是继承了自周公、孔子的道统。此殿就是祭祀道统的香火殿。

此石殿前后各有一副对联，前面是：“日月两轮天地眼，诗书万卷古人心。”后面的对联有道家的古字，是：“蹇王臣邅（音书）盡忠而迯（音退）補過，振

现存五塔寺内石亭

石亭壁上的河图龙马

石亭壁上的洛书

君子用出（音之）行而舍鼎（音则）藏。”

在石殿的两侧是河图和洛书，每幅图分三部分，东侧“河图”上部左首为文字：“龙马出于孟河，高八尺五寸，长颈，骼上有翼，旁有垂尾，圣人在位，天不爱道，地不爱宝，龙马出”。文字右面是“八卦图”，下面就是那龙马的像，好像是麒麟神兽一样，龙首长颈垂尾，带翅膀。麒麟没翅膀，和龙马的区别在此。

西侧是洛书：上半部右首是文字：“尧沉壁于洛，玄龟负书出，背上赤文（纹）朱字，书注云：天赐禹书，神龟负，交而出，列于背，有数皆九。”其左绘八卦星宿图。下半部分刻玄龟像。

这些文献记录了晏公祠的往日盛况，如今晏公祠内的前贤大儒、龙马、石亭（这些遗物中的“石殿部分”现保存在“北京石刻艺术博物馆”内），已不知去向，洛龟已躺倒楸树边，只有石室以及室内室壁上的文字，可以述说昔日的辉煌。由于时间久远，加之人为损毁，石壁上的碑文大都看不清了。为了记录这些石碑、石殿上的经文，我得到了鞋匠阿哥的帮助，才使这些珍贵的资料记录了下来。

趣闻轶事

鞋匠阿哥

我有个二哥外号叫“二傻子”，他的奶奶是我奶奶的妹妹，我们旗人叫奶奶为“太太”，生了七个儿子，他爸爸行二，是个顶精明的汉子。我这二哥，小时候并不傻，到底怎么傻的？有人说他吃凉药吃多了，吃傻的。我问过二太太，他母亲说急火攻心失语傻的……可我那二哥一生的故事绝对离奇。往往有这种情况，表面上看一个人很糊涂，缺心眼儿，尽办傻事儿。可实际上，往往他最正常，而别人屈服于社会的压力，扭曲了自己，自己不正常了。我听我家大哥说："那个二哥，我们过去叫他鞋匠阿哥，他的记忆是最能令人信服的。他的事儿那才叫奇怪呢！

我的这位二阿哥，活着的时候，庸庸碌碌，也没有多少人把他放在眼里，都觉得他一个老光棍子（不是老光棍儿，一加'儿'有贬义了），可能是小时候吃凉药吃多了，有些傻。文化呢也不高，只读了几年私塾。一生也没什么大贡献，所以连追悼会也免了，真正实现了二阿哥平生的一句傻话："我光眼子来光眼子走"了。可是，若给他开个追悼会，让大家找找他的优点的话，就连最瞧不起他的女人们，也会说："他的脑筋真好，凡是他看过的东西，一生不忘。"这也许是最中肯的评价了。这位二阿哥，真是不得不令人佩服，有几件事，就叫人记他一辈子。

有一回，一辆汽车停在"果树队"外边，车里走出什么人没看见，过了有个把钟头儿，公安部来车追踪，据说有人看见外国人来偷拍XX工程照片，请大家提供线索，是什么人，什么车？可是，平常人谁去记这些个！忽然有人开玩笑说："问问二傻子，他也许知道！"大家说："别瞎扯，这是正事，别寻开心啦！"被抢白了的那个人一生气，真的把二阿哥从家里拽出来说："公安局找你！"阿哥说："咱土里刨食儿，不招灾不惹祸，公安局跟咱没交情！"当大家问他看见一辆车停在小庙儿门前，车上是什么人时，他慢慢腾腾地说："问这个呀？人不人的咱没看见，车倒是看见了，外国吉姆，车号是'使'字00X0480"公安部的人一查车档案，马上握住二哥的手说："谢谢！真太谢谢了！"说完，顺车迹追去了，不大功夫，押着那辆车回来，大家一看车号，一字儿不差！二哥心里一乐，走了。

二阿哥的嫂子说："别看我二兄弟叫傻子，他记性可好着呢！不信你问他北京哪路车有哪些站名儿？到哪儿坐哪趟车，不能说全记下来，也绝说不错站名儿。"为此，有人试过多少次，真是大站小站没错过。有人问他："二哥，火车站名和车次您知道不？"他哈哈一笑说："火车咱打不了月票，要能打月票，我坐一趟，也能记住。""坐一趟就能记住？"二哥说："那当然，车钱咱不能白花，坐趟车连个车号站名儿都记不住那还叫坐车啦！"

我也曾试过阿哥，确实记得很牢靠，我曾想推荐他到"火车站问询处"去，一来二哥没有“学历”，甭说大专毕业证书，连小学的也没有，没这张纸，你本事再大也是白搭，正如二哥说的：“王八屁股——龟腚！”谁敢破规矩！二来阿哥的年龄也大了些，发现这特殊人才晚了些，再说一般人都喜欢要个年轻漂亮的姑娘干这行，弄个“傻子”去，简直是在“开国际玩笑。”第三，阿哥也不愿意干“公事”，不自由。他在家想干什么，跟家里说一声拔腿就走了，顶多“我不挣那工分不就结了！”人家阿哥本人也没有这要求，也就算了。可从此，我却发现了他肚子里的真才实学，远不是一般人所能理解的。而且他能写一笔好字儿，写完你看过了，他马上要过去，“哧啦”一根火柴点着了，说：“圣人的字儿，不能乱扔。”生怕玷污了祖国的文字。所以我一有了问题，免不了去向他请教，特别是文化大革命期间把名胜古迹一砸，再想看看地藏庵那石殿，没有了，问问当地老人，老人说：“谁吃饱了撑的记那玩艺儿！”可是我一问阿哥，他拍拍脑瓜儿说：“这多少年啦！我这脑筋坏啦！以前我能全背下来这些石碑、石殿上的碑经文，现在可能也说不齐全了，你记下来，能找着石碑或拓片对着看看，参考吧！”于是，他一句句给我背诵起来，此时我发现，他那严肃认真的样子，竟然有学者风度了。背完还说：“日月两轮循环转，诗书万卷古人心，惟独‘海马出于孟河’一句不知何解？”。有时，我带上一瓶酒去看他，我知道他酒量不大，“喝点儿解解乏就得”，所以就和他搭伴儿睡一炕上，这样就能聊上半宿，从经史子集、天文地理、五行八作，一直聊到“人生在世”。

阿哥自己没有成器，总希望侄男弟女能多读些书、家乡能多出圣人。但他很失望，他愤愤地说：“这些孩子念书，纯粹是去玩儿，我才上过三年私塾，可一般的字儿难不倒我，可他们呢？中学毕业了，写的字像蜘蛛爬，错白字连篇儿，他们要是有我那一半功夫，全能上重点中学！”他感叹道：“我就喜欢有学问的人，因为我没学问，吃过亏！所以，我一生恨我自己！”说到这里，二阿哥有些难过，因为他有一毛病，一生耿直，打掉门牙往肚里咽，不喜欢别人同情和解劝，更不喜欢人打断他的话，所以，任他讲，我只要洗耳恭听，就是他最喜欢的了……

地藏庵

地藏庵（门匾为“地藏殿”）原址为永寿庵遗址。在泉井上方花石头的右上方。庙房三间，东配殿三间，其后有开凿于石壁的晏公祠“停云巖”“邀月洞”。

《五城寺院册》载："门头村有朝阳庵、十方院、三义庙、五圣庵、真武庙、铁关帝庙、曹家庙、地藏庵、新寺（梵香寺）、香（应是翠严寺）严寺。"在这组庙宇中，地藏庵应该是香火最旺，存留时间最久的庙宇了。因为八旗和村里的人死后，无论是咽气、上床、停灵、入殓、接三、做夜、送三、烧纸、烧活、烧车船楼库等，全是送到一个固定的地方去，这地方就是地藏庵。

在地藏殿的窗和门框的砖上，刻着许多不规则的字和诗，横竖都有，是什么人刻的？不清楚。有的人推测是在这里避雨的"石匠"或是采矿的人。石匠里有很多的能工巧匠，有的只会打磨盘，而有的是"细石匠"，会雕石头狮子、石

地藏庵遗址门额

地藏庵门框上的刻字

地藏庵遗址

龙、五供和墓碑等，会刻碑的当然要练习刻字了，学徒敬业的学上了瘾，见到这样多的石料砖坯，又在此避雨闲着，于是雕刻起来，练习刀法，增长才干也是好事。有人将万安桥刻出马蹄印说是金马驹踩的，也许就是这些“爷”干的。有人在山上的大石头上留下不少石刻，还有佛像、石匾、西夏文佛经“六字箴言”等，成为后世考古者寻访的珍闻。也有人推断：地藏殿是用前朝旧庙石垒砌，石头上本来就有字句，如‘天地洪荒’等可为证”。具体文字待考另叙。

地藏庵就是个地藏王殿，供奉的是地藏王菩萨。前有个平台，有石香炉和石龟石龙石蜡钎儿，人们忌讳说死，把死说成“归西”，而地藏庵正好在西边，归那里就是归宿。把人送走，送到地藏庵就算尽了孝心，心里得到安慰就成了。所以，这地藏庵，既是令人惧怕的地方，又是让人恭敬的地方。没人敢毁坏此庙，胆小的一生都还没敢进去过。还有胆儿大的人住里面，晚上还有人听到过审判下地狱的人的声音，铁镣走路的声音。有不少故事发生在这里。

地藏庵、晏公祠图（张嘉鼎绘）

门头村有一小伙子上山打柴，路过地藏庵，看殿中的小鬼儿塑像有气，就将小鬼儿的脑袋削下半拉，砍柴回到家，头突然疼痛难忍直撞墙，没来得及看病就死了。人传说是小鬼儿来索命了，有人说是中暑，有人说是长了羊毛疔死的。人们对这地藏庵就更加惧怕了。

我小时侯跟哥哥们进去看过，没有佛像了，只有个佛龛，屋里很凉爽，也很干净。如今庙宇和配殿全成遗址了，而邀月洞尚在，曾是驻军的仓库，现在已腾空。仅此，已能使我们准确标定周围庙宇的位置。关于这地藏庵，还有不少传说故事，其中就有曹雪芹的好友鄂三爷的故事。下面摘录几则。

趣闻轶事

鄂三爷的故事

鄂比借嫁妆

在香山健锐营正黄旗后身，有座法海寺，不是清朝的寺。在法海寺北边有个地藏庵，是地藏王的庙宇，也不是清朝的庙，那里是元朝有钱人的坟地。鄂三爷有一个时期没事干，就住在地藏庵里，说是练功，可什么也不干。远近旗里有钱人家的公子们，全来拜他为师，他不收，后来挤破了门，他才搬到这地藏庵里来，来的学生呢，也留住在这里，是个大炕，来多少人全在这个炕挤着睡，时常是有来有走的，吃的夏天是窝头咸菜，冬天是窝头熬白菜。什么功课也不背，整天山南海北地聊天。来的瘦的变胖了，胖的出虚汗的瘦了、硬实了，所以都愿意来。

有一天，鄂三爷的远房哥哥来找他，鄂三爷没有儿女，叔伯哥哥有两个女儿，家里穷，那年头嫁不出去呀！没有厚嫁妆更嫁不出去了，过了门老得受气。为此事来找兄弟商量怎么办。鄂三爷说："咱穷门不嫁富户。可咱们家也不能亏待了这两个孩子，这么说吧，一般人家儿使用的东西，咱们全陪送，明天您带人到这儿来抬吧！"

第二天，鄂比先生的哥哥带着人来了，鄂三爷打开一座空殿堂说："全在里边呢！搬去吧！"鄂比的哥哥进殿堂里一看愣住了，一色的木器家具，全是新的，还有不少穿戴用的布匹和嫁衣等……全抬回去了。

过了些日子，城里内务府的学生要回家去看看，跟老师告别，鄂比先生说："你回去也甭叫你阿玛（爸爸）缴饭钱和学费了，你叫他去一趟'天盛行'，就提我欠了多少钱，叫掌柜的查查账，叫你阿玛替我还上就成了。"

学生回到家里以后，家长一看，一个结结实实的儿子立在面前。吃东西也香了，还懂不少礼节和学问，不傻了，还知道讲"外面儿"，一高兴，花俩钱儿算什么，于是到"天盛行"还账，一提"京西鄂三爷欠您多少木器钱？"店主人说：

“他没来过我们这里呀？他也没买木器呀！”学生家长说：“不可能，他叫我给他还钱，要您查查账本子，有一笔做木器的钱未付。”店主人打开账本儿一看，果然有一笔家具账上写着是鄂三爷，这字是自己记的账怎么会忘了？去库房查东西也少了一套，账物相符，于是收了学生家长还的银两。可这心里总在纳闷儿：这里离西山四十里地，难道鄂三爷会搬运法儿？他什么时候运出城的？夜里城门是关上的呀！越想越神了去了。从此这鄂三爷的传说，全都带上神奇色彩了，直到今天还把他说得神乎其神呢！

抓活鱼

夏季的三伏天，热得人连饭都不想吃，哪里还有心思读书呀！于是纷纷送孩子出城来找鄂三爷。大热的天，鄂三爷非要学生读书不可，还说：“夏练三伏能学出真本事！”还把房门和窗户关上，把学生给闷得喘不过气来。学生说：“鄂瑟夫（老师），我们都快热死了，您干吗还关上门窗呀！”鄂三爷说：“这儿热？哪儿凉快呀？我带你们去！”有的说：“海里凉快！”有的说：“大树林里凉快！”有的说：“小河里凉快！”鄂三爷说：“愿意跟我去乘凉的，全过来，骑在这些板凳上，可有一样，谁也不许睁眼，心里想着你认为凉快的地方，手千万抓住凳子，不然从天上掉下来摔死了我不管！”

他这么一吓唬，谁还敢睁眼呀，他查了一遍之后说：“大家坐好了，大家抓牢凳子，千万别松手！”大家全抓牢了之后，他说：“现在咱们去了，起来了！”于是大家耳边仿佛有风声，跟现在坐飞机似的吧！立刻感觉凉快了，飞了一会儿，耳边听到水声、松涛声、波浪声、真像到了原始森林，里边安静得很。

他说：“别睁眼，快到了！抓好板凳！降落了！凉快不！”学生们说：“太好了，好象坐在大石头上，腿下边有水，还有鱼呢！来回碰脚。”鄂比说：“有鱼你们就抓嘛，不过只能一只手抓，那只手扶凳子，别撒手。”于是大家摸起鱼来，那鱼似乎是一种原始森林里的鱼，一摸就能抓到，决不是一般江河里的鱼，见人早跑了。待每人手里摸到一条以后，鄂三爷说：“好啦！咱们回去吧！”说着耳边风声又起，不会儿又热起来了，他说：“到家了，睁开眼睛吧！”

大家一看，自己就坐在地藏庵的板凳上呢，可炕上的鱼还在蹦呢！有人说那是鄂三爷事先抓的鱼，用魔术方法迷惑大家呢，有人就信以为真了，可到底是怎么回事，谁也没弄清。

香山键锐营营房图（清《西山名胜图》局部）

鄂比画扇子

鄂比先生会画画，画得还特别神！可是求他画画却不容易，不是挚交朋友还不给画呢！有时遇到穷朋友，他倒肯卖力气。

有一年夏天，有一个卖扇子的到营子里挨门挨户叫卖，他卖的是一种大折扇，带匣套和扇头折伞，价钱也不贵。鄂三爷刚睡醒中午觉出来，见到卖大扇子的很高兴，于是说："卖扇子的，我给你添点本钱好不好啊?"大家告诉卖扇子的这鄂三爷会画画，还不请老爷给你画几把！卖扇子的当然高兴，跟他进了院门来到屋里鄂三爷的书桌旁，鄂三爷捧出墨海来，拿起笔蘸足了墨，运足了气，在雪白雪白的折扇中间横着就是一笔，写了个“一”字，然后放下笔说：“拿好拿好！等干了再合上！”这卖扇子的一看，雪白的扇子上来一杠子墨，甭问，这是旗人老爷们戏弄我呢！这还叫给我添点本钱呢！好嘛！要全来这么一道子，我什么也卖不出去了，还本钱呢！等墨一干他连声谢谢也没说就跑了！他心说：“这年月谁敢惹他们旗人老爷呀！认倒霉吧！”也甭卖这几把了，自己用算了。

有一天，卖扇子的住在一家店里，店主人夜里发现客房里挺亮的，他心里说：“这位卖大扇子的怎么这么晚还不睡呢！”于是悄悄地过来扒窗户缝往屋里看了看，一看屋里没点灯，也没有火，见卖扇子的躺在炕上煽扇子，这位店主人就发现他这扇子里有名堂。第二天，等卖扇子的起来，店主人进来说：“卖扇子的，这扇子多钱一把呀？”“一大枚一把，您挑吧！”说着他把扇子全倒出来摆在炕上让店主人挑。可店主人连看也不看说：“这些扇子我不买，我要买你使的那把！”卖扇子的说：“您真是个怪人，放着这么干干净净的扇子您不买，偏偏要买让鄂三儿那老家伙给我弄赃的那把，好吧！您要用拿去！给五个‘小子儿’就成了！”店主人说：“这是真话？可不能后悔呀！”卖扇子的说：“甭说后悔，就是白送您这把破扇子又值几个大钱？”店主人一本正经地说：“我不能白要人家的东西，咱们得立个字据，永不反悔！画押才能算数！”卖扇子的简直要哭了，说：“赚您这五个‘小子儿’还不够写字据的纸钱呢！”店主人说：“那也得写上才算数！”卖扇子的拗不过他，写了字据。之后，一手交钱一手交物。店主人此时把这扇子的好处一说，再一试，差一点没把卖扇子的心疼死！这扇子一年四季全能用，冬暖夏凉，冬天屋里不生火，只用扇子煽一会儿，这扇子象木炭一样往外冒火，晚上看满屋子发光，屋里热得呆不住，夏天又凉快又柔和。店主人说：“这扇子有个名字，您知道叫什么？”卖扇子的说：“不知道！”店主人说：“鄂三爷说的明白，给您添点本钱，这叫‘雪里送炭’呀！白扇为雪，黑墨为炭，这不正是雪中送炭吗?!”卖扇人一拍大腿说：“着啊！我真是错怪了鄂三爷啦！”此事一直成为人们的美谈。

鄂三爷遇劫匪

鄂三爷为人和善，有求必应，每当他进城办事时，总要问问乡邻带东西不带。这个说：“您给我带个针线笸箩吧！”那个说：“带把扫炕的苕帚。”另一个说：“带把汆水的汆儿。”这么说吧，谁也不知道他给那么多人带东西，只当给自己捎一样呢！所以鄂三爷这一回来可热闹啦！他身上挂满了什么袜板儿呀、菜刀呀！余儿、笸箩、鞋楦子、茶叶包、剪子、水烟袋、酱菜篓儿、酒葫芦……真成了开杂货铺的了。

那年月儿童们天天口唱一种儿歌叫“天下太——平”，可天下并不太平。鄂三爷紧走慢走，走到“车道沟”那地方天就黑了，那地方常常有人劫道打闷棍，鄂三爷胆子大又会功夫，所以认为没人会劫他。他正走着，突然前边跳出一人，举着大棒子说：“站住！把身上的东西放下！不然我闷死你！”鄂三爷说：“好吧！我把东西全给你，把棒子伸过来我给你挂上！”那位打闷棍的真把棍子伸过来了，鄂比先生把身上的东西摘下来全给挂在他那棒子上了。鄂三爷拍了拍身上的土说：“行了！照直地走吧！”这人朝前边走了，没走上半里，又蹦出来一个劫道的说：“朋友！哪儿得了手？见面分一半吧！”那个说：“拿吧！随意拿！”那个摘下一半也扛在棍子上，二人一前一后直直地朝西走来，一直走到当时的健锐营里，那年月八旗兵营里有守夜的和看大门的，有人带着进来的不盘问不阻拦，所以鄂三爷空手在后边跟着，前边俩背东西的，哨兵以为雇的伙计呢！到了鄂三爷的家，把东西放下了，老婆婆说：“谢谢啦！回去吧！”这两人才像从梦中醒来，看老头正吃饭呢！这俩劫道的问：“这是哪儿呀?！我们怎么到这儿来了?”老太太说：“这儿是正黄旗营子里头！快跑吧！以后别再做坏事儿啦！要叫守夜的拿着可就麻烦啦！”两个人急得直给老太太磕响头，说：“前边大门我们出不去，从后边角门走成吗?”老太太说：“角门也有人守夜，去吧！后山有一段墙缺个豁子，从那儿快逃命去吧！”算是老太太救了他们，才逃出八旗营圈儿！从此再也不敢劫道了。都说鄂三爷会使“迷魂术”，鄂三爷说：“哪有什么‘迷魂术！’是他们自己鬼迷心窍了。天底下哪有那么便宜的事！劫人家的东西成自己的了？白日梦！……”

鄂三爷当当

当年城里城外都有当铺，专喝穷人的血，穷人有时急用钱又不能不去当当！鄂三爷看开当铺的欺人太甚，也想个法儿治治他们！

有一回，鄂三爷缺钱花，他拿了把檀香扇儿去当当，去之前用粉子画了个“满月”在扇子上头。当年当铺里收货是“唱收”，为了把东西压价，唱收时总把东西说得一钱不值，给个价码就得，一般的，有人认为不值得再赎回就成死当了。掌柜的认为鄂三爷也属于这类人，所以唱收时也跟收别的皮货一样气人："老羊皮袄一件——光板儿无毛——"这回也是："陈年老破扇子一把——小白月亮一个——"

过了有两月，快到期了，鄂三爷拿上钱还真去赎了。拿出来一看，鄂三爷说："这不是我那把扇子！"老板说："是您那把没错！我们上边都有印记、编码，每件放一格儿里，不会错。"鄂三爷说："你看当票上怎么写的？"老板一看上边是："陈年老破扇子一把——小白月亮一个——"鄂三爷说："我那扇子上有小白月亮一个——，这把扇子上什么都没有，能是我的吗？准是叫人换走了！"按当时规定，若是错了当的要加倍赔的！从此这当铺对鄂三爷很怕了，不管他来当什么，他说多少钱就支给他多少钱，他是必然来赎的，决不欺侮人。所以谁有个过不去的难处，全爱来找鄂三爷帮忙，都说鄂三爷有求必应，赛神仙哩！

邪魔妖术

鄂比先生当年常说："练武的人和练艺的人，心术必须得正。为文的人也一样，心术不正的人一是练不会，二是走入邪门儿！"

有一天，鄂三爷正在"变戏法儿"，有个卖包子的后生，什么也看不起，还爱给别人说几句坏话儿。他见鄂三爷那里围着不少人，就说："邪魔妖术！糊弄人的玩艺儿！"鄂三爷听见了，也没理他，还变自己的戏法儿。卖包子的还卖他的包子，那阵儿用的全是"铜子儿"，卖包子的腰里掖个钱口袋，不会儿往里装点儿钱，不会儿往里掖几个铜板儿。卖完包子回到铺子，往柜上一交钱，一看钱口袋不见了，这下傻了眼了。掌柜的说："你今天遇见什么人没有？得罪别人没有？"他想了半天，才说："我遇见鄂三爷在那儿耍戏法儿，我只说他是邪魔妖术，糊弄人的！不知他听见没有！"掌柜的说："那就对了！你快上他家里求求去吧！"

卖包子的后生赶到鄂三爷家里，一进门就说："鄂三爷，我错了，我不该说您的坏话，您把钱还给我吧！"鄂三爷说："我没拿你钱，我要我的戏法儿，你卖你的包子，我没听见你说的话。"这卖包子的央求的功夫大了，保证今后再不说坏话了。

鄂三爷见此情景说："我真没拿你的钱，我要拿哗哗啦啦的你还听不见？这样吧！我见一个人拿走一口袋钱，不知是你的不是，他也没用，放东大地那个坟宝顶上了，你去找找，看看是不是。”

卖包子的千恩万谢地走了，到东大地的一个坟宝顶上一看，那钱口袋果然挂在那棵小松树的杈上，一个小钱也不少，他拿回来谢了鄂三爷，从此再不说别人的坏话了。

鄂比借钱

鄂三爷从不爱钱，遇见穷朋友过年过节过不去的时候，来找他借钱，他就说：“带上这只筐！走吧！我带你借点花！”于是带上朋友朝街里走去，其实他不进街，绕到“广源号”“天义号”这些大买卖的店铺后边大地里，鄂三爷用手一指：“这儿有点儿！”朋友一翻砖头，下边果然有几个铜板。鄂三爷一指那墙窟窿说：“那儿有点儿！”朋友用棍儿一捅，又有一个大铜子儿。这么说吧，指这儿这有，指那儿那有。不会儿，几十个大铜子儿全到手了，说：“够过年的就成了，别贪财！”说完就走了。

打这儿往后，都说鄂三爷会点石成金，鄂三爷说：“别瞎说啦！你们去问问‘广源记’和‘天义号’的伙计，他们才是财主呢！”

原来这“广源记”和“天义号”的伙计工钱少，生活也无着，常常借解手之机，偷着拿一块两块的“铜子儿”藏在地里的砖头瓦块儿底下、墙窟窿里，日子久了，有的忘了，有的找不着地方了，成了死钱儿。所以鄂三爷带朋友来取的全是这类死钱儿，以解朋友之急。

有人说：“鄂三爷为什么自己不要？还怕钱咬手啊？”就是这样。人们心术要正，来路不正的钱，鄂三爷从来不取。

停云岩、邀月洞

停云岩是位于地藏庵东边石壁上凿出的三间石室，由中间进入左右各开一门，通一石室。石室墙壁上刻有文字，因时间久远，多模糊不清。中间门洞上有匾额“停云岩”，右边窗上额曰“邀月洞”，左边窗上隐约可见“秘阳阿”。此处曾为驻军仓库，现已腾空。我刚上小学时，曾去过那里，那时还有僧人居住。

据张永海老人讲，他少年时期，这里很有生气，庙宇香火尚盛。夏天，这里是天然避暑的胜地，老人带着孙子来此玩耍，有山泉水喝，有山洞非常凉爽，还

停云岩遗址

守陕西太监晏宏
刻字照片

能听老僧人讲述许多动人的故事。孩子们还可以在小溪里趟水和洗澡，水清凉而不深。

到我少年时代，这里就荒废了。我记得是在我11岁时，一天中午，我来此洗澡，那时还不会游泳，就在邀月洞的下方有个水流拐弯的地方，是个大水坑，中间有两米多深。水很清，能见底。我一个人来此，山很宁静，只有山雀和喜鹊在树上叫着，我自己在坑边洗着，突然想扎个“猛子”，一下就钻到坑中间去了，脚离地了，水有浮力，想站是站不住的，幸好坑不大，我慌忙打水算是爬上对面的坑边，鼻子呛水很难受，吓出一身冷汗。就在此时，我发现在水中央飘着一条长长的透明的毛线一样粗的蚯蚓样的动物，时而变成团，时而变成直线在水中自由伸展，我真羡慕，但我不敢去摸它。几十年过去了，我也不知道它是什么动物？两米长，上下一样粗细，如同蚯蚓的肉色，我也再没看见过同类的东西。是“大青”“小青”变化的吗？那是神话。暂且叫它“水蚯蚓”吧！

说起这个地方，有许多的神话传说，最多的是探险的故事，吸引过许多的“憋宝”人来此探查，神秘的故事和神奇的宝贝对人是有极大的吸引力的。但是，探险与危险是同时存在的。就是这个邀月洞里，存在着“千斤闸”的“肖楞”

停云岩洞内石壁上的石刻

（机关）的传说，“千斤闸”将探宝人闸死在洞里，说来让人害怕。

邀月洞遗址

老人们常说：邀月洞里有个千斤闸。就是洞口上方隐藏着一块千斤重的巨石，谁若是进洞探宝，踩到“机关”，那石头就闸下来，把人闸死或关闭在里面，永远甭出来了。据说，真有人命运好，进去得了宝贝，也没被闸住。有人就倒了霉，被闸死在闸下。后来这个闸就不开了。是机关坏了还是卡死了？不得而知。我进去看时，什么痕迹也没发现，只是一个次间石室而已。刷着白，很干净。

这种传说在其它地方也有，好像受一本传奇小说的影响，都是说的到“玉泉山”盗宝的侠客故事。据北京香山石艳英老人说：这里原来是元人的坟墓，或许有宝物同葬于此，故有盗宝的故事发生。其中就有“黄瓜两条猪肉半斤”的故事。

趣闻轶事

黄瓜两条猪肉半斤

香山万安山的北沟上坎儿有个地藏庵，庵的下坎儿有个石头洞，据说是元朝有钱人的坟。夏天，人们热得实在受不了的时候，都到这里来乘凉。结果发生了这样一件事。

正黄旗的三个小伙子，天不怕地不怕，他们来洞里乘凉时发现洞前的面积不宽，是否后边还有洞啊？仔细查看起来，觉得从后墙缝隙里往外冒凉气。弄条缝隙往里看，原来是个小门洞，二尺高一尺多宽，朝里看，全是黑水，离墙不远的地方好象是条船，船上就是个棺材。再仔细搜索，发现石头小洞儿上刻有一行核桃大的字：“许进不许出”。

等人中午回家吃饭去了，三个小伙儿拿铁橇把小洞打开了，果然是个小门儿。他们一个一个爬进去，到里面一看，还真是不错，前边有一排石头桌子，上边供着各种吃食果品，可这些贡品不是真的，全是玉石、玛瑙石宝石什么的雕刻成的，和真的一模一样儿。他们悄悄地拿了这些供果，有一个还将桌子上的两只白玉盘儿也拿出来了。当时，这些都是真正的宝贝呀！拿出东西来，三个人胆子就更大了。商量再进洞去看看，往深里走走。或许会有更珍贵的宝物！于是约定：一个人先进去摸情况，进去一段后，第二个人再进去，然后再过一段时间第三个人再进。

第一个人进去后，走了一段，第二个人也进去了，当第三个人进去不远儿，只听前面第一人那里“啪！”的一响，那人说：“不好，这里有信炮！快撤！”第二个人调转头就往回跑啊！第三个人刚刚进去，吓得转身往回爬时，触动了千斤闸的“肖楞”，只听闷雷一声，巨石就闸下来了，正把第三个人的腰闸断，后边的两个人摸到洞口，可肖楞在什么地方？谁能知道？

此时喊叫和弄开石闸都无济于事了，将两个人闷在里边了，等来人找来杠子撬已经是来不及了，因为“熏炮”的烟太厉害了，周围几里的地方都无法呆人，呛得出不来气儿！县令派人将洞彻底封住，烟才不冒出来。可惜三个小伙儿全死了。他们头次盗出的宝物有的被家人卖掉了，有的被人偷走了失传了。只有第三个人拿出的两件宝物被官府发现了，后来流传到宫廷里，有人见过，这对白玉盘，是天然彩玉雕成的，用工极为巧妙精致，一个盘子里是两条碧绿的黄瓜，顶花带刺儿，非常的逼真。另一个盘子中间放一块肉，谁看谁说是真的，所以这两件宝物叫“黄瓜两条，猪肉半斤”。

从此，这里再也没人来乘凉了。后来也不知道有人再进去过没有，里边是否真有石棺、石船？也不清楚了……

花石头和泉井

在邀月洞的下面，有一眼山泉，那泉眼的旁边有一块巨大的花石头，据说是观音骑的狮虎兽变的，留此看守这眼灵泉。我少年时，常和哥哥姐姐到山上来玩儿，渴了就在花石头边喝泉水。这里时常有巨蛇出现，是看守山泉还是来此饮水？不得而知。我没见过，但是有许多的老人给我说过见到巨蛇的情景。

据老人们说：这里有许多的巨蛇，有花红柳绿的，也有一色青或白的，还有一条黑蛇。粗细可变化，一般是大碗那样粗细，两丈多长，走起来草都带风，刷刷响。蛇头抬着，那尾巴都有手腕子这样粗，年头可不少了。有时看见人来了，就悄悄爬走了，有时晒太阳，人从它身上迈过也不动。这些大蛇全有道行，从不伤人，也不到山下去。一般在洞里休息，喝水时或晒太阳时方出来。有人看见一最粗的有“麻袋”（水缸）那样粗，爬在花石头上不动晒鳞甲。

花石头和泉井

据说，香山法海寺也有大青和小青两条大蛇。有一年，法海老和尚来香山，带着大青和小青，大青渴了，从法海的袖子里出来到花石头去喝水，正巧有个小孩儿在那里玩儿吧，突然发现水里有条小蛇，青翠可爱，就对他的哥哥说："快来！有条小蛇，多小啊！"刚刚说完，那大青也爱开玩笑，突然变成面口袋那样粗，一下把小孩子吓死了。孩子们大哭，惊动了法海禅师，他下来一看就知道是大青惹的祸。马上把大青收到匣子里。将'九死追魂丹'给小孩儿服下，将昏过去的小孩儿救醒，批评了大青。还给小孩子们好多的山果子吃。

小青也叫二青，常和小和尚闹着玩儿，有时就睡在佛靴里边，小和尚来擦桌子、佛靴子时，吓一跳。小青是很善良的，只是开玩笑而已，有时帮小和尚"担水"。小和尚担水很累，挑不完要挨师傅的打，有时候还有几个缸没挑满就累得'充嘴儿'睡着了，可到缸前一看，缸里全满了，知道是小青帮着干的。

就在花石头下边，还有一眼"甘露池"，俗称"泉井"。花石头泉，水质好，清醇甘畅没有异味儿，常年喝不闹肚子，冬天不结冰，夏天冰冷澈骨。按如今的化验说，含多种人体需要的微量元素，是名符其实的"天下第一泉"。皇帝喝了这水连皇宫都不愿回了，就住在中峰庵里过夜，吓得僧人不敢再居住寺中。泉井在法海寺北沟的中央，天然形成方池，天大旱泉井不干，而雨大涝，泉井水不漾。多少人来挑水，水还是那样多。泉井只有一米多宽两米来长，一米五深，四周长着金线草和青苔，泉水从底下汩出，无声无息，不浑不浊，清澈透底，来人担水，直接可用桶舀满提出，水面离池2寸，灌满两桶，水还是那样多。泉井是法海寺下居民饮用的水井，也是小营居民的生命水。直到1965年，居民全部迁往"门头村"里，这里成为军事禁区，方不再喝这里的水了。

如今那"泉井"已经盖在房屋下面，无痕迹了。花石头也被新修的道路几近掩埋。旁边遗留着解放军驻军的灶台和房屋框架，还有储存过泉水的水泥池、废弃仓库等。

马蹄泉

法海寺北沟因寺庙多、泉水多、蓄水好，没有发过洪水，所以被称为"青龙沟"。山沟里没有那样多的河滚石和巨石。只有几个大坑分布在沟底，坑里也是砂少石多为硬底坑。水清澈透底，一年四季不干涸。而法海寺的南沟就不是这样了，那里河滚石如群羊遍布，被洪水冲击的巨石横卧沟里，所以被称为"黄龙沟"。而这里也遍布清泉，不过都是从南岭（笔者按：名龙泉岭）流出，其中最为有名的为"马蹄泉"，也叫马刨泉。

马蹄泉在过了万安桥的西南方向。上面是高高的"大地"，在南山坡的根处，是这眼马蹄泉。这个泉并不大，只有灶坑那样大，按今天的尺寸就是有一平方米左右的泉池。这个泉的特点是：有无数的泉眼儿喷涌，水比池砂发黑，虽说只有一寸多高，但是清晰可见，在泉池表面上鼓起许多的鼓泡如同开锅一样。

其实，这眼泉的真正特色在于其水脉与附近的泉水不同，称为“软水”，适合老年人和小孩儿饮用。其它的泉水为“硬泉”水，含矿物质高。而此泉含微量元素多，对人身体有好处，很受附近的旗人喜欢。关于这眼泉，还有一个美丽的传说故事呢！前面说过的金马驹的故事，就发生在这里。

四、阅武楼建筑群

香山南麓红旗村有一组清代建筑群。这组建筑群包括：团城演武厅（又叫阅武楼）、云梯楼（又叫梯子楼）、纪功碑亭（又叫黄亭子、松亭）、跑马城和实胜寺。团城演武厅经过修缮已对外开放。若有条件将团城和云梯楼、纪功碑亭和松堂梵香寺、旭华之阁连成一体开放，将是一处难得的清代武备文化建筑景观。

香山团城阅武楼

云梯楼（碉楼）

在香山南麓红山头脚下，有一组清代武备文化的建筑遗存，在公交车红旗村站路东就能看见那灰色的高台——云梯楼。如今还配上了火炮，已然对外开放。在它的正南百米之处就是纪功碑亭（黄亭子）;在它的东北方百米处就是阅武楼(得胜楼或团城)；在它的东南一千米处，就是跑马城（五畧七星门)。如今云梯楼已修葺一新，纪功碑亭和阅武楼也保护完好。只是跑马城毁于大跃进的1958年，拆除城砖修建了花庄子集体养猪场。那一大片演武场，自民国后就成了西山果园，如今那里成了开发区，恢复马城建筑有一定难度。

云梯楼也叫梯子楼，如今我们从香山去八大处途中，所见“黄色亭楼”和“阅武楼”之间那灰色方台，正是乾隆搞云梯攻碉战术时，训练云梯兵的那座石碉。云梯楼曾经变得残破不堪，坍塌的南端于1993年被修复。

清史记载：乾隆十二年春（1747年)，四川懋功县以北、大渡河上游金川地区的图伯特族头人莎罗奔土司率众造反。清兵进剿用兵两载，练兵八万，用饷七千万两，毫无尺寸功。命大学士傅恒为经略，在西山山麓建碉楼一座，选八旗健勇五千，训练云梯攻碉技术，练有月余，精选二千余众拨往金川。这座碉楼，就是如今阅武楼西侧公路边上那座灰色方形砖台，左右有阶梯可登楼顶。云梯兵推

阅武楼建筑群分布示意图（张嘉鼎绘）

云梯楼

云梯楼老照片（张嘉鼎摄）

着装有车轮的云梯向前冲来，身轻如燕的兵士在飞速前进的云梯运动中勇敢地在梯上向前冲，当云梯前端抵住石碉时，兵士已飞上碉楼挥舞大刀杀敌，后边的兵士紧紧跟上，乾隆赐名为："飞虎云梯健锐营"。

香山碉楼到底有多少？《曹雪芹在西山》一书中提出碉楼有66座，文献记载67座。对此我实地进行了调查。按民间传说，当时各旗只能修八座石碉，俗称"七死八活碉"，就是每旗有七个不能上人的死碉、一个有阶梯可上人的活碉。实际修建时，是"上三旗"多一座，"下五旗"少一座。这样就成了"镶黄旗、正白旗、正黄旗"各九座（共27座），而"镶白、正蓝、正红、镶红、镶蓝各七座"（共35座），加上"八旗印房四座"。印房在香山小学东侧，红山头北麓的杰王府对面，那么这样加起来正好是六十六座。为什么《日下旧闻考》又说"各营碉楼，共计六十有七"呢？原来这些石碉大都是乾隆十四年所建，而有一座石碉却是乾隆十三年建造，那就是俗称"梯子楼"的那座石碉。

纪功碑亭

在原实胜寺月亮门前，云梯楼南侧80米处有一座黄色琉璃瓦双重飞檐的亭

纪功碑亭（张嘉鼎绘于1958年10月1日）

楼，名为“纪功碑亭”，俗称“黄亭子”。原来亭楼四周有矮墙，四角有柏树各一株，亭四周有汉白玉石栏杆。亭内立一幢四方长方立碑，分别用汉满蒙藏四种文字刻在四面。此碑为“乾隆十有四年岁在己巳夏五月之吉御制并书。”碑文记录了第一次攻打金川的经过和把原有的一座大庙表忠寺（后叫鲍家寺）改名实胜寺的原因。1976年唐山地震波及北京，亭东北角一木梁断，1982年修复。

此亭西南墙上曾有空空道人题的一首诗歌，字很美，后来只有一半完整，我同端木蕻良于20世纪70年代末，寻访黄叶村时，路过这里，端木老还请韩小华（新华社记者）拍过这半幅诗歌的照片。后来重修时全部粉刷一新，不留痕迹了。

如今那四周的白色栏杆已经毁于文化大革命中，那四周的护墙也被人为拆除，如今四周焊接成铁栏杆护栏，虽可以保护碑亭，但与古建筑很不协调。若有条件还是恢复“修旧如旧”原样为好。

趣闻轶事

“空空道人”的故事①

据说在清代乾隆年间，香山有一老道，因为经常挨饿，肚内空空，所以自称“空空道人”。他行无定所，在京西飘泊。写一手好字，从不留真名，号“痴道人”。他和法海寺的老法海慧枢极好，醉后给他书写“敬佛”石碑数尺（此碑尚存香山法海寺山上，是顺治皇帝所写）。他曾有两件事出名，一是一天夜里，他摸进刚刚盖好的“实胜寺记功碑亭”里练功，在墙上数尺高处，题诗一首，守碑的兵丁竟然没瞧见他的踪影。诗是用硬东西刻在南墙上的，诗文是：

古往今来俱是空，
纷纷攘攘绞何情。
实胜乾隆今安在，
图意石碑立此亭。

空空道人题

还有一回，他去正黄旗都统（清朝八旗汉官名，满名为梅勒章京）家化缘，都统嫌他太邋遢，不但不施舍，还把他赶了出来。空空道人二话没说，不知从哪里找出一只大铁钉，把自己的手用石头钉在了都统的大门上，结果血流如注，看见的人没有一个不动心的。这一举动吓坏了都统老爷，赶快出来求情：“师傅有话好说，何必跟我过意不去，请师傅宽恕下官，当加倍奉送师傅银两。”可是空空道人紧闭双眼不答话，都统叫来几个大汉往下拔铁钉，拔不下来。若是道士死在门上，事情就闹大了，所以他赶快派人去请法海禅师下山说情。法海好说歹说才算把道士劝动了心，他自己只轻轻一拔，钉子就下来了。门上留下一个大窟窿。他拿着都统奉送的银两，唱起一首《太平歌词》：

金元宝，银元宝，天下金银何处找？平生只恨聚无多，待到多时眼闭了。
宝玉好？宝榻好？宝玉不如宝榻好。宝玉招揽灾和祸，宝榻高卧成佛了。
成家好？出家好？成家神仙哪去找？佛光普照千万家，家家都说神仙好。
乌纱好？袈裟好？乌纱哪有袈裟好，清白官宦古来稀，阿弥陀佛真不少。
……

这些话被当成笑料传播，后来据说曹雪芹把这些歌记下来，写进他的书中，

① 此传说系根据1956年南宪章先生在大庙所讲整理记录。

成了《好了歌》。还有人看见梵香寺门上写着一副对联：“宝玉不如宝榻，财兴不如人旺”，据说就是空空道人所留。有人说他钉手是一种气功，流的根本不是血，而是“红土子水”，那钉子从指缝里钉的，就为了骗钱。听说后来他到哪里一敲木鱼，施主马上送钱给他，他不拘多少，受钱后为施主洒些圣水和贴一道“符”便走。据说他九十多岁仍步履如飞，后来“坐化”于梵香寺。也有人说是他喝酒喝多了，抽烟时把嘴里的酒点着了，烧死了。也有的说是别人害死的，因为他根本不抽烟。据说他死后埋在了梵香寺后院里。

实胜寺

实胜寺，又叫大庙。位于香山南麓“红旗村”公交车站西面。原来是鲍家寺或叫表忠寺，乾隆改建为实胜寺，位于记功碑亭西、御道西侧，被英法联军和八国联军两次焚毁，只存遗址。

寺庙规模宏伟，占地百亩，四周高墙相围。门东向，为单檐圆月亮石拱山门，有汉白玉雕花门眉，配合红墙、金瓦、白阶、绿树、彩绘廊檐、紫红山门，庄严肃穆、雅洁宏畅。山门里有两座青石制雕花旗杆座，高约两米。旗杆座（夹

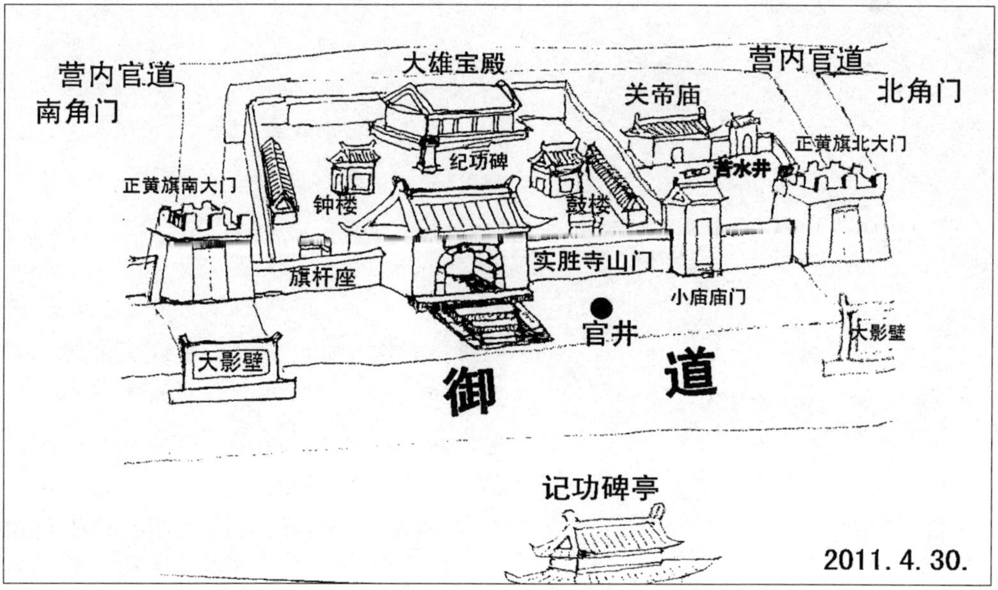

实胜寺示意图（张嘉鼎绘）

杆石）向里约二十步远为左右排列的钟楼和鼓楼，是双檐起脊亭楼。再往里走五十步为“大雄宝殿”，长数十尺，宽三丈，殿前有石龟兽驮一丈二尺石碑一座。其后有“伽蓝殿”和“云堂”穿堂门相通，两侧为两排“寮房”和“经房”数百间。每重殿都由云堂穿堂门和高墙将殿堂隔成单独院落，两边有角门相通。

实胜寺大庙石碑

这里的建筑有一特色，那就是“五门一线”，记功碑亭对着实胜寺山门、大雄宝殿大门、法海寺的过街塔门、法海寺山门。这是否是统一的设计呢？不是，可说是巧合，因为修筑的这些建筑跨越了元、明、清几百年时间。而实胜寺的月亮门儿是京西独有的。据说大庙（实胜寺俗称）曾有僧人近两千人，可见规模之大。

纪功碑

实胜寺修建于清代乾隆时期。据史书《青箱堂集》记载：“表忠寺俗名鲍家寺。”《日下旧闻考》载：“表忠寺亦称鲍家寺，今改建实胜寺。”另据《燕山纪游》载：“表忠寺门左右各二松，一石，俱奇古。”《珂雪斋集》载：“鲍家寺两掖，石楼屹立，青槐百株，交蔽修衢。殿植果松四株，枝叶婆娑，覆荫无隙地。寺下（应是南）又有滕公寺，石垣周遭，若一县郭，其中飞楼相望，清渠激户，杂花满楹。”《介石斋集》载朱国祚《夜宿鲍家寺诗》：“青豆房低结构牢，长松静夜卷秋涛。分明一枕溪亭雨，睡起不知山月高。”据《五城寺院册》载：“演武厅西北（笔者按：应是西南）为实胜寺。”《日下旧闻考》载：“实胜寺殿前恭悬书额曰显大雄力，并恭立乾隆十四年（1749年）御制实胜寺记文碑，碑高丈余，方广四面如一，刻国书、蒙古、汉字、梵书四体。”（注：此处记载的实胜寺碑是黄亭子《纪功碑亭》的石碑和碑文。实胜寺内还有一方扁碑，原在大殿右前方，后保存在炮司院内，2010年被安置在新建昌华森林公园内大殿南侧。原庙碑下为龟趺，不是云座。）

乾隆十三年（1748年）清政府攻打四川金川少数民族，由于四川提督岳钟琪亲赴前线安抚而将大小金川收伏。归来，乾隆赐云梯兵为“飞虎云梯健锐营”，并于原有寺庙鲍家寺山门前百丈远建“纪功碑亭”——黄亭子，更鲍家寺为实胜寺名，以示此次金川用兵如同太宗皇帝（皇太极）在盛京（沈阳）松山、杏山一战而取胜时所建实胜寺一样，是“实实在在胜利”之意。其实，此次用兵并没“实胜”，直到乾隆四十二年将大小金川人上层头领八十余户“番子徙京”，囚禁于“正黄旗小营”内，派八旗兵永久看守于左右两侧，才算告一段落。

在黄亭子（纪功碑亭）内，立有乾隆关于实胜寺的碑文。实际碑刻中有挖改的地方，与史书记载略异，记载如后：《御制实胜寺碑记》：“去岁夏，视师金川者久而弗告其功，且苦（注：应是昔）酋之恃其碉也，则创为以碉攻碉之说，将筑碉焉。朕谓攻碉已下策，今乃命攻碉者而为之筑碉，是所谓借寇兵而资盗粮者，全无策矣。为之憪然。因忆敬观列朝实录，开国之初，我旗人蹑云梯肉薄（注：应为搏）而登城者不可屈指数，以此攻碉，何碉弗克？

今之人犹昔之人也，则命于西山之麓设为石碉也者，而简佽飞之士以习之。未逾月，得精其技者二千人，更命大学士忠勇公傅恒为经略，统之以行，且厚集诸路之师，期必济厥事。赖天之祐，大功以成。此固经略智勇克兼，用扬我武，酋长畏威怀德，厥角请命。是以敌忾以往者率中道而归，窃恨未施其长技，有余怒焉。记不云乎！反本修古，不忘其初。云梯之习犹是志也，而即以成功。则是地者岂非绥靖之先声继武之昭度哉！因命择向庀材建寺于碉之侧，名之曰实（实际碑刻文字改为如下：于碉旁就旧有寺新之易其名曰实）胜。夫已习之艺不可废，已奏之绩不可忘。于是合成功之旅立为健锐云梯营，并于寺之左右建屋居之，间亦依山为碉以肖刮耳勒歪之境。昔我太宗皇帝（皇太极）尝以偏师破明十三万众于松山杏山之间，归而建实胜寺于盛京以纪其烈。夫金川蕞尔穷番，岂明师比？然略昆明而穿池，胜侨如而名子，其识弗忘一也。汉书训碉作雕，碉为石室而雕则若雕鹗之栖云者，皆非是。盖西南夷语彼中呼楼居其音为碉云尔。乾隆十有四年（1749年）岁在己巳夏五月之吉。”

乾隆十五年（1750年）御制《番筑碉诗》：“番筑碉，筑碉不在桃关之外，乃在实胜寺侧西山椒。狼卡稽颡归王化，网开三面仁恩昭。叔孙名子不忘武，佽飞早已旋星轺。俘来丑虏习故业，邛笼令筑拔地高。昔也御我护其命，今也归我效其劳。番筑碉，不惟效劳，尔乃忘其劳。魋结环耳面颣頔，嗜酒喜肉甘膻臊。但得酒肉一醉饱，浑忘巴朗卡撒其故巢。其妇工作胜丈夫，粉不能白尫且么。不藉绳墨与规矩，能为百尺森岧峣。番筑碉，侏离番语为番谣，扬声强半不可晓，大都慕义怀恩膏，亦不为汝慕义怀恩膏。我自两阶文德舞戚旄，偶肖汝制役汝曹，赉汝金钱为锦袍。”

《御制实胜寺后记》是在香山阅武楼北城楼内的“傥”上刻的有关金川用兵的碑记，是乾隆二十六年（1761年）乾隆皇帝在平定了大小金川十多年后写的碑文。位于团城北楼中之卧碑上。

御制实胜寺后记碑刻

岁已巳（1749年，乾隆十四年）建实胜寺于西山之下，其缘起已见前记，不复缀。今赖昊天垂祐，宗社笃祜，平准噶尔回部，拓地伊犁、喀什噶尔、叶尔羌一带二万余里，其外羁縻附属如哈萨克、布鲁特、安集延、拔达克山等部不与焉。凡乘机决计、信赏必罚、奉天讨罪、藉众集事诸大端具见太学之碑，开惑之论，西师之诗，亦不复缀。兹记者，寺左近健锐云梯营实居之，营之兵是役效力为尤多，故不可不旌其前劳，以劝夫后进。先是呼尔瑞霍斯库鲁克之战，我师以少敌众，而贼据险伺隙，故凡行陈参伍弥缝之际，略觉旗靡鼓馁处得健锐兵数十立其间，则屹如坚城，整而复进。遂乃斩将搴旗，用成殊绩。盖索伦兵马射虽精，以之驰突，乘胜破阵无不如志，而知方守节，终不如我满洲世仆，其心定，其气盛。夫人出万死一生，为国宣力，而为之君者事成而忽若忘，独何心哉？朕岂为之哉？自已巳设此营，

松堂来远斋

而辛巳即收其效，不缔树树十年之得报，是潜移默运有若天授，予亦有所不知其然而然者，而敬绳祖武，丕扬国烈，瞿瞿惴惴，惟盛满之是惧，犹初志也。是用重勒碑记之，且肖喀喇乌苏袭迫之状，筑堡其侧，岁时幸香山阅健锐兵，用寓尹铎晋阳之意，不亦可乎！

乾隆辛巳孟夏月之吉（1761年）

实胜寺各建筑先后毁于英法联军和八国联军的焚烧，大雄宝殿、南北寮房、经房、钟鼓二楼、伽蓝殿等均化为灰烬和瓦砾，只留下汉白玉月亮山门石拱部分、龟趺石碑、旗杆座和门里左右钟鼓楼位置的两堆烂砖瓦堆。大雄宝殿位置是高于地面的打谷场，是我们儿时捉迷藏的地方，场院边上立着一幢龟趺石碑，扁碑两面文字，有汉文、满文和蒙藏文四体碑文。如今保留在昌华森林公园内。

实胜寺八韵

《实胜寺八韵》：乾隆二十六年（1761年御制。）

金川昔奏绩，实胜葺祇园。

事迹纪穹碣，营规缮列屯。（己巳金川功成，因就西山旧寺葺新之，名曰实胜。简凯旋之旅，设健锐营，发帑建屋以居之，勤加训练。兹西师之役得其力居多。）

即今平厄鲁，更顺定花门。

允藉鹰扬勇，敢忘鸿祐恩。

造功庆维兆，嬉武戒犹存。

佛力恃奚可？人为勉应（去声）敦。

聊因观众技，便以识衷言。

怵惕外宁候，范文有至论。

过南岭阅武

《乾隆三十八年（1773年）御制过南岭阅武兼游实胜、宝谛诸寺即事成什》：健锐建是营，乃自己巳（1749年）始。

其时定金川，名实胜缘此。

畏而赦尽剿，将谓革心矣。

十年即渐猖，蚕食邻弗止。

然犹俾安抚，屡抚屡背诡。（前此征剿金川，大兵压境，莎罗奔郎卡穷蹙乞降，冀其诚心湔革，遂允所请，赦弗加诛。甫及十年，即与邻封土司构衅，攘夺相寻，屡经督提抚谕而止。郎卡死，其子索诺木兄弟竟敢背恩肆逆，且有蚕食诸番侵及维州桥之意。而小金川逆竖僧格桑与之狼狈为奸，鸱张自恣，初皆未之知也。庚寅夏，僧格桑与鄂克什修怨称兵，阿尔泰、董天弼亲往诫谕，奏言逆酋已遵教退回，朕以番蛮互相仇杀，既知悔罪息争，姑且释而不问。熟意阿尔泰等竟以鄂克什之地断归僧格桑，希图迁就完事，匿不上闻。益为逆酋所轻视。不数月，索诺木遂侵杀革不什咱，僧格桑复功围鄂克什，并敢筑碉抗拒，逆迹益彰，势难中止。辛卯冬，始兴问罪之师，二酋如此党恶跳梁，非併力剪灭必贻后患。因悔始之曲原赦罪，继之不欲加兵，皆未免失之姑息。今不得不为除恶务尽之举矣。）

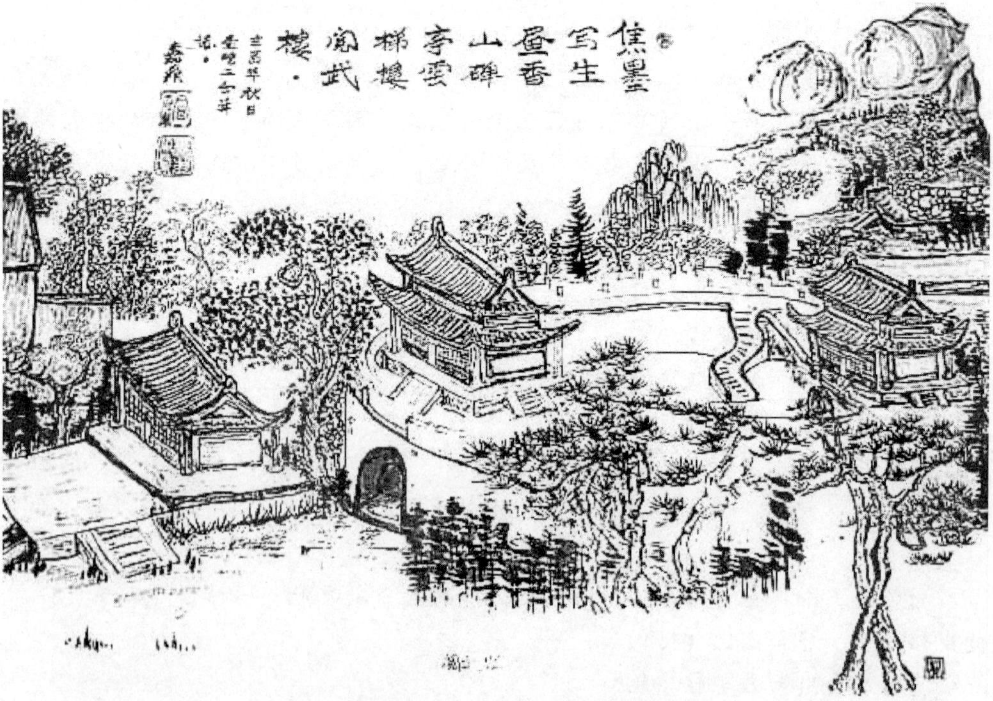

阅武楼图（张嘉鼎绘于1981年）

尾大不可掉，问罪师无已。

赞拉虽荡平，（小金川番语谓之赞拉，去年冬攻破美诺，平定其地，僧格桑窜入金川，擒其父泽旺解京。）

促浸境今抵。（促浸，番语谓金川也，今温福由功噶尔拉移兵昔岭，阿桂抵当噶拉，丰升额至日旁山梁，并扼金川险要，连次破碉杀贼，即日可望深入。）

徒以春雪多，兼之险可恃。

武虽阅于斯，功愿成以迩。

实胜岂徒然？宝谛力并企。

正法如日照，么魔技徒尔。（番地春雪本多，盖山高气寒所致。即今已交夏令，日色暄暖，自渐雪霁冰销，易于得进。贼虽有险，亦不足恃。藉曰贼能为札达祈雪，彼邪不胜正，技将安施耶？）

弥暇纵游兹，驰念惟廑彼。

阅武楼御制实胜寺后记碑

过南岭问罪金川

《乾隆四十三年（1778年）御制过南岭阅武礼宝相、实胜诸寺叠癸巳旧作韵》重问罪金川，有征辛卯始。

丙申遂荡定，数典实于此。（自己巳年初定金川，立健锐营，建实胜寺于此。及辛卯岁重征金川，至丙申年荡定，曩时训练精锐，果能出力，用奏肤功，而寺亦名与实称。今来瞻礼，益深追溯之思云。）

而此未识咏，则过数年矣。

清明举上陵，回途香山止。（癸巳年〈1773年〉驻跸香山阅武，兼历诸寺作诗识事，维时正在用兵。今告功已及三年。展礼山陵，回途至此，用赓前韵以纪成劳。）

余暇过南岭，松苍复石诡。曰武不可忘，曰思曷能已？

宝相肖五台，曾以祝厘祇。（曾于辛巳年〈1761年〉），恭奉圣母展礼五台，敬祝慈厘。兹香山宝相寺实肖五台殊相寺规制，瞻企之余，益深依慕耳。）

本拟藉其佑，孰谓捐予恃？

岁月不少延，云山别甫迩。

回首望西南，景仰徒成企。

一心实茫茫，五字空尔尔。

粘壁赓前韵，谁问斯和彼。

阅武楼和跑马城

团城应该叫阅武楼，早年叫“德胜楼”，是一座椭圆形的小城，南北城头建有双檐起脊飞角式楼阁各一座，上覆绿琉璃瓦屋顶，南北对峙，巍峨矗立。城用灰色城砖砌筑，城墙高11米，顶部宽4米，城沿为山形箭垛。靠北城门内的两侧有马道可直通城上。清史载：“十三年（1748年）上幸宝谛寺”（应是鲍家寺，也叫表忠寺，后改为实胜寺；宝谛寺建于1751年，此时尚未建寺），“阅八旗演习云梯兵。”并于十四年（1749年）秋建“德胜楼”——阅武楼。

北城楼内有乾隆二十六年立《御制实胜寺后记》“躺碑”一幢。南北城门呈拱形门洞，门洞上方有玉石匾额，南门为“威宣壁垒”，北门为“志喻金汤”，是乾隆御笔。早年还有木匾“团城”两字和木刻门联。香山健锐营蒙古族民间老艺人默德里·阿林光绪年手抄卷《春联精选》中记有这组门联，其中有：“健本天纲，缓带轻裘过细柳。锐

跑马城老照片

凌霄汉，投壶歌雅尽干城。”另一联嵌有镶、正、旗字样如：“镶正各四营，分作鱼腹八阵。红旗开两面，列成虎贲三千。”

北门外有古石桥一座。城内青砖铺地，东西建有相对的三楹灰埂瓦房供值宿之用。城南门外是五楹坐北朝南的绿琉璃瓦黄剪边歇山顶的大木结构式演武厅，前三间出轩，后三间出厦，四周回廊，厅前是长12米、宽10米、高1.10米的白玉

阅武楼跑马城图

石砌成的月台。厅内有乾隆皇帝阅兵时的宝座。在演武厅左右两侧有东西两座配殿各五楹，称为“东西朝房”。西朝房毁于八国联军焚烧，东朝房毁于文革之中。2007年，东西朝房均已修复。演武厅前就是当年阅兵的教场。在教场西侧有云梯楼、纪功碑亭和实胜寺大庙，今仅存纪功碑亭、云梯楼。实胜寺遗址成为炮司干休所。最近，道路改造中，将实胜寺山门汉白玉石拱件从干休所墙外出土。

在阅武楼东南方约200米处是一座面对西山的弧形“跑马城”，也叫“马城”，一段城墙连着五个门洞和七座碉楼，称为“五晷七星门”。珍贵之处就是“五晷七星门”的独特建筑样式，而七个碉楼中间的五个门为“五晷”，有人认为是“五鬼”，那是迷信的说法。“晷”就是“日晷”，这五个门，据说无论什么时间去看，都有一个门是“正午”，这样看来应是“午晷七星”门的意思。那么，这个跑马城就是一个“大日晷”的模型，建造和测量应是很精确的，将其变为太阳城实体，是国内外罕见的科学建筑物。

跑马城是演练八旗军队骑兵、步军、水军、炮兵、辎重兵等的联合演习场。皇帝二、八月阅兵时，在阅武楼南城门前的五楹金黄琉璃瓦大殿——演武厅（俗称正亭子）宝座上观看。据笔者统计，史书有记载的，从乾隆十三年（1748年）第一次阅兵起，经嘉庆到道光二十七年（1848年）的一百年间，共在香山健锐营阅武楼阅兵二十二次。

可惜，这个马城后来成了乱葬岗，人很少进去，加上有一种“横虎子”（就是大猫头鹰，属角鸮类），叫声很大，如同狐狸的叫声，都说是“狐狸练丹”。那马城有很大的回声，我们小时候对着马城喊，能听到自己的回声，很好玩儿。我家就正对着马路对面的大井、柿子林、老杏树、马城。而那里角鸮叫声和回声的呼应，使寒冷的冬夜里，凭添上一种恐惧感。

此马城一直完好，直到1958年大跃进时，大集体建养猪场，社员们将其拆除用砖建立了花庄子养猪场，后成为巨山农场宿舍区。其实，早在20世纪30年代，还曾在此拍摄过电影呢。

趣闻轶事

曹雪芹计修跑马城

跑马城是在原来的明代王爷坟墓处修建的，据说是为破坏风水宝地而建，也有说是盖阅武楼时估料过多而鼓动皇帝建设的。还是曹雪芹出的主意。

有一个姓董的内廷行走，是雪芹在江南结识的画友。一天，他来找雪芹。说是他承办的一项皇家工程——香山脚下的阅武楼出了事，估料估算错了，四十八斤一块的大城砖，多了近一倍。眼见这阅武楼就要竣工，可这砖石瓦块还剩下一半堆在官道两旁。这要让皇帝知道了，算是欺君之罪，非斩首不可。咋办呢？只好来找雪芹讨个主意。

曹雪芹想了想说：“这好办，听我告诉你，那次寻找‘人参娃娃’，来到阅武楼地址南边，发现一座明朝古坟，阳气很旺，据一个老乡说，有时清早和傍晚，还能看见坟里往外冒青烟。听人说要是不把这‘风水’破掉，不出十年，必有王者兴起。”

姓董的一听着急地说：“那可咋破呢？”雪芹说：“你写个奏折，禀明情况，

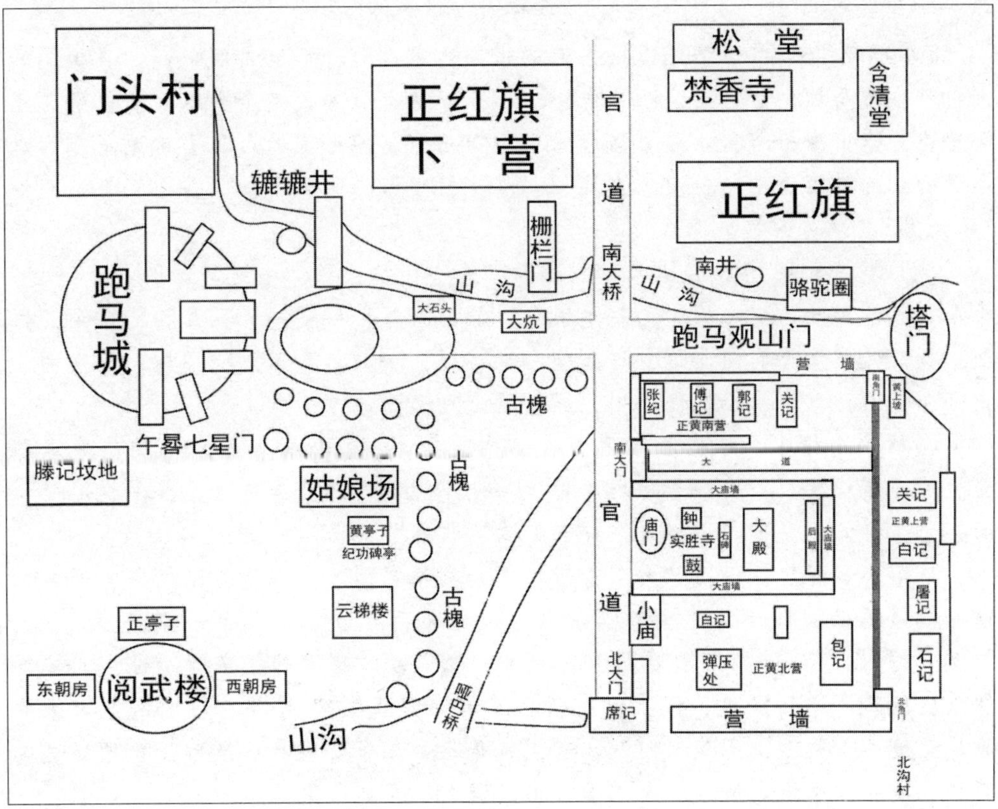

跑马观山门示意图（张嘉鼎绘）

请皇上敕建一座跑马城。经过万马践踏，这风水岂不破了？”姓董的听了，高兴地说：“对呀！这真是一举两得哩！”

果然，奏折一上，立即引起乾隆皇帝的重视。因为他最迷信风水，更担心有人篡位。所以马上批准修建一座“跑马城”。这下子，把多余的砖瓦全都用上了。姓董的不但没有得祸，反而加官进爵，升为工部侍郎。此后，他一直把雪芹敬为上宾，这就是“跑马城”的由来。（张永海先生讲述　一九六四年整理）

香山最早的电影

在香山脚下有一组清代建筑，如今阅武楼已对外开放。当年在阅武楼对面不远处有一座“跑马城”，曾在这里拍过我国最早的电影《西游记》和《盘丝洞》等。

1989年2月6日笔者访问香山当地的张家声老人时，据老人回忆：“日伪”时期，曾在跑马城拍“盘丝洞”的电影。李万春（也有人说是李少春）扮美猴儿王孙悟空，李庆春扮演猪八戒。当时借香山四王府赵德海家的白马当白龙马。那盘丝洞的蜘蛛精由黄玉华扮演。当地一些学生扮小妖，服装道具归香山买卖街儿的“屈大黑儿”总管。

跑马城的北面儿当年是“西山果园”的杏树林，种的全是美国的“水晶白”杏树。拍电影时，树上的杏儿基本熟了。导演布置，只要一听见开拍的命令，扮演小妖的儿童演员们向北跑，每人抱一棵杏树，一共有三四百棵杏树，不许两人抱一棵，这样谁不急于抱住杏树，谁就得跑更远的地方才成。

在拍的过程中，李庆春不愿意为日本人卖命，所以他常给他们出点儿难题儿。他非要戴猪八戒的脸子上场不可，导演不让戴，非让他勾脸儿，他说：“勾脸儿勾得再好这嘴也勾不出来，除非把我嘴打肿喽！”逗得大家哈哈大笑。

导演布置好后，说：“大家听着！现在实拍定型了，各处灯光准备，开始！”这时众人的场面展开了，摄影机在响，该李庆春出场啦，“咕咚！”就是一跤，导演只好叫“停！”导演刚要发脾气，李庆春说：“拍了那么多次不说，我摔得够呛！这靴子也不合适，穿上脚打滑，不信你们试试！”结果，刚才的几十米的胶片全废了。反正，不管他们怎么着，就是不给鬼子好好拍！最后，也不知这电影拍成没有，反正人家李庆春给咱香山人留下了深刻印象……

小知识

什么是“跑马观山门”?

《北京晚报》2002年11月11日刊登了刘阳先生的《北京的过街塔》一文。文中题图翻拍于《梁思成文集》第一辑，说明此过街塔系法海寺山门过街塔。而文章中介绍的“法海寺山门过街塔”说：“法海寺在石景山模式口翠微山南麓……”笔者认为刘先生把塔的位置搞错了。11月22日陈康先生给予了纠正。但是陈先生说北法海寺在“海淀区金山岭”“过街塔已毁于大跃进时”“南法海寺之名远大于北法海寺”等语也是不准确的。

笔者世居北京香山健锐营正黄旗，自小就对家乡的名胜古迹颇感兴趣，并将有些破庙古塔画下来，珍藏至今。题图是我于1957年11月4日画下的法海寺“塔门儿”。它不在模式口（本名为磨石口）南法海寺，而是在我家屋后的香山健锐营“万安山”的北法海寺。我画的塔门是面朝东的一面，而梁先生照的照片是在塔门里“万安桥”上的位置朝东拍摄的塔门西侧，所以塔门上的树在右侧，塔后无山可证明。

香山法海寺，位于香山公园南麓的万安山半山腰，明代为“法华寺”，其山脚下的“关帝庙”为法海寺，后来合为一个大庙，过街塔门上篆“敕建法海禅寺”的匾额。从明至清，这座法海寺一直受到朝廷的保护，屡经修缮。有趣的是，因梁思成曾讲法海寺过街塔门在离寺一里的山下，后来就有人说关山门和尚们要骑马去关的说法，将“跑马观山门”变成“骑马关山门”了。其实，关闭山下塔门山门的任务是由旁边的“关帝庙”和尚来完成，法海寺管好自己的庙门就成了。山下的这座法海寺过街塔门，也是清代八旗兵骑马训练时的重要标志：“跑马观山门”说的就是这个塔门。有文章说塔顶标志是“仰月的教徽”（林徽因先生说毁于1933年8月大风雨，她也没看到。）藏传佛教塔全是金葫芦小塔，可参看北京的西黄寺、青海塔尔寺等塔，因而笔者认为塔顶是“金葫芦小塔”。此塔门于1965年夏秋期间，因建设占地而被拆除。后来，吴熙顺来访时带来他复印的梁思成和林徽因在《中国营造学汇刊》第三卷第四期（1933年）发表的有关法海寺过街塔门的文章，还有法海寺的黑白照片。他们笔误为“西郊杏子口法海寺过街塔门”，教授们把法海寺塔门与我们在居庸关看到的云台关比较，是很科学的。文章中说的位置就是这座法海寺塔门。文章说：

法海寺在香山之南，香山通八大处马路的西边不远。一个很小的山寺，谁也不会上那里去游览的。寺的本身在山坡上，寺门却在寺前一里多远山坡底下。坐汽车走过那一带的人，怕绝对不会看见法海寺山门一类无关轻重的东西的。骑驴或走路的人，也很难得注意到在山谷碎石堆里那一点小建筑物。尤其是由远处看，它的颜色和背景非常相似。因此看见过法海寺山门的人我敢相信一定不多。

特别留意到这寺门的人，却必定有。因为这寺门的形式是与寻常的极不相同；有圆拱门洞的城楼模样，上边却顶着一座喇嘛式的塔——一个缩小的北海白塔（法海寺图）。这奇特的形式，不是中国建筑里所常见。

这圆拱门洞是石砌的。东面门额上题着“敕赐法海禅寺”，旁边陪着一行“顺治十七年夏月吉日”的小字。西面额上题着三种文字，其中看得懂的中文是“唵巴得摩乌室尼渴毕麻吽嘎吒”，其他两种或是满蒙各占其一个。走路到这门下，疲乏之余，读完这一行字也就觉得轻松许多！

门洞里还有隐约的画壁，顶上一部分居然还勉强剩出一点颜色来。由门洞西望，不远便是一座石桥，微拱的架过一道山沟，接着一条山道直通到山坡上寺的本身。

门上那座塔的平面略似十字形面较复杂。立面分多层，中间束腰石色较白，刻着生猛的浮雕狮子。在束腰上枋以上，各层重叠像阶级，每级每面有三尊佛像。每尊佛像带着背光，成一浮雕薄片，周围有极精致的琉璃边框。像脸不带色釉，眉目口鼻均伶俐秀美，全脸大不及寸余。座上便是塔的圆肚，塔肚四面四个浅龛，中间坐着浮雕造像，刻工甚俊。龛边亦有细刻。更上是相轮（或称刹），刹座刻作莲瓣，外廓微作盆形，底下还有小方十字座。

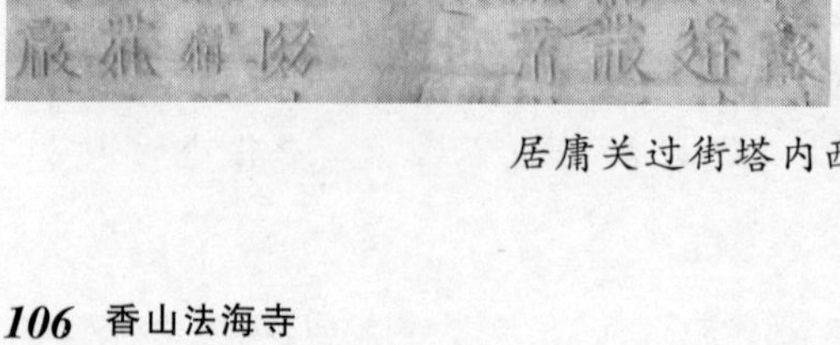

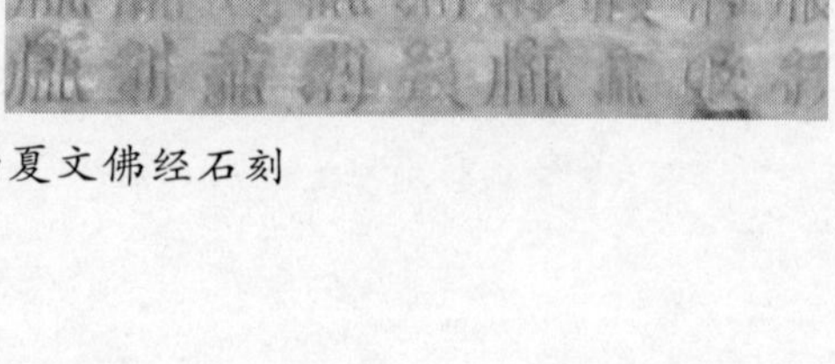

居庸关过街塔内西夏文佛经石刻

最顶尖上有仰月的教徽。仰月徽去夏还完好，今秋已掉下。据乡人说是八月间大风雨吹掉的，这塔的破坏于是又进了一步。

这座小小带塔的寺门，除门洞上面一围砖栏杆外，完全是石造的。这在中国又是个少有的例。现在塔座上斜长着一棵古劲的柏树，为塔门增了不少的苍姿，更像是做他的年代的保证。为塔门保存计，这种古树似要移去的。怜惜古建的人到了这里真是彷徨不知所措；好在在古物保存如许不周到的中国，这忧虑未免神经过敏！

塔门儿（张嘉鼎绘于1957年）

法海寺门特点却不在上述诸点，石造及其年代等等，主要的却是他的式样与原先的居庸关相类似。从前居庸关上本有一座塔的，但因倾颓已久，无从考其形状。不想在平郊竟有这样一个发现。虽然在《日下旧闻考》里法海寺只占了两行不重要的位置；一句轻淡的"门上有小塔"，在研究居庸关原状的立脚点看来，却要算个重要的材料了。(引自（四）营造算例，梁思成编订，（八角）博物馆发行，北平商务印书馆寄售)

这里有个巧合的事情，前面说过，这个香山法海寺是乾隆皇帝赐给章嘉活佛夏天避暑的寺庙。由章嘉·若必多吉（圆寂在五台山，葬于五台山镇海寺白塔内）监造扩建完成。而居庸关的过街塔门内，有章嘉呼图克图·若必多吉书写的西夏文佛经。那个过街塔也是藏式塔，毁于战火。章嘉活佛会藏、蒙、满、西夏、回、汉等多种民族语言文字，还教乾隆皇帝说藏语和给皇帝当现场的翻译。全国许多地方的藏咒也是章嘉活佛所书，包括此塔门西侧的文字、法海寺摩崖六字箴言等。

所以说，香山法海寺不仅具有古老寺庙的价值，而且具有历史和人文的巨大价值。如今这里，寺门挺立，碑石高耸，庙墙依旧，树木葱茏，是开展旅游、勉怀古人、诵经敬佛、宏扬民族团结的待修之所，盼望有关部门重修此点。

正黄旗南大桥旧址

在跑马城的周围种有国槐，还曾有一条壕沟、一座大桥、一道栅栏门、姑娘场、场后园等遗址。现一并记述如下。

在跑马城前有一条“壕沟”，很深，是防卫用的界沟，使人不走桥和楼门儿就进不到演练场。在壕沟边，种植着一排中国槐树（豆槐）。记得在我少年时代，壕沟旁还有被锯后残留的巨大树墩子，红山头下还存在着古老的槐树。山北有更多的中国槐树保存着，是同时栽种的同龄树，如红山头高等小学门前及左右的古槐。国槐树美而漂亮，树荫面积大，槐花是很好的染料，槐豆是治疗肾病的良药。槐木是烧炭的好木材。当年，炭火盆儿是旗人取暖的主要工具。

大桥又叫南大桥，在我家（原来是香山门头村正黄旗21号）的门前南侧不远处，是巨石石条筑成的桥，双孔。从法海寺流下的山洪就经过这里，山洪下来时，滚滚的河水，将巨石冲击而下，发出隆隆的响声。洪水过后，这里变成了季节河，有几个月的清清河水，里面还有小鱼虾。乡亲们就是在这样的夏天，把自己家里的被褥、棉衣等拿到河边洗，孩子们也在大人的身边趟水玩耍。男人们到塔门儿里的大坑去洗澡，那里是女人的禁地。女人也有自己的洗浴的地方，那是“北沟”大桥（俗呼哑巴桥）上面拐弯的避静处，男人小孩儿都不能去，这是铁的“乡规”。

南大桥的条石很干净，也很凉爽，是夏天乡民晚上乘凉的好地方，孩子们在这里可用棉花球逗引捕捉“金刚儿”“老籽儿”这种名字的蜻蜓。好天时，满天的蜻蜓，特别多的是中等大小的黄色蜻蜓，孩子们叫它“小黄儿”；还有什么“轱辘钱儿”、“黑老婆儿”、“油灰儿”、“麦穗儿”、“红蓁椒（红辣椒）”、“小车子”、“驾排”、“老膏药”、“金丝吊”等等名称。其实，蜻蜓吃蚊虫，是很有益处的昆虫，但是因为其美丽可爱而受儿童的捕捉，有的变成了家里“玻璃盆景”罩子里树上落着的标本，干后多年不变色，成为死盆景上的活物。

大桥上不总是安全的。夏天，石头缝隙里常常钻出小的“火蝎子”和“大青蝎子”，螫上人是很厉害的，使人晚上不敢露天睡在这里。人们将吸的烟袋里的烟袋油子用纸捻儿弄出来，插到石头缝隙里，防止蝎子爬出来。可是蝎子会从桥下外侧石面爬上来，防不胜防，只好到掌灯时回家，把这地方留给捕捉蝎子卖给药铺的人，他们都不怕螫，据说会吃“五毒”，蝎子、蜈蚣等见了他们就不动了，乖乖儿被擒。他们会用树棍儿做的夹子将其撑起晾干（阴干，不能晒），卖到中药铺里去当药材治病。

栅栏门（叉和园）

在大桥的北面数尺远，就是东西的“官道”，从跑马城直通法海寺塔门儿，是“跑马观山门”的要道。过去，这里有栅栏门设兵管理（口称地名为‘叉和园’正名应该是“场后园”也许较确切），道南是山沟的北邦，道北是东西的“壕沟”，壕沟北面是演武场，后来变成果园儿。一般人是不能进入栅栏门的，就好像今天的“军事禁区”一样，校场是不许闲杂人等进入的。直到民国革命成功后，这里成了“姑娘场”（慈幼院纺织车间），仍然是不能进去的禁区。

叉和园遗址

姑娘场

姑娘场，也叫织布场，在我家对面路东的空地上。从记功碑亭南到栅栏门这一片儿地方是清代的“首善工场”，因是姑娘们（纺织）的工场，百姓们俗称为

姑娘场示意图（张嘉鼎绘）

“姑娘场”。灰色的厂房，铁做的圆弧形铁门，里面是成排的车间，有食堂、宿舍。后来成为“香山慈幼院”的一部分了。李大钊遇难后，熊希龄在这里曾经安置了李大钊先生的子女们，将他们保护在这里，有专人给他们送饭，照顾他们，让他们上学。我的哥哥曾经和他们一起玩耍，看门的是本旗的老人，都熟识，离我家又近，那时这里的车间已经停产了，只是有几个手工教室。

记得1943年前后，这里被鬼子占领做了仓库，后来是摩托车队，架起铁丝电网，我们只好逃难到别处去住。1948年前后，这里被什么人接收，后来将机器卖掉，将厂房的砖石也拆卖了，我看到许多人用木板横在墙上一起用力推木板，整扇墙就倒了，然后就挖砖。最后，这里只留一眼大井，房基残址上长出许多的蒿子花。后来，西山果园将这里开辟成柿子林了。种的是火柿子，不是“大盖柿”，个子小，有的长几个尖嘴儿，奇形怪状的柿子。秋天这里一片金黄，转而变成红叶林子，也很好看，特别是夕阳照射时，很迷人，背景是青松金瓦的碑亭和远处红墙环绕的跑马城。有学美术的人来此画画，也有美国老女人在吉普车上画画儿，我童年亲眼看见。

如今这里已经用墙围起来了，好在这里修了一条路从黄亭子南斜着通到马城遗址，那里开发成了小区。乱葬岗上盖起了高楼，完全失去了原来的模样。

场后园

在柿子林的东南设有一门，是原姑娘场的南门遗址，名“场后园”，而口误为“叉和园”。为什么要记住这个地名？因为我家离村子（门头村街里）远，要买东西，必须到街里去，我的父母去买东西，回来时，我们在家里一眼就能看走到哪里了，于是，飞跑着去接。这“场后园”就是我们去接的地方标志之一，那里前面是个平台，可以在那里休息。夏天山水下来后，就不能从栅栏门穿行了，要趟水方可过去。绕道走场后园沿着地边而过就不必趟水了。我们就到这里来接母亲。当然，少不了有好吃的“干炸丸子”或“炸糕”、“烧饼”类等着我们。这也是童年的一大乐事，没有孩子来接的人家总是羡慕不已。当然，我们也有时帮助拿拿，让他们歇息一下，他们就夸我们懂事、有出息……然后就说我们家长有福气等。那时的乡亲们确实是“亲”，谁家孩子如何？全明朗得很，也是对我们的一种监督和压力，不像城里人，住在楼上，连对门都不来往，谁和谁全陌生。

趣闻轶事

李大钊的故事

1984年10月2日我回香山时，探望了席振瀛，他是我旗里的大哥辈，他说：“焦雄（海淀区文管所的，我也熟识）来找我聊过熊希龄和英敛之的事儿，我只讲了一件：李大钊被害后，熊希龄把李大钊的夫人、大女儿李星华和他小儿子接到香山，就藏在你们家门前的‘姑娘场’工厂里，就这一点来讲，熊希龄是有过功劳的。至于他在避暑山庄当总督（应是热河总督），欺压剥削百姓那是另一回事儿。”

谁为李大钊穿寿衣？

我于1984年去访问过那万禄的夫人，我管她叫大嫂子，管那万禄叫大哥。她说：“你大哥说过这件事儿，那还是他参加工作时的事儿。那当儿在西单商场里有个卖书的地方，他在那儿学徒，他师傅也是这书铺儿的经理，姓李，李先生还是天津什么大学的教授。是丰润县的人，跟李大钊是同乡，非常要好。当时，李先生每周回北京一次，星期六把带回的文件、讲稿全交你大哥帮助抄写，有时往往抄一夜，你大哥那时20多岁儿，很能干，在李先生的帮助下才有的文化。那是在西单商场着火之前，有一回叫你大哥到宣武门去帮他办事，到了那里又帮助买棺材和寿衣什么的，还叫你大哥在长椿寺给那人穿寿衣。他当时是个店员，也不怕，就给那人入殓和穿了寿衣，这人就是李先生的好朋友李大钊先生。后来埋在香山万安公墓。你大哥说过这事，家里人也没在意。等明儿找找看还有写的东西没有了。要有也是剪下来的报纸，看人家写的自己也有不同看法就写下来……”

谁安葬了李大钊？

我和傅用霖在1998年，连续访问了狄恒业老人许多次，他住地安门。他们家族还是黄带子，他的父亲叫毓狄。老祖宗是清代乾隆皇帝的同父异母弟，乾隆叫弘历，他老祖宗是弘昼，是雍正帝的第五子；雍正时期封和硕和亲王，府在如今的张自忠路清史所，长门最后卖了府的是和毓狄同辈的毓章，封为“公”，称章公爷。毓狄清末在宫里任禁卫军统领，封爵位为世袭罔替、降一级使用的将军。毓狄在清朝灭亡后，自谋生路，开了“信诚号”杠房，并任同业工会的会长。所以还是个比较大的买卖。面对的是大宅们，曾为王府和有名的人家料理丧事，如北府的老福晋、清代壮元刘春林。袁世凯财务总长老周四爷（佛协主席周树嘉的父亲）、贵妃谭玉玲以及朱森、共产党的领导人李大钊等。

狄恒业

1933年4月中，北大图书馆副馆长何基鸿教授找到狄恒业的父亲毓狄，当年两家关系不错，谈到为李大钊安葬的事情，比较为难，拜托给办办。毓狄和当时杠房管事的四子恒业商量怎么办？年轻气盛的狄恒业说：“接！”于是，他就代表柜上“内口”料理此事，领杠的是柜上“外口”的头儿老孟。狄老说：“我们从宣武的妙光阁浙寺起灵，当时担责任的是那里藏着一块墓碑，有一米多高，据说是毛主席写的：革命李大钊之墓，落款儿是毛泽东。

北平地下党为李大钊刻的墓碑

（笔者按：此碑目前在李大钊纪念馆内，系用北京地下党名义写的，是否为毛主席手笔？因无署名，这里为一说）。

明知弄不了，有特务跟着，可是还得

弄。硬是冒险搬出来放我们柜上杠棚大车上了，抬杠的破棉袄、往车上一乱扔，也没刻意去包，几十人的衣服一堆，紧跟着杠走。一进宣武门，大车就钻进了胡同，绕道，不跟杠走了，直到“大红罗厂”才出来。我们抬杠走到单牌楼，当时的执政是宋哲元，他派的警车架着机关枪‘呜—呜—’地追上来跟着我们，说实话，谁心里不害怕。我们的32抬杠没管他，照样走，到了西四，不知道警车哪儿去了，开来了消防车，开了水闸，用水龙头呲两边站着喊口号的学生，没呲我们抬杠的，那水枪浇得学生从脑袋上往下流水，呲也不怕，还是喊：“李大钊先生精神不死!”那时还是春天，很凉，几百名学生口号声不断。我们从西四到新街口往西，一拐弯路北是“天顺成布铺”的地方，消防车又呲了一回。我们出了西直门到了高粱桥地方，赶快把大杠拆了换上小杠，走斜叉往海淀奔青龙桥到万安公墓，城外警察不多，只有便衣特务盯着我们，我们改成16人杠后，紧赶路，以当时的电线杆子为标志，每走四至五根档距离就换一班儿抬，快多了。到了万安公墓，赶紧下葬，连碑一起埋里头了。送葬后回来不知到哪里领钱去，过了两礼拜，接到何基鸿教授的电话，说到他家去一趟。就到了北横街教育会他的家里取的钱。新中国成立后，水利部副部长何基丰是何府的二爷，那何基鸿是何府的大爷，是不是地下党？谁知道？

新中国成立后，第一任北京市市长是叶剑英，把我父亲请到市政府，询问毛主席写的那块碑哪儿去了？我父亲当年没跟着去万安公墓，全是我一手经办的，于是悄悄问我，我说埋的墓穴里了。后来给李大钊设陵园时，把那碑挖出来了，放纪念馆里。……”

“信诚杠房”由于狄恒业的大哥经营不善，染上鸦片烟瘾，其父果断地将信诚号出手，还清一切债务，分家各自谋生。狄恒业喜木工手艺，到故宫里学艺，新中国成立后，划归房管局搞民房维修，直到退休。如今是儿孙满堂，和老伴虽都是80多岁的人了，可身体健康，记忆力很好，过着幸福的晚年。狄恒业老人向笔者讲述了许多方面的民俗资料，并录了音，这只是其中的一件。

五、健锐营正黄旗营房和小营

健锐营八旗中的正黄旗，是最大的一个旗，不但地处凤凰山下位置好，而且有阅武楼、云梯楼、纪功碑亭、跑马城等一组建筑，还有实胜寺、法海寺大庙从中分开，营房排列整齐，而且顺山势建造的营房将山南山北连接在一起，形成多姿多彩的风格，打破了呆板的营房格局。正黄旗大部分营房设在红山头南麓、万安山脚下，整个营房布局呈坐西朝东的刀把形，刀头在南，刀尾在北。分为：南营子、北营子、上营儿、北小营儿、小营儿等部分。

因香山八旗健锐营正黄旗地处交通闭塞的山脚下，200年来，营房格局少有变化。虽然经历了许多的磨难和战争，但村落依然变化不大，直到解放。营房虽大多破落了，人们依然死守家园，过着平常的日子。小营里更为完整些。公社化后，这里为果树队。1956年，这里修了水泥公路，直通香山，香山也开通了到城里的公共汽车线路。

1965年，由于军事机关占地，将正黄旗和正黄旗小营的居民全部迁到门头村东头铁关帝庙后身，当时称为“铁关帝庙后身居民新村”。“京西葡萄张”张永海老人的故居就在正对铁关帝庙大殿的第二排房。2005年这里旧村改造，将门头村全部铲平。张永海后人迁往南河滩——门头馨村南区。

如今这里路西是炮兵部队的干休所，路东是新农村开发区，村落和果树全铲锄殆尽，建成高级别墅区了，想寻找原来八旗健锐营的面目已很难了。故记录下这些资料供参考。

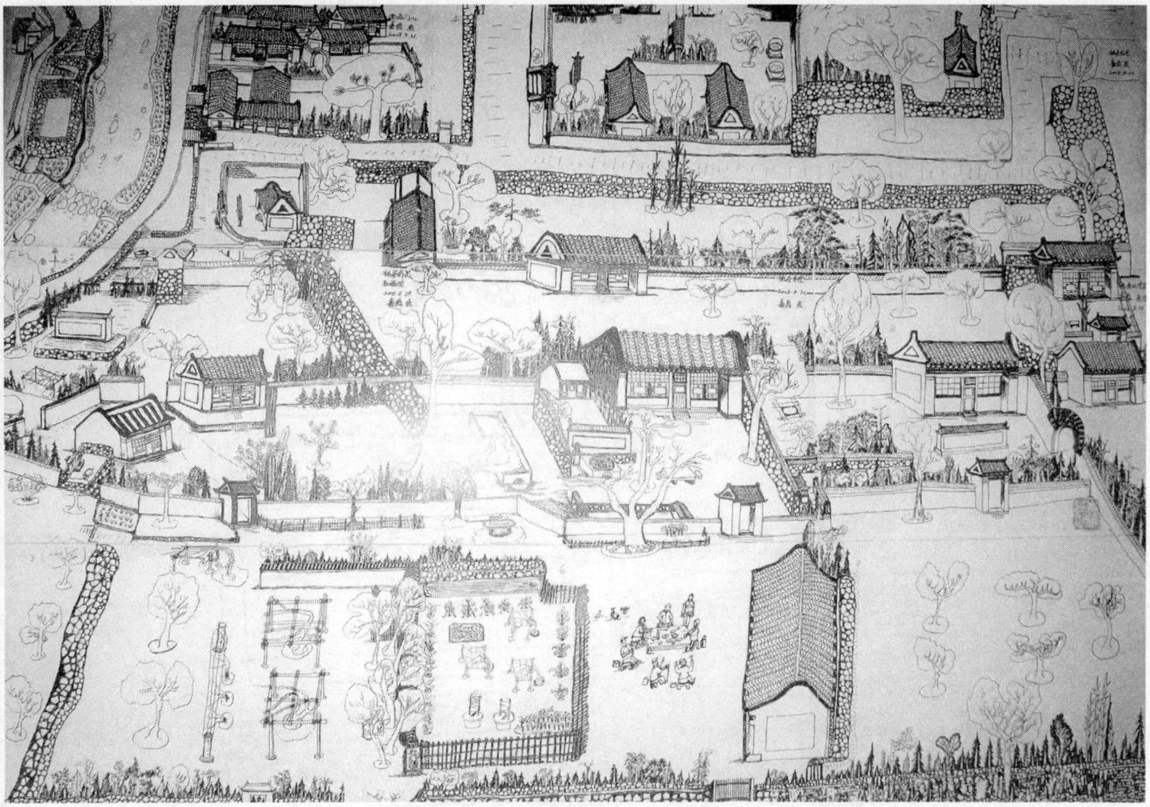

正黄旗营房分布图（张嘉鼎绘）

正黄旗南营子

正黄旗南营子在实胜寺大庙墙南，（如今炮司干休所大门即原正黄旗南大门位置）从东往西排列的方阵之内，顺地势分为上坡和下坡两部分；上坡有四条胡同，下坡有五条胡同。在第一、三、五、七、九胡同的北侧设一座朝北的正门。也就是每两条胡同设一门楼，一般一门内住一户。拿笔者的祖居来说，外祖父叫白松惠，号豪风，乳名五续，为五兄弟中最小的一个。原住在三条胡同，后搬到头条胡同住。因此母亲记得同一胡同里的人家是：北边是海廉爷家，他儿子是“纳亲”，他后妈是正蓝旗姑娘，与嫁给包尔吉特氏的包千媳妇是姐妹。南边住着瘸腿的“俄瑟夫”，是学坊里的老师，学生们歌谣说：“赵钱孙李，俄瑟夫卖笔，周武郑王俄瑟夫上房”。在俄瑟夫南边是瓜尔佳氏（关姓），五老爷家，五姥姥会接生，西山张永海先生、包志中先生等都是这姥姥接的生，证明那时旗里已有专

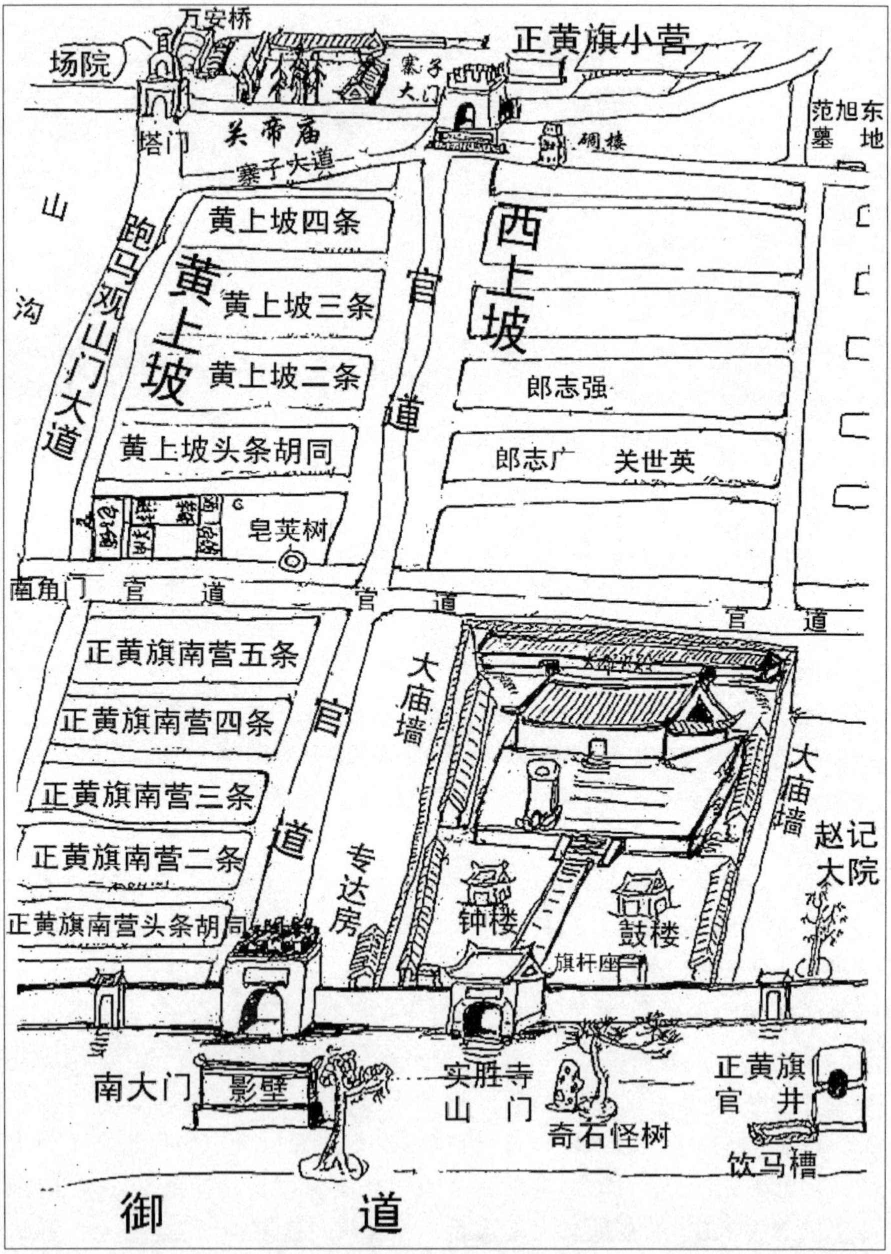

正黄旗南营示意图（张嘉鼎绘）

门的接生姥姥。后来是小营郎家的姥姥操此业几十年。

二条胡同头一家是笔者祖父张霙泉的家，南边是包尔吉特氏家族的房，为八廉爷、小廉爷、续廉爷（大青爷）的家。头条胡同为琐大爷、赵顺（卖芸豆的）、白记和广永爷的家，广永爷是王中石（香山门头村医生）的爷爷，王中石的父亲跳江死了。白记是白国全他大爷家，蒙古族，他大爷有儿子去当“马贼”了，一次，从张家口回来，还带回人来，半夜响起枪来，又走了，无音信。白国全过继给他大爷继承了财产，那时他还小，大爷就死了，只有本旗的“尼套奶奶”（姓利）给他做饭。

四条胡同是“老营房”，比健锐营营房老一百年，为乾隆时补漏翻修的营房。

五条胡同紧靠营房南北官道，官道两端为南角门和北角门，中间又与东西两条官道相交，东西官道的东端分别为南大门和北大门。

官道西侧还有四条胡同，俗呼“黄上坡”。系本旗参领等的住房，有月亮门和挎院等，较前五条胡同宽绰。

在南营子南角门和营墙南侧，有民人开设的店铺，有煤铺、碾房、菜店、肉店、糖房、包子铺等供旗族生活日用的店铺。在离营房一里许还有更为繁华的“门头村”（永安村）集镇和商业街。

正黄旗北营子

正黄旗北营子在实胜寺北侧，东西官道以北，御道以西的一片向阳地带。营房布局不如南营子整齐。可分为几片儿。

北营子设有北大门，门前是一座高大的影壁。使过往的行人看不到营房内的情况，使营

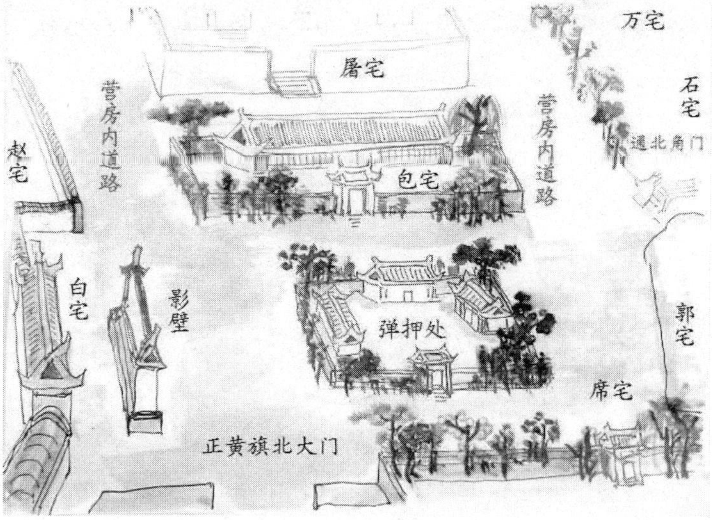

正黄旗北营示意图（张嘉鼎绘）

小庙图（张嘉鼎绘）

房更加威严和具有神秘感。这座影壁，如果说还真有“风水”的话，它曾经历了“八国联军”的洗劫、日本鬼子的烧杀、人民解放军的保护。这将在后文中叙述。

靠近北大门的是正黄旗的“小庙”，庙内大殿里塑关帝、周仓、马童和白龙马的塑像，比起一般的庙宇来说要好得多，亲切得多。不是因为我是正黄旗人，在这里长大有亲切感，而是这塑像威武而不凶恶，也就是说更像人、不是神。

大殿前有一眼井，是苦水，为灌溉庙内的园子用。原来是用滑车取水，后来用辘辘摇水。井有两个井口，由一块巨石雕凿而成，如同眼镜中间连通一样，由于日久年深，井口被井绳拉出光滑的道道痕迹。可以使人想起“滴水穿石”的成语。

大殿旁是月亮门，里边是僧舍，过去这里就是“姑子庙”，是有钱人家的姐妹出家的地方。而不是走投无路或者是风尘女子顿入空门，所以设施历来就不错。与大殿并行的是师傅的经室兼卧房。窗外北墙是一排百多年的十几株大石榴树，结着碗口大的石榴，开着一朵朵如火一样的花朵。窗前还有十

弹压处示意图（张嘉鼎绘）

几株大蜜桃树，使这座小庙充满了生机。为此我曾写了小说：“小庙的二姐”。

进了（北）大门，迎面是一处“弹压处”和“更房”，也是正黄旗的官员们处理政务的地方。以此为汇合点，分左右两路东西官道，将北营子割成左中右三路。左路是正黄旗小庙、关井、井屋子、赵家大院、白增辉家、白国全家、关小彤家；中路是弹压处、包千家、屠万林家、白乐亭家、傅友家、梦见芳家；右路是：席振嬴家、郭世良家、默德里·阿林（张霙泉）家、石艳英家、那万禄家、碉楼。

另外，档房那地方、箭亭、学坊西是我大姥姥家和姥爷的家，我的姥爷姥姥去世后就葬在房基地里。东下坡还有张家、康家、傅家。路西为北沟村、有三株古树，（雌雄皂夹树、栾树‘红灯笼’）是著名的蒙古族园艺家和红学家张永海先生的家、三排房。张永海先生（1905—1970）和夫人白淑媛（1908—1982）就葬在雌雄皂角树前的房基地里；山后就是黑、白碉楼遗址。

正黄旗上营儿

正黄旗的实胜寺后边，直至上坡“低头门”这一片为正黄旗的上营儿。这一片营房比较规整。有关世英、郎志广、郎志强、大陈奶奶、宋清华等几家。这是五十年前的情况。

在庙后曾长出一棵槟榔树，被人们视为珍宝。旗人有嚼槟榔的习俗，不过那时的槟榔由“安南”进口，没见北方有槟榔树的，也没见过树结槟榔什么样子，所以珍贵。不过，后来我外出工作始终没见到和再听说有关槟榔的事。

还有一件事是关于大陈奶奶隔壁的叫小英子的那家，他爸爸养了一只八哥，每天挂在房檐下，能学人语。每天中午，卖包子的一来，她妈总说：“小英子，快去买包子！”八哥也听会了，每到中午，卖包子的一吆喝，那八哥就说：“小英子，快去买包子！”和她妈的声音一样。八哥也有不高兴的时候，不高兴就学“碌碡”没上油摩擦出的吱钮声，叫完还说：“我不高兴！”邻居一个小子，每天上学路过这里手拿弹弓比划着瞄准，不会打它的，谁知一天那小孩儿一时失手，泥弹正打在八哥的头上，他叫着：“疼死我了！”扑楞翅膀，就这样，死了。把一家人心疼死了。从此，人们像失去一位熟人一样别扭。没多久，小英的爸爸也去世了，人们听见卖包子的一来小英家就传出哭声来，从此，卖包子的也不敢再进旗里来了。每当人们讲起这件事老人都感慨地说：“带根儿的多栽，张嘴物少养活！叫人难受。”

宋大爷是笔者父亲的“把子兄弟”，他的小儿子与我同年，略小数月。我们合得来，他家如同我家，我家是他的“叔叔家”，我俩时常坐在他家北墙的一棵长有三叉一样粗的中国槐树卡巴上，那上边卡着一块四四方方的“炕面子”（炕砖）是多年前放在上面的，如今三叉树干长粗了，砖面已长进树内，是一把有三面靠背的大椅子。理石墙台阶可直达“坐椅”，是我俩夏天乘凉的“宝地”，三叉树干上有浓密的槐叶如同伞盖，这里原本地势就高，坐在树上，不但居高临下可望到大爷大大（旗人称大妈为大大）在家做什么，他们也能看到我俩的一举一动。我们还能看到旗下许多人家的院落。大爷家的北侧和后院种着许多的果木树，杏树为多，还有山楂树，又叫山里红，我还是第一次在这里看到它的叶子和花，尽管我从小就吃“山里红”和冰糖葫芦。大爷的南院里还有一棵“白桑葚”，未熟时，桑葚碧绿，一场雨后，桑葚突然变大了一倍，颜色也一下变成玉石雕琢

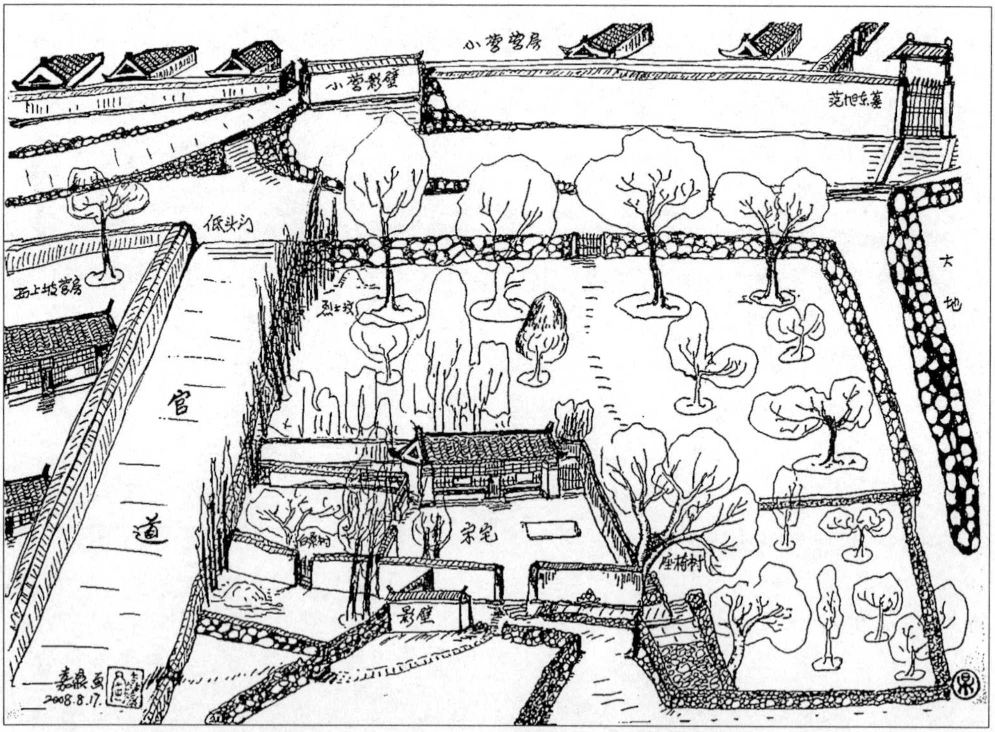

正黄旗上营营房图（部分）（张嘉鼎绘）

的一般，招引来黄鹂和布谷鸟采食。我们也和鸟儿们一样采食，惊得黄莺乱叫。

大爷家还有从山上移回的“欧梨儿”，是山上产的一种像小李子一样的珍贵的浆果，核可入药，除积滞食水，七粒炒熟食仁速效。大爷还种一种名贵的中药“瓜蒌”，像一个个小圆西瓜挂树上，一到霜降，瓜蒌由青变成金黄，一串串煞是好看！它是多年生的蔓状植物，地下是块根。

就在这瓜蒌架的后边，那后墙的香椿树下，安葬着“三哥”，他是飞行员，是共产党的早期有数的几个飞行员之一。他是被“肺结核”夺去生命的。他被人送回来时已经不能行走，面色苍白。都说他的病会传染，可我不怕。他弟弟也没被传染上，那时没有“青霉素”和“链霉素”这类抗生素。他整日躺在院子里的木板床上晒太阳，看到我有时有气无力地说一些话，可能他太寂寞了，他长得像苏联电影里的俄国人，高鼻大眼，加上眼窝深陷，面白额宽。在一天的下午，他去了。他平静地走完25岁的历程，没说话，睡去了。我看大爷和大大并不十分悲哀，立即找人将他埋在房后。他留下了“烈属”这块牌子给父母，总算使父母在“文革”中少受许多痛苦，这是他死后十四年后的事了。除此，他家没得到什么实惠，连那蓝色的“光荣军属”圆牌也因无“门楼”而无处钉。几乎无人知晓他家是军属、烈属。

在实胜寺后侧的北边有几家介绍一下：那就是我的“二爹”（母亲的叔伯兄弟白国全）家；在南北官道的西侧，一排房住三家；右边是“小童（彤）舅舅家”，后来给“哑翅”住了，哑翅长脸面黑，留小黑胡子，穿一身土黄衣服，不僧不道的，无事有时讨饭，不过不在附近讨，去外地。晚年和傅友住在一起，靠捕鹰粘鸟为生。哑翅的右边是大平家，早年搬走了，房空着。

二爹家有两重院儿，西房三间，左边的耳房有后门通后院，那里有猪圈、贮藏室、放有农具。南房有磨盘，是磨米面的地方。二爹没上过多少学，二妈（旗人管二婶叫二妈）是阜成门的娘家，很小就到白家了。二爹也许是属猴吧，所以也是猴脾气，说翻脸就翻脸。他有五个儿女，大儿子上树把腿劈了一直没看好，瘫痪在家，最后缩成一团死去了。二爹中年得了病，但他仍然拼着命干，卖鸡蛋、做小买卖。一次，上冻时节，小营的一家来借走刨白薯井子用的短把儿小镐。这天，他刚从城里看病回来，医生说：“回去吃完这几副药就会好了，不要生气，要注意饮食。”一进门，孩子们报告说：“寨子借走的小镐，去要他们说是他们家的，没借咱们的。一听他的火儿就上来了，撂下车就找这家去了。没说儿句话，那家的老头也真能气人，“你们家的？你叫答应它就拿走！”结果，白国全，一口气没上来，一屁股坐下就没起来，找人抬回来就咽了气。结果，抓来的药没吃一口，就走了。入殓时，那老头儿来了，哭着说：“兄弟耶！老哥我有罪呀！我不知道这把小镐是孙子他妈借的！我还回来了！你原谅我吧！”

正黄旗山北小营儿

正黄旗北边紧靠红山头，山顶上也曾有过人家，那是笔者母亲的舅爷爷瓜尔佳氏关家，四合院很安静。他们家是外任官，那铜子儿都是“一端谷子”“一端谷子”的，有得是钱。可是这里吃水太困难，后来就搬下山来住了。（如今是金山陵园在这里盖的房子）；过了山，在那“备补营”对面，是正黄旗的山北小营儿，俗呼“十八家儿”，那希贵就住在那里，1982年才搬到“东宫村”南口高坡儿上住。笔者的二姐丈的老家也是在这里，他就是在这里生的。那年月，旗人都

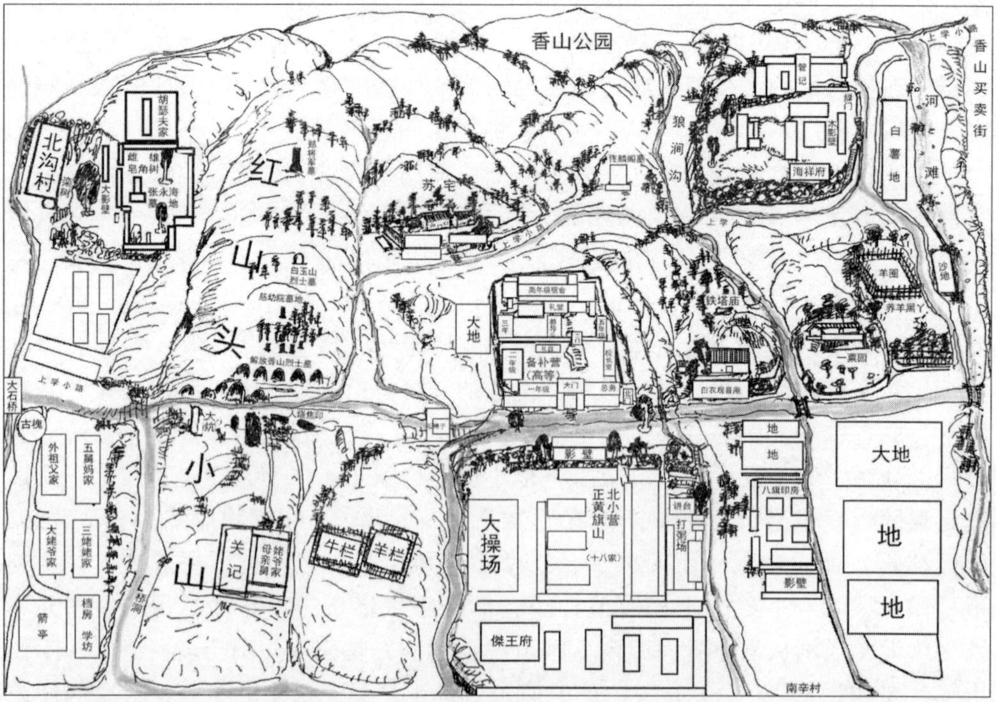

正黄旗山北小营示意图（张嘉鼎绘）

善良，雇一奶妈看房，她把房“红契”的名字改成自己的了，硬是把房给讹（诈骗）去了。旗人空口无凭，官司也打输了，只好到“慈幼院”当茶房，也是老天有眼，我的亲家爹被改革家、教育家熊希龄看上了，收为“跟班”（侍从）。从此，走南闯北几十年，都是跟随熊希龄，后来是跟随毛颜文；直至解放，仍在城里石驸马大街“召慧”小学（熊希龄办的学校）东院住。他的子女也都是城里人，当上了教员。这不是“因祸得福”吗？

那希贵也不简单，他是最早引进荷兰黑白花奶牛的企业家；他管教子侄极为严厉。记得笔者上小学时，常到他家看牛玩儿，一次遇见他教育侄子如何喂牛，打了他，二哥比我大不了几岁，就哭了，他老爹（旗人管叔叔叫老爹）骂他：“你哭、你哭、还能哭出一朵花儿来！”从此，这成了我们的口头禅。他家的子弟没有差劲的，如今都是大学毕业。这可以看出严格教育（不是打骂）可出人才。

狼淀沟遗址（张嘉鼎摄于2008年）

山北的十八家的对面小山上就是“白衣观音庵”，也叫“铁塔庙”。这是正黄旗的关产，闲散之人在这里寻宿。后来，此庙让“大金妞子”家住，老太太姓白，旗人，靠卖烧饼过活。他有一个好儿子，是中国人民志愿军的连长，回国作报告我还听过。后来在上甘岭战役中牺牲了，遗体运回故里，就安葬在红山头山顶上。后来，他妹妹住在这里，妹夫是民人，十八家旗人都有意见。说他们“侵吞公产”。

趣闻轶事

香山“白衣观音庵”和“铁塔庙”

香山健锐营山北正黄旗十八家对面的小山上，也就是“香山小学”的北墙外的土坡上，曾建有“白衣观音庵”和“铁塔庙”。如今这两个庙在“香山香麓园”。铁塔庙和白衣观音庵是一个庙还是两个庙？铁塔庙是“铁塔将军庙”吗？铁塔庙是什么铁塔？

清朝皇家信奉的是黄教，也就是喇嘛教，是清代的“国教”。从北京佛教的历史来看，可追溯到契丹人统治北京时的辽代。

辽代的帝王都崇信佛教，从辽太宗开始，在石敬瑭割让“燕云十六州”时，太宗来到了燕京。记载说：他当时到过“大悲阁”，但没说是悯忠寺的大悲阁，还是牛街北口大悲阁。当时“悯忠寺”的大悲阁最为有名，辽太宗来到燕京，参观、祭拜的大悲阁，应该是悯忠寺的大悲阁。

唐代时就有：“悯忠高阁去天一硪”的记载。辽太宗祭拜时见到了阁上的白衣观音菩萨，认为正是他“梦中所见的神灵”。于是，他把这大悲阁里的“白衣观音坐像”迁到了辽的“祖庙木叶山”供奉为家神。这在辽代历史上是一件大事，自此，契丹人非常崇拜观音菩萨，叫“白衣观音菩萨”，因此，辽代的白衣观音菩萨的造像很多，如：石头观音菩萨造像、铜铸观音菩萨造像、木雕观音菩萨造像等等。辽代人笃信观音菩萨，将白衣观音菩萨迁到祖庙木叶山、契丹族的发祥地，是“青龙、白虎卧地”，称“木叶山为神山”。这样，辽代太宗皇帝，就把佛教信仰和祖先信仰合在一起了。

到“辽圣宗”时，他也笃信佛教，多次在燕京里饭僧，去寺庙里打蘸，布施斋饭。皇帝率先重视佛教文化，开始雕版、刊刻《棋盘藏》，为官刻辽代“大藏经”。我们知道，当时的《开宝藏》是北宋开宝四年，中国最早的木头雕版藏经，辽代也开始雕刻了这部《棋盘藏》。

辽代的兴宗时，佛教又进一步发展。辽兴宗有很多善待佛家的举措，比如饭僧，在宣宪皇后祭日，和皇太后一起穿着素衣到三学寺、悯忠寺、延寿寺等寺庙饭僧。这些地方是辽代佛教的中心。幽州城的中心还是在“宣南”这一带，如今的西城区南部，在原来燕京的基础上稍有扩大。兴宗不仅是虔诚的佛教徒，还开始研究佛理，对佛家的教理、思想感兴趣。他请有道高僧到内廷讲经。这是辽代佛教的鼎盛时期。一年饭僧就36万，一日剃发三千。为燕京的佛家做了很多的功德，建寺庙、建塔，对佛教思想也很重视。他带头研究佛教经典，对学问僧（善知识）非常重视。他在位时，在燕京出现了第一流的高僧。他对《华严经》最重视，辽代的华严宗最兴盛，他曾命名华严宗最有名的经典为《释摩诃衍论》，这部著作一再注释，也撰写出版了一部《御制华严经演论》。

辽代佛教宗派的佛学可说是流派纷呈，人才辈出，佛教成果非常丰富。当时流派有华严宗、密宗、唯识宗、净土宗、三论宗、律宗、天台宗，唐代八大宗派，除禅宗外，七大宗派都有流行。最兴盛的是华严宗，其次是密宗，在佛学思想上有相通的地方，在境界上是一样的高深。

律宗里辽代有法均，他的弟子有悟敏、悟珠；唯识宗里有铨明，是唯识大家，玄奘是唯识宗祖师，铨明写了很多文史方面的著作，还有铨晓，在法源寺；净土宗有非浊；三门宗里有守臻，房山辽代刻石有通理大师，他师傅就是守真(臻)。辽代的佛学成果非常丰富，例如：在辽“大安三年”（1091年）时，高丽僧人一添，从北宋求法归国时，根据搜求到的宋辽的佛学著作，撰成《新编诸宗教藏日录》三卷，收编辽代僧人著作58部，251卷。其中大部分是燕京学者所著，占总数的三分之二以上。这也从后来的考古发现中得到了证实，如山西应县木塔里发现辽代的十几部残卷。在河北丰润的塔里，也发现一些辽代契丹大字写的《大藏经》和用契丹小字写的《大藏经》。

“显密融通”的思想，“显”就包括华严宗、唯识宗、律宗他们都可以叫显宗，“密”就是密宗。融通就是互相取长补短的意思。

“香山铁塔庙”实际与“密宗”有直接的联系。印度早在公元前一千年间就有了铁器，铁制农具到佛祖住世时期已经很普遍。那时，佛教就有“铁塔”，塔就是梵语“塔波”的省略音译，全名为“悉堵波”，汉译为“高显”“坟”的意思。1898年，考古学家在尼泊尔南境发掘了“迦毗罗国”故址，发现一舍利塔，塔内藏有“石瓶、石函”等物，有一瓶放在铁和水晶层叠的函内，里面有黄金制作的花，花上安放着佛骨。从函上刻的文字知道，这正是“释迦族”供养的佛的舍利。另外也有的塔不放舍利，而只是作为标帜纪念之用的塔。那铁塔与密宗有什么关系呢？

密宗，也叫“真言陀罗尼宗”，或叫“密乘”。“真言陀罗尼”就是密咒，是佛“内证”的智慧语言，是能够显示诸法实相的真实语言，所以叫“真言”；“陀罗尼”的意思就是“总持”，将自己的“身、口、意”三业，转成佛的身、口、意的“三密”，可迅速得到智慧和神通，乃至即身成佛。修习密法还有“息灾、增福、降伏、养生”等作用。

密宗是怎么传出来的呢？要归功于一位僧人——龙树。龙树是公元二三世纪时南印度人。他原来是一个“婆罗门学者”，后来皈依佛教，出家受戒，在雪山从一位老比丘受到大乘经典，从此智慧无碍。许多的哲学家都被他的雄辩之才所折服，但是，他还是觉得智慧不够，道理发挥得不够透彻。有一天，他来到南天竺一个地方，闪现出一座铁塔放光，他打开铁塔，得到了秘密经典而传世，在他和亲传弟子的研讨下，随顺时势与世俗，结合婆罗门教理论，加以佛教的解释，以空、无我的理论为根本，创造了密宗佛教。从此，为了防备灭佛灭法，将经典封闭于铁塔内或石塔内，后来又刻成石经保存。到8世纪，密宗传遍中国，此宗以密法奥秘、由师傅传授、灌顶弟子学习实法，“法不传六耳”，不可任意传习和显示别人，所以方称密宗。中国的密宗有：唐密、藏密、云密（边密）和传到日本的东密。均来源于印度的密教，与本地的宗教相结合而产生，如藏密与当地的苯教结合成“藏传佛教密宗”。

香山铁塔庙就是藏传佛教密宗的铁塔庙，它又与契丹宗教、家神信仰结合成的“白衣观音庵”合为一个大庙，前为白衣观音庵大殿，后为储藏密宗秘密经典的铁塔，是典型的藏传佛教密宗的庙宇。

2005年5月25日我和焦雄考证发现了铁塔庙的遗址基座。到那里，我们看到东北方向让人砸坏了一部分，丢在坡下。下面是三合土基址，条石上是刻有云纹和垂乳凸的浮雕，上面石头有槽儿，用灌铸铁水为锔子相联，如今人把锔子全起走了，光留石槽儿。东南方留一残石上有雕饰，是原来的石头，上面一层方形条石被起下丢弃于坡下。据说“文革”“破四旧”时被当成太监墓拆除，没发现什

铁塔庙遗址图（张嘉鼎摄影）

么东西，也因太坚硬没拆毁……

我们看到的是“八角形须弥座”，约8平方米，中间是坚硬的填土，汀米汁灌浆，我断定下有龛或瓶，必然有“镇物”，也许是“佛经”或“舍利”。从佛教发展的历史来看这些遗迹，与考古不同，因没有文字记载……

清理出来的砖是大开条和小开条，是清代的砖，只有半块砖是“绳纹砖”，属汉代的砖。是原有的？还是外来的？是汉墓的？还是寺庙的？都无法确定，待收集更多的实物方可下结论。

铁塔庙用黑色就是与红色对立，就是防火，佛经保存在下面安全。藏经楼也是黑色的，道理相同。铁塔庙修筑在营房区，也是为了防火之用意，与盖“真武庙”（门头村有周武庙实际为真武庙）道理相通。另外，八旗兵除打仗外，救火也是日常一项重要的任务，当时已经发展到用“唧桶”抽水救火了。

在香麓园我们还看到挖水池时挖出的那两块“金砖”，块儿很大。据说上面原来有字，焦雄问我看像什么？我说好像不是金砖，像墓别或墓志铭，一盖一铭，不过用朱砂写的我还没见过，刻字的多见，盖上是墓主姓名，下面是志。据说挖出时，上面画有朱雀的图画，有文字，民工用水洗掉了，能看到是什么“太和夫人……”报告给地下阎王说此人的事情，要他照顾的意思……我看像买地券类……老焦说：“你说得对，就是墓志铭，用笔写的很少，很珍贵，可惜把字洗没了不值钱了……用毛刷轻轻刷可以看到字迹……”

小知识

健锐营云梯兵救火①

北京香山脚下有座小城叫阅武楼，是清代乾隆时修建。在这阅武楼西侧有个云梯楼（也叫梯子楼）是训练攻打金川地区图伯特族的云梯兵用的石碉。乾隆把这支人马安置在这阅武楼西实胜寺的左右两翼驻扎，并赐军号为“飞虎云梯健锐营”。每年二月、八月检阅两次，几代皇帝共阅兵一百年。这八旗健锐营兵所用攻碉战术使用的云梯是特制的，梯脚有轱辘如战车，梯前有支杆可举起。攻碉时，大力士推梯奔跑，边跑边往起举梯，另一批身轻如燕的飞虎手边跑边往云梯上爬，云梯前端上了碉楼围墙时，飞虎手也上去了，所以能取胜。

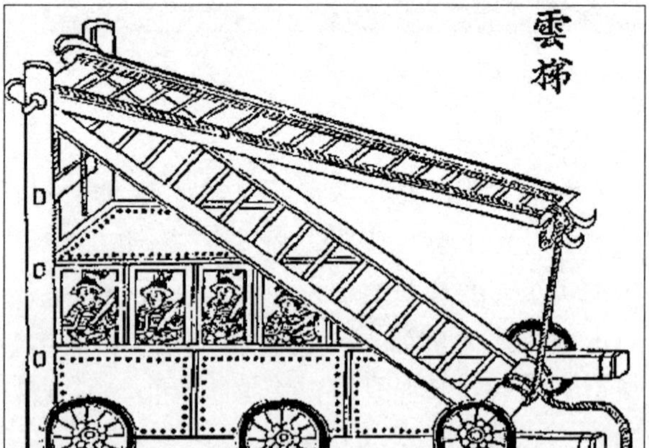

云梯救火示意图（《武经总要》）

班师归朝后，乾隆命令建八旗永久营房于实胜寺两侧居住，平日仍习攻碉之技，不时被派往边疆平叛。居住日久，时有火警发生，这云梯攻碉之兵又担当起灭火的任务，特别是那些“飞虎手”，手挥利斧断房梁，在房屋倒塌的瞬间飞身而下，用房屋屋顶将火压灭，

① 注原文曾刊于1989.5.15.《北京消防报》第105期。

再配合用唧筒灭火，防止火势的蔓延。他们成为当时一支极有战斗力的灭火队伍。

正黄旗小营儿（寨子）

在低头门上坡，是一条官道，官道的西侧，就是“正黄旗小营”。小营有大门，门楼朝东，大门前是大影壁。大门里也是大影壁。因小营是顺山势而建的营寨，所以香山一带都不说“正黄旗小营”这名，而是说“寨子”，这里我要详细介绍一下“寨子”的历史和来由。

北京香山门头村里居住着许多少数民族兄弟，有满、蒙、朝鲜、俄罗斯、回等民族，其中有一个民族到底是苗族还是藏族？一直族属未定，这涉及二百五十余年前的清朝平定金川图伯特族的历史，也涉及民国时期大汉族主义对少数民族

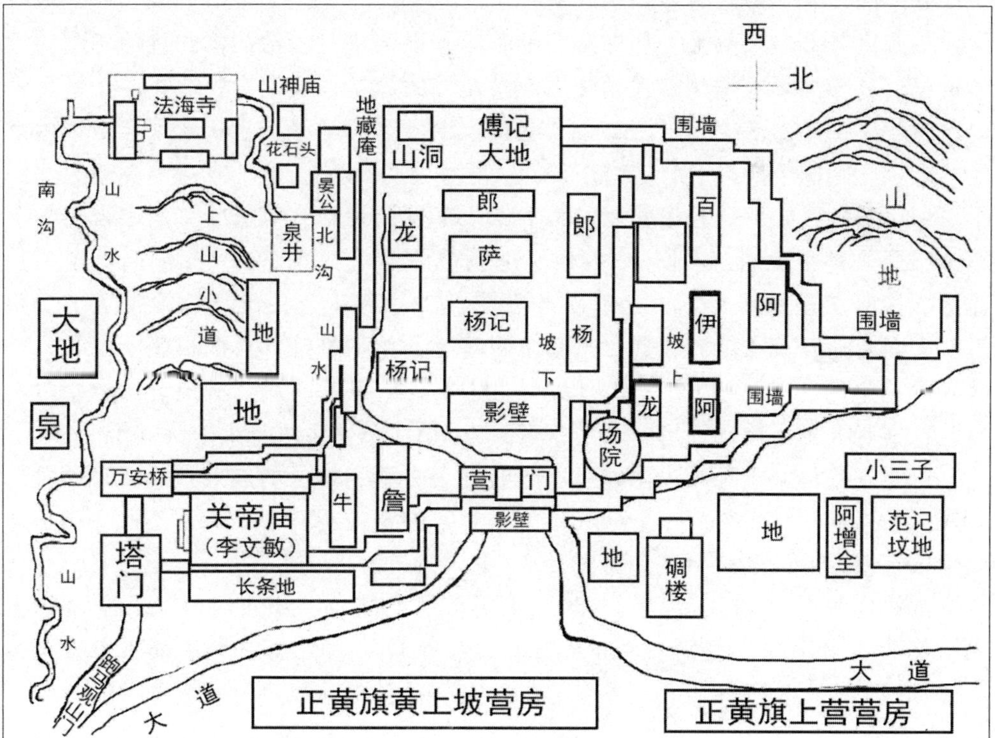

正黄旗小营示意图（张嘉鼎绘于2003年）

的迫害历史。笔者家住香山健锐营正黄旗，为八旗蒙古族世家。自幼喜搜集民间故事及歌谣，记录了不少关于本族和本旗各族的历史和故事。从这些老人口中得到了许多宝贵的口述资料，现将其中有关“寨子”族属的资料进行整理，以民间口述、文献书籍、碑文和文物、历史考据为依据从民俗文化等方面对小营居民的文化渊源进行探讨①。

1. 口述中的“图伯特族”

我曾就“寨子”的问题问过本旗许多老人，满族白乐亭老人讲：“寨子里住的是图伯特族，不是苗族。你瞧他们的穿戴打扮就可以分出来。”白乐亭老人还告诉我：“你去看看黄亭子的碑文，上边称他们为番子，而不是苗子。”

这“黄亭子”是如今香山至“八大处”途径阅武楼西侧的黄色琉璃瓦“纪功碑亭”，其中有座汉、满、蒙、藏四种文字的方碑，为乾隆十四年五月所立的石碑。其中确实有“蕞尔穷番”的碑文。

小营里许多年长的人，如白全、郎志广、杨春华等，他们讲的跳的舞蹈和用的道具以及穿的彩衣全是“番舞”而不是苗族的芦笙舞。白全告诉我说：“寨子里原有跳舞用的狮子头、带两犄角的盔以及铜鼓等，全是真正从老家金川带过来的。老家原有四个铜鼓，我们带来两只；狮子头一对儿，这儿有一个，老家留一个。一对彩球，招狮子打滚儿用的，老家一个这儿一个，对这些从老家带来的东西全寨子人都很爱惜。”他还向我讲了那铜鼓的样子，他说：“那铜鼓有现在脸盆这么大小，呈鸭蛋形，外边有黄布套子，上边有牛皮提梁。打开象两半个西瓜，中间有荷叶（铰链）相连，打起来咚咚响，用的鼓锤儿是两根藤子棍儿，头儿上缠着牛筋儿。”他还讲了穿彩衣时“脖子上戴着大铜锁，玉镯子，彩衣白袖口儿，上有五个小铃铛，脚脖子上也带5~7个小铃铛。手里拿把木头斧子……”

可惜这些传家宝贝在民国以后军阀时期丢失了，寨子的族人到处留心寻找其下落，后来在故宫里看见了铜鼓，以为是本寨的铜鼓呢，一打听才知道，那是金川地区老家的族人敬献给毛主席的！

郎志广的父亲叫郎得禄，是教“番子舞”的老师，家里一直保存着两箱子书，那些书带匣套，可惜“文化大革命”中全烧了。郎志广学跳舞那年只有九

---

① 本部分内容笔者曾撰文《正黄旗小营族属初探》、《正黄旗小营族属再探》先后发表于1990年第一期《四平民族研究》和2003年12月《满学研究》上。

岁，为“备补”，当正式的有了急病什么的由他替补，他向我讲述了所跳舞蹈的名称和跳法。他说：“寨子里共有五台戏，按年龄分;当年也挣钱粮，一共全寨为八十一份甲，死一个才提一份缺，家里出舞童就不出别的差了。10~15岁、20~30岁、40~50岁全可以参加，一户出一个，哥几个的也出一个，只给一份钱粮。这五台戏中，我们小孩儿是13人为一台，演的是童舞，约有现在的15分钟。分三段，第一段舞叫《攻来了》，第二段叫《嘎吉》，第三段是《念昨》。词是这样的：“攻来了，你且老外，为好把不如地林求，三佛锋多死咱，安佛我们是人，台伊伊把奴且苏……”

《嘎吉》是：“嘎—恩至恩祖吧，呢萨且且——”

二十来岁唱的叫《阿登博》：“阿洞国、杀洞来，登卡登卡博——驾用随来登且登，登卡博腊起——你不杀我我杀你，登卡登卡博——”

据说皇上听了以后说：“不好不好，不要不要！”听出里边有“你不杀我我杀你”，这一句不让唱。上年纪的人唱的叫《大武装》或是《大有装》，手拉手唱，那铜鼓左手右手交叉打着，那铜鼓是锋包铜的，生金的一样。还配有九音锣、喇叭（琐呐）笛子和笙等乐器。唱《阿登博》的手里拿一只弓，背把剑、一把大刀，藤子盾牌，有人带着领头唱。

“文化大革命”前，阿增全家还存一本谱子，供着，一碰那纸全掉面儿，“文革”中也毁了……

2. 文献记载相印证

笔者带着这些口传材料与文献进行了查对，如《清史稿》《清监辑览》《卫藏通志》《辞海·地理分册》等，并且抄写了香山阅武楼、纪功碑亭、石敞厅、雍和宫、孔庙中的碑文，对金川这段历史进行了深入研究。

（1）族名的演变

香山老人说寨子里的人是图伯特人，确实有据。辞海《地理分册》145页中“图伯特”条：“清初文献中对西藏及其附近地区的称谓。一作‘退摆特’或‘土伯特’，是吐蕃的音变。近代外语中对西藏的称谓如Tilet、Thebet、Tobut等即源于此。”当年读音为“浊辅音”，“吐蕃”读成“土播”，因此写成“图伯”或“退摆特”，决不会与“苗”相混。

从历史角度上看，辞海《金川》条载：“金川①古县名，②土司名。唐置金川州。辖境约当今四川大金川、小金川地区。明封哈伊拉木为金川寺演化禅师，世领其地。后分大金川、小金川。清康熙五年（1666年）授嘉纳巴演化禅师印；其庶孙莎罗奔以土舍将兵从岳钟琪作战有功，雍正元年（1723年）为金川安抚司。莎罗奔自号大金川，而以旧土司泽旺为小金川，于是有大金川、小金川之称。”

从民俗学的文献上看最能说明问题。小营人跳的舞蹈中，有《大武装》或《大有装》，为上岁数人演唱的手拉手唱着跳着的舞蹈，这名字实际是我们今天说的西藏舞蹈《大锅庄》，蕃名“大拉嘎地”或“大拉噶地”。《清史稿》上说：“番子乐，金川之阿尔萨兰，司乐器三人，司舞三人，为戏狮，身长七尺，披五色毛，蕃名僧格乙，引狮者衣杂彩，手执绳，系耍球一，五色，蕃名僧格乙阿拉喀。”这与寨子里所跳的狮子舞是一致的。

（2）与苗的区别

清朝文献中称苗为“苗疆悉平”或“湖广苗滋事”；称藏族为“番”，称“藏兵”为“番兵”，有时统称为“番蛮”，把其族人蔑称为“蛮子”。如：“筑长围周数里，断水道以困之，索诺木乃从莎罗奔及其头目妻子挈番兵二千余，出寨奉印献军门……”乾隆在“过南岭阅武”中说：“小金川番语谓之赞拉”、“促浸，番语谓金川也。”、“番地春雪本多，盖山高气寒所致。”《清史辑览》中也提到：“……宣布天子威德。群番欢呼，顶佛经立誓，椎牛行炙”。从这些记载中不难看出“番”是藏族一支，而不是苗族。

1956年前后，中央民族学院的苗族同胞听说京西香山有一支同胞，都来慰问联欢，笔者当年也参加了此次民族团结的盛会。会场设在寨子大门里北坡的场院里。苗族同胞吹起芦笙跳起舞，当地四十岁以上的族人合唱了祖传的古歌，并录了音。可是民族学院的老师们听不懂歌里的语言。后来，这些录音流传到西南民族学院，一位教授一听，十分惊讶，失传近百年的藏族嘉戎古歌出现了，他非常欢喜。可惜“文化大革命”开始了，这段调查和录音也全都中断和失散了。后来，小营因占地搬迁进门头村里，大部分老人已于“文革”年代先后谢世了。这段一直没有史书记载的历史中断了。几经抢救，笔者也只得到一些片段。但从这些调查中看出这些人是嘉戎藏族一支，而不是苗族。这一点还可以从他们的族中姓氏中得到证明，我访问一些老人，他们告诉我，本族中有过一些有名望的人，其中有一位藏传医生，姓穆，他儿子叫穆子玉。医术高明，族人送他一块大匾，上边写着：“术正人心”。他是个有文化的藏族同胞，他把当年徙京来的八十余户后代的姓氏排列在一起，借开药方向族人传播，共十五姓，编成顺口溜，这十五姓为：“百伯龙达虎，阿哈萨穆伊，保荣张郎强。”这些姓氏后来有了一些变化，如“百”姓如今改姓白，如笔者访问的白全老人原来姓百，“百全”；“虎”姓后来改为姓“胡”；最后一个姓是“强”，如今改姓“杨”。为什么将其放族人最后？原来这“强”姓家族长辈曾帮助过“官军”攻打七十二垛，立过战功，小营的长辈族人称他们是“苗”家的内奸，所以把此姓放最后，后来强姓后代族人改姓杨了。

据小营老人祖辈讲，从金川掠来京师共八十一户头人，七户僧人，共八十八户。刚来时，乾隆把他们关在北海里，后来在香山南麓凤凰山建白碉楼和黑碉楼，才搬到西山。清代咸丰年间才搬进寨子小营里居住，原来住南沟，阴山背后，不立小口（生孩子就死）。后来，寨子出了阿凤姑娘，侍奉皇帝去了，才让在山沟北盖上营房，搬到向阳的房间居住。其祖坟在魏家村昌华寺前的坟地里。

在采访中我记录了小营“番子舞”的情况，其中有关《四角兽》的节目叫阿登博，或音变为阿洞国。其真正的名字叫什么呢？因这涉及古代藏族语音的音译，所以很有研究的价值。据《清史稿·乐志》载：“高宗平定金川，获其乐，……均列于宴乐之末，是为番子

《清宫庆隆舞初探》封面

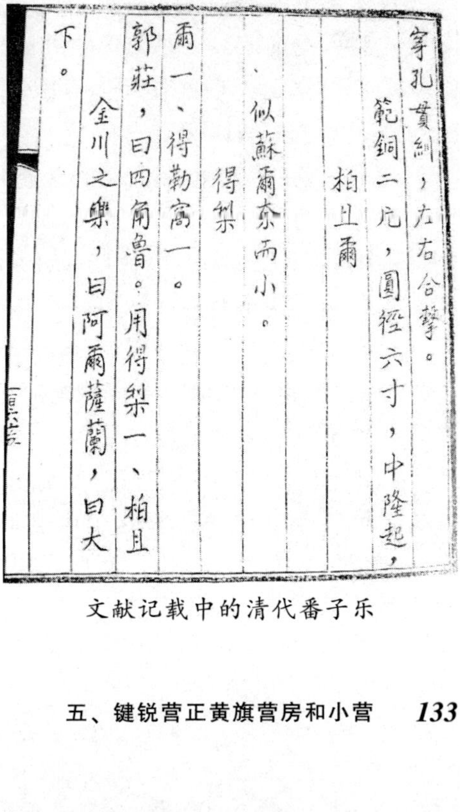

穿孔貫紃，左右合擊。
範銅二片，圓徑六寸，中隆起，
柏且爾
、似蘇爾奈而小。
得梨
爾一、得勒窩一。
郭莊，曰四角魯。用得梨一、柏且
金川之樂，曰阿爾薩蘭，曰大
下。

文献记载中的清代番子乐

乐。”“金川之乐，曰阿尔萨兰，曰大郭庄，曰四角兽。”《清史稿》上还写着：“番子乐，金川之阿尔萨兰，司乐器三人，司舞三人，为戏狮，身长七尺，披五色毛，蕃名僧格乙，引狮者衣杂彩，手执绳，系要球一，五色，番名僧格乙阿拉喀。”大郭庄又叫“大拉噶地”，“司舞十人，每两人相携而舞，一服蟒服，戴翎，挂珠，斜披黄蓝二带，交如十字。”《四角兽》“司舞六人，戴舞盔，番名达帽；插野鸡翎各六，蕃名达莫乙；背缚藤牌，蕃名宝斯丹；带系腰刀，蕃名江格尔。左执弓，蕃名得木尼也。右执箭壶，蕃名柏拉。盛箭五只，蕃名格必尔。”（见上文关于阿登博记载）据《清史稿·卷一百一·志七十六·乐八》载：“金川之乐，曰阿尔萨兰，曰大郭庄，曰四角鲁。用得梨一、柏且尔一，得勒窝一。”将“四角兽”写成“四角鲁”。

《民族文化》1986年第一期上刊有张孝忠先生的一文，他所记一事证明《四角兽》应为《四角略》，文中说：“民国初年，金川有一位浅懂汉语、信奉藏佛教的游僧喇嘛阿基索朗步行化缘到甘（肃）、青（海）、内蒙等地，到过北京香山逗留，还见过袁世凯就任民国大总统时的京都风貌，他临近解放才回到金川。1952年，他向弟子宋某讲述自己的见闻时说，他在香山遇见了当地年逾古稀的一位嘉戎藏族老人向他唱起了祖先在清宫里演唱的名叫《四角略》的歌曲。歌词大意是：我可爱的家乡，是万里之外的金川。魂归故里吆，我无时无刻不把金川怀念。尊敬的皇上，请准让我们返回家园！远飞的大雁啊，请为我们捎信到金川，遥祝乡亲们个个健康又平安！”

阿基索朗1955年病故于金川。近年他弟子的兄弟到北京读书，承兄所托，抽空去香山采访，与一个七八十岁的香山嘉戎后裔摆谈，这位老人也唱起了《四角略》歌曲，只不过唱腔口音已带有京剧腔味了。”因此张先生认为应该将《四角兽》正名为《四角略》。

事有凑巧，我在采风时，郎志广讲过金川老家曾来过人，叫阿吉桑。在大庙（实胜寺）前化缘和他父亲郎德禄聊起天儿，还唱了家乡的歌曲，还认了亲，他姓阿，寨子里阿记还请他吃了饭，住在塔门庙里，人都说他是憋宝的南蛮子。

细细想来，如“阿登博”变成“阿洞国”，这“阿基索朗”若念快或口传音变成“阿吉桑”也不是没这个可能。我问郎志广：“这位金川老家的人怎么走了？”他说：“他本来不想走了，法海寺空着可以住，塔门关帝庙也有空房，可是来军队了，把他吓跑了。”

白全曾告诉我来的是国民党傅作义部队，也有说是新军阀的，也有说是袁世凯的护国军，将存放在塔门关帝庙大殿里的金鼓和行头全偷走了。据说有人见到这些东西卖给了王长庆，他在崇文门花市“万丰和”古玩店呆过，那是个老字号，后来，听说被盗运往美国……在此之前，雍和宫每年的法会以及黄寺的“打鬼”，我们都要去义演，为喇嘛化缘。从那以后就全完了，人不齐了，行头也没了。

我曾问过郎志广等几位老人，番子舞中有没有一种“四角兽”？他们说：“狮子不就是四角兽吗？”我说：“又叫四角鲁。”他们全然不知。我说：当年有个叫吴振域的，他当过四川总督、云南总督，他写的《养吉斋丛录》一书中卷十五有：“乾隆以后，还师奏凯，宴劳诸将，在紫光阁。方平金川时，所俘番童，有习锅庄及甲斯鲁者，番中傩戏也，亦命陈之宴次。”这里的锅庄和甲斯鲁与《清史稿》记的应一致，“甲斯鲁”显然是笔误或排误，应为“斯甲鲁”，与“四角鲁”都是番语的译音字。可是我问遍小营的人都不知有此舞，只知有“阿登博”。

白淑媛老人

一次，偶然的机会我问起正黄旗的白淑媛老人，她向我讲述幼年在小营看那些老人演唱阿登博时，曾问过大姨：“他们唱的是什么？”大姨说：“阿洞国——杀洞来！你不杀我——我杀你，玛尔古是我出生地，早晚我要打回去！用汉语唱皇上听出来还不杀脑袋？他们用老家的话唱，就没事。”她还告诉我说：“你瞧这碉楼就是为了不叫他们想家才修的，所以叫‘思家楼’，一睁眼就像在老家一样，唱的也是不忘老家的思乡曲儿……”“大姨还讲过皇上接见小营的佐领时，拿他取笑，摆了一溜儿官帽‘顶子’叫他拿，拿什么的顶子给什么钱粮。结果，他摸摸这个，又看看那个，觉得老家最值钱的东西是‘金子’，金川出‘瓜子金’和‘狗头金’，于是就拿了一个金顶子。结果，比别的佐领官职整小了一半，成了“半个佐领”，引得皇上和大臣们满堂大笑。人们说：他要是拿个一品官该有多好，皇帝也得给他。皇上问他献的“番子舞”叫什么名字？他用半生不熟的汉话说：叫思家楼，大臣们听成叫‘四脚鹿’，又是一阵大笑，番子佐领知道取笑自己，于是说：‘叫阿登博’……”这些口传虽然只是笑话，不足为据，但从另一侧面告诉我们“番子乐舞”是藏语的音译而不是苗语。

《北京风物游览典故》一书中有一段：《香山的藏寨》一文，其中有一段文字说："……后来知道，这些歌是三百年前的藏族歌曲。如一支名叫《斯角鲁》（思乡）的歌词被译成汉文，最后几句是：'……放我们走吧！我们是金川的蕃巴，走呀走，向着神圣的藏区——我们日夜思念的地方。'这些译过来的嘉戎藏族语言虽文字表达不一样，但其内容实质全是《念昨》"思乡"的，而这些"四角兽"、"四角略"、"四角鲁"、"斯甲鲁"、"斯角鲁"、"思家楼"……按语音"口语音变"规律考证，不难看出："四、斯"来源于"思"；"甲、角"来源于"家"；而"兽、略"字形相近，肯定是笔误所致，但"鲁与略"音近，来源于"楼"字。其实，香山实胜寺纪功碑亭的碑文中、乾隆皇帝有一段话："汉书训碉作雕，碉为石室，而雕则若雕鹗之栖云者，皆非是，盖西南夷语彼中呼楼居其音为碉云尔。"从这里看出："思家楼"原意应该是"思家碉"，这就是口讹成"四角略……"的语音音变的结果吧！

（3）北京香山的嘉戎藏族人

自新中国成立以来，香山小营就引起历史学家和民族民俗学家的重视，虽经过种种坎坷，还是取得了一些进展。如《香山的藏寨》一文中记载："香山南麓有一个名叫'番子寨'的村子。长久以来这里的老人能唱一种很古老的歌。歌的情调哀怨悱恻。至于歌词，则是一种陌生的不知来自何方的语言。他们还能跳一种动作粗犷的舞蹈。据老人们说，这都是祖辈传下来的。他们自称'苗人'，是在200多年前从四川西部大、小金川地方迁移到这里来的。可是他们唱的歌，苗族同志听不懂。显然，这不是苗家的语言和文化。"他们是怎么落籍北京的呢？

"原来，乾隆年间，大、小金川的藏族土司发动叛乱。乾隆在香山训练了一批专门攻碉堡的精兵，送上金川战场。乾隆四十一年（1776年）春，大、小金川叛乱被平息。清军返京时，抓回无辜藏民二千人，其中大部分人被杀害，只挑出189个能歌善舞的人在香山集中居住，称'番子寨'。每逢宫中庆宴，就让他们进宫献歌进舞。这些人就是今天番子寨居民的先辈。为了摆脱叛番、降虏的辱称，以及对后代安危的忧虑，从嘉靖（笔者按：应为嘉庆年间）年间起，寨里的人改称自己是'苗人'。但这并没有能改变他们的地位，他们的子孙后代仍然过着被歧视凌辱的生活。新中国成立后，他们才获新生。

番子寨藏人的语言属于古嘉戎语系，是一种久已失传的古藏语，很接近唐代吐蕃语。近年来，很多藏族同志来番子寨探望，宾主相见，倍感亲切，满寨洋溢

着欢声笑语。”（方兴文）

文中所说“番子寨”，一般俗称“寨子”或“小营”，全称为“正黄旗小营”。

1987年9月6日《北京晚报》转载《四川日报》的文章：《北京香山为啥有金川藏族人》一文：“北京西郊香山南麓有一个少数民族村寨——‘番子寨’，现名红旗村。有人考证他们是四川省阿坝藏族羌族自治州大、小金川的嘉戎藏族。这些金川藏族人是何时何故定居在香山的呢？

在去北京香山的公路旁，有一座约三层楼高的石碉堡，颇似金川的石碉。附近还有一座黄色琉璃瓦的方亭，内有一碑，四面用满汉蒙藏四体文字镌刻着乾隆十四年（1749年）清高宗的《御制实胜寺碑记》，碑文大意是：为适应金川战役（第一次）的需要，于西山之麓筑造石碉，从京师八旗兵中挑选一批兵士，建立健锐云梯营，练习使用云梯攻打金川石碉的战术，终于“大功告成”。为了教练士兵的攻碉战术，建筑仿造金川地方的石碉，清政府遂将大金川之役中俘虏的部分藏族士兵和工匠迁至北京，编入健锐云梯营。“其筑碉者，即金川番兵也”

香山地区的碉楼（张嘉鼎摄影）

(《圣武记》)。此外，定西将军、大学士阿桂还将一部分大、小金川的藏族艺童，带到京师，供奉宫廷。

这些被清政府强行迁至北京的大、小金川藏族人，除一些喇嘛被安置在寺庙外，其余均安置在香山实胜寺附近，自成一个小村落，名曰小营，亦称番子营、番子寨。安插在香山小营的大、小金川藏族人，其中一部分和京郊农民一样，过着农耕生活。现在，这个村已发展到一千多人，他们安居乐业，主要从事林果业和加工业。"

文中所说如今的“番子寨”不在“红旗村”而是“门头村东头”。文中所说的“三层楼高的石碉堡”应叫“云梯楼”或梯子楼，“石碉”在香山脚下还残存几座。

2005年，旧村改造，门头村又拆迁到南河滩东南方，取名为门头馨村南区。大部分小营人迁此居住。

(4) 奇异的葬俗

1957年前后，人们为农业合作社盖房时，从魏家村的生产队挖出许多的坛子，有的是缸，大小不同，有的是两口缸扣在一起，有的是坛子装着骨灰。据当时的考证，不是魏家村人的祖坟，那是谁的坟墓群呢？后来证实是正黄旗小营人的墓葬群。也为寨子的老人们所确认，小营人开玩笑说的“钻坛子”就是坛子葬。老家是将坛子沉入金沙江等江河里水葬。到北京就在这里群葬了。为什么要葬在这里？据说是送他们回西南老家了。而不是一般民族的归西方极乐世界。这魏家村墓地在小营的西南方。这是研究古代图伯特族人葬礼的实物证据。

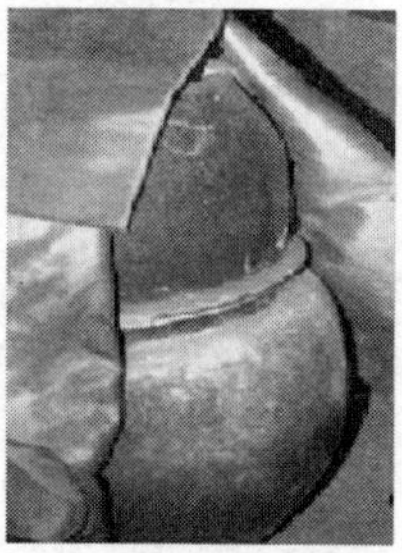

魏家村坛子葬

我还很奇怪，这寨子怎么没一个坟头儿呢？后边的山很大，埋人是很容易的，可寨子的人实诚，按老家的规矩办，在魏家村火化坛子葬。

关于小营居民的族源问题，我采访时觉得他们有很深的民族心理。我是本地人，都互相比较了解，但是谈及到族源和关键的地方，往往不能深谈，不愿叫录音，不能用笔记录。因为民族压迫造成惧怕心理已久，加上历来政治运动时这里为重灾区。所以，有关族谱、乐谱和有参考价值的文物一样也不露，都说没有了，背后了解到XXX家曾有过，可一去问，一无所获。所以，外地人去了解情况更是难以深入。为此，这些材料我一直未能公开。近年许多人找我了解一些情况，许多老人已不在了，我也步入老年的行列，为使小营的族属能够澄清，我做了这些探讨的工作，搜集整理了有关金川战争的史料，并进行了一些研究，作为附录，放在这里，供有志者研究参考。

趣闻轶事

小营的传说

半个佐领的故事

据说小营里有这样两个故事，一个是爸爸给儿子磕头的故事，儿子回来了，爸爸到营门外来跪接，儿子比爸爸官儿大多了。回家去，儿子再给老子磕头。

另一个故事就是寨子里的佐领选帽顶子的故事。

据说，有一天，乾隆皇帝一高兴，把小营的佐领找来，在颐和园的大殿里设了条案，将官儿帽子全摆在上面。乾隆皇帝说："今天把你找来，当着文武大臣的面儿，由你来选自己的顶子，选几品就拿几品的俸禄。"这个"蛮子"佐领站在桌子前，看看这个，看看那个，也拿不定主意，他想："我一定拿一个俸禄多的，在我们老家金川，最宝贵的就是"狗头金"了，出金子方叫金川嘛，我也要选个"金顶子"！于是，他抓起个金顶子说："我就要这个了！"皇帝说："你想好？是否就要这金顶子？现在改口还来得及！"他说："金顶子最好！"引得满堂文武官员大笑。金顶子其实就是"铜顶子"，结果比别的旗的佐领的俸禄正好少拿了一半，所以人称是"半个佐领"。从另一个角度说，人家小营的佐领是朴实墩厚的人，没有"花花肠子"，对皇帝是衷心拥戴的。当然，乾隆皇帝不会让他吃亏的，每年的赏赐总比别的佐领多。

耗子龙的故事

据说正红旗有个无业游民，外号叫"耗子龙"。他的出名儿与法海寺有关。

有一年，耗子龙到法海寺内探宝，因庙里看守严密，被当场捉住。当时方丈下山办事未归，二当家不知如何处置，于是命僧人将其暂时关到法海寺南院的一个山洞里，等候方丈回来发落。

待方丈回来后，两天了，二当家方想起这件事来。方丈一听急了，"阿弥陀佛！还不饿死啦？罪孽！罪孽！"马上叫人点上灯笼进洞查看。奇怪的事情发生了，人没了。立即派人下山到旗里看看，此人在家否？派出的人回来说："他在家里正做饭呢！据说也是从外面刚回来不会儿！"老方丈亲自到他家问候，方了解了法海寺的天大的秘密。

耗子龙说：你们把我关起来后，我什么也看不见。后来，我适应后，就到处摸，发现洞口往里还有很大的一截儿被柴火挡着，就搬开柴草想翻出点粮食什么的，发现前面有凉风，就一点点朝前摸，走了大约有五丈远，洞宽起来了。我想回来，怕里边有长虫（蛇）什么的，可我又想反正关着也出不去，不如探探洞到底有多深？于是我就借打火镰照照亮朝前摸，越走越远，想回来也是不能了。半路累了我还歇了会儿睡了个觉。洞里有个老鼠洞，里边有好多的豆子，我找草点着烧了烧，当炒豆儿吃，还真解饿，就是没水喝。我硬着头皮往里走，后来也不照了，就往前走吧！找不到出口就是死在这里也算是深埋了。也不知道我走了多长时间，也不知有多远，老远地觉得前面有了亮光儿，这下我有救儿了！我加快了步子，果然是个出口，也不知道这是哪里。怕人看见我一身土，我还在洞里掸了掸，才慢慢爬出来。是一个山坡儿上。我出来，跟个放羊的小孩儿打听这是什么地方？他说这是"磨石口"。我顺着小路下来到了一条街，是通南山法海寺的香道，我方知道这里离家少说也得有30里地了。跟人家进香的要了点干粮，找街上茶棚要了点水喝，我这才缓和过来。遇见拉煤的骆驼队，人家往城里去送煤，跟人家说好话，他们才驮了我一程。我打杏石口走回来了。这不方到家就有人来找，说着大笑起来。老方丈听完，不但没有责难他，还把一锭银子放在桌子上说："阿弥陀佛！我佛慈悲，让您受苦啦！也是佛让您示现我等，南北一线通啊！寺不分南北，庙无东西之别，全是我佛净土。"说完老方丈回法海寺去了。从此，这人就出名儿了，称为"耗子龙"，能将地洞钻通。

后来许多人想进去看看，也有胆子大的想走一趟，都是半路而返。看来，还是"耗子龙"在走投无路之际，创造出来的奇迹。后来有个法国传教士想进洞探宝，被法海寺的和尚们将洞口封闭了，并做了伪装，从此就找不到这个洞口了。

阿凤姑娘

北京香山的南麓有个"寨子"，那里住的全是四川金川地区的图伯特族后裔，当地人称为"苗族"，实际是"藏族"的一支。

听老辈子人讲，这寨子里住的全是乾隆年间打"江南围"时逮回的金川副佐领以上的首领，共八十余户。其余平民百姓就全部被杀了。传说当时攻打金川时没人敢去，只有正黄旗的满都户说能行。他在香山南麓扎下营盘，盖了云梯楼，练习云梯攻碉战术。就是选力气大的推着带轱辘的云梯往前冲，往起立；与此同时，选身轻会武功的在云梯运动中往梯子上爬。梯子立到碉楼上，云梯兵也就上了城楼。这样才攻下了金川。他们押回的这些首领开头被关在太液池（北海）。后来“开恩”不杀他们了，在香山法海禅寺南沟阴坡上盖成“孤柁燕檩单椽子”的房子让他们住。据说乾隆会八卦，这是咒他们：“打入阴山背后又成单，不生后代，二百年后灭绝。”所以叫这里为“寨子”。

石敞厅来远斋

有一年，乾隆来香山看八旗兵在跑马城操演。白天看练兵，晚上驻跸香山行宫，中午在松堂梵香寺进膳。皇上是个大色鬼，非要漂亮的姑娘唱着歌儿跳着舞才吃得下饭。那年月，八旗的老爷养的全是娇小姐，哪有会唱戏的？这下可急坏了满都户，东找西找也没找着一个。正在为难，寨子里的佐领说：“实在没有，我们寨里的阿凤姑娘倒是会跳我们家乡的僧格乙。”都统和满都户一听，真是饥不择食，满口称好。小营的阿凤姑娘带着舞伴在梵香寺石敞厅前的草坪上跳起舞来，那漂亮的衣着、美丽的面容和那优美强健的舞姿，一下把这位皇帝佬儿的魂儿全勾住了，嘴里的哈拉子流了半尺长还不知道。他看完舞下旨：非要娶阿凤不可。满都户说：“回皇上，这可使不得，这姑娘是寨子里的。”那年月，上三旗不能娶下五旗的姑娘，保持血统，更不能与汉人通婚。皇上非要娶寨子里的姑娘，那大清王法是不允许的呀。可皇帝佬想阿凤想疯了，兵也不阅了，行宫也不回了，急得大臣们抓耳挠腮。正在万般无奈之下，手下一老臣说：“我倒有个主意，这寨子正好在正黄旗后边，只要把寨子改成正黄旗小营，这姑娘不也成上三旗的了吗？”皇帝一听，差点没乐疯了，马上下旨说：“从今往后，这寨子改叫正黄旗小营儿。增骁骑校、防御各一人。佐领正四品。”

乾隆按大礼娶了寨子里的阿凤姑娘为爱妃。新婚大典，皇帝一高兴，问阿凤爱妃有什么要求？阿凤不忘金川老家，也怀念京西的同族父老，告诉皇帝不要亏待他们。皇上说："好吧！正黄旗小营，起死还阳，在沟北阳坡重建房屋，规格与正黄旗营房同，番人全部搬往新居。为不忘金川老家的碉居，仿七十二垛（朵）原样，建成石碉。"从此，住在寨子里的百姓抬头望见石碉如见家乡一样。御封"再延续二百年"。从此，这里就叫成正黄旗小营了。

（此传说流传在门头村一带。张德旺老人讲述）

趣闻轶事

范记坟地

在正黄旗小营的大门东北百米处，有一座坟地，名为"范记坟地"，安葬着范旭东先生。

范旭东先生1883年生于湖南湘阴。他的哥哥是民国初年有名的教育家范源廉（静生）先生。范静生先生在湖南长沙岳麓书院毕业后，考取官费赴日本留学，克勤克俭周济兄弟到日本西京帝国大学化学系攻读。

范旭东先生

范先生留日攻读化学工业毕业后，立即归国，一心要走"工业救国"的道路。1914年在天津塘沽创办了"久大精盐"盐场，并且于1917年又创办了永利碱场，经过千种变故，终于出碱了。为此，他信任和培养了大批人才，侯德榜就是他从美国请回来的华人博士。他于1922年成立了黄海化学研究社。后来他又在南方创立了"南京永利碱厂"，创办了"黄海化学工业研究社"和"硫酸氩厂"生产化肥。国难当头，他不和日本人合作，有中国人的骨气，称"永久黄"。

日本侵华，他撤退南下，后来迁到南京，又迁到武汉、重庆，他一生把中国的化学工业看得非常重要。可是，国民党政府腐败，并不支持他。好容易盼到日本鬼子1945年8月15日投降了，范旭东先生多想大干一场呀！但他因长久劳累，1945年10月4日于四川重庆逝世，终年62岁。毛泽东写了挽联："工业先导，功在中华"。周恩来、王若飞和朱德等也都写了挽联。

范旭东先生生前，曾在香山正黄旗后身、小营东北方小山脚下，买下一块坟地，四周用围墙圈起，当地村民称这里为"范记坟地"。此坟地背西面东，墓地分为上下两层，上层略小，是安葬棺椁的墓穴；下层地势略低于上层数尺，地块儿较大。茔门呈坡形甬道，有铁栅栏门，上有几尊石狮。进茔门的下层种植了许多果树，在上下层之间墙下种植着数排“豆槐”，长得已有一尺来粗。在坟地上层，围墙呈半月形，中间高两边低，墙里种植着一株株白皮松，墓室前方台阶左右种植着几株倒垂槐。墓穴是水泥池，头西足东，上覆墓盖，在墓穴上放一长方厚石。此处共建两穴，安放两块墓石。

笔者当年参加了范先生的葬礼，灵车开来之后，在正黄旗大桥前停车，有一支军乐仪仗队和一支民族吹鼓手乐班奏乐。棺材外有椁，外用红布包裹着，杠夫抬着从通往塔门儿的土路抬上去，到小营大门前朝北直入茔地。

1953年夏，范先生后人曾有人来寻找过墓地，由我带着探勘了楼后村颜家后身的范家祖坟茔地。到了范记坟地，看到墓四周有洞穴，雇人垫平整理好。当时来的人讲是“受人之托”。来看坟的人告诉我：“这范先生是肥田粉的发明人，外国人称他‘肥田粉之父’，为中国人争过光。因此，当地人对范先生很敬重，他的坟地一直受到大家的保护。如今坟地被围在某机关大院儿里，近况不详。我想范旭东先生的墓地理应得到保护吧！（笔者记于1987年3月11日。笔者近知：坟地已经铲平，上面盖起了楼房。）

荣剑尘与单弦儿

荣剑尘（1881—1958），是我们香山健锐营人，生于清光绪七年，逝世于1958年。他是满族八大姓之一的“瓜尔佳氏”，汉姓关，本名叫关荣勋，字健臣，后改为剑尘。艺名取姓荣，所以叫荣剑尘。自幼学唱北京民间小曲、单弦儿牌子曲，并学弹三弦儿；曾向本营默德里·阿林（1868—1929）学唱莲花落；后又向庆厚斋、高俊山、奎松斋等曲艺名家学唱岔曲、牌子曲、北板梅花调和连珠快书。1895年开始业余演唱，1901年拜明永顺为师，成为专业演员。荣剑尘在单弦儿演唱艺术方面博采德寿山、全月如等前辈艺术家之长，虚心向同时演唱的鼓曲名家刘宝全、白云鹏等请教，并勇于艺术革新，创作单弦儿新词，在艺术上形成自己的风格，时称“荣派”。荣剑尘嗓音润亮，吐字清晰，唱腔韵味醇厚；表演上善于摹拟不同人物的神态。在单弦儿音乐

荣剑尘

革新方面，如【乐亭调】、【军乐歌】、【波浪鼓】、【叠落金钱】、【汾河水】等新曲牌，都是由他创始采用的。他采用曲牌不多，但都以自己的润腔方法和节奏处理方法进行加工，使各种来源不同、风格不同的曲牌在音乐上显得协调柔和，衔接自然，成为“荣派”的独特风格。他经常演唱的节目有40多段，大都根据古典小说改编。其中以写岳飞故事的《风波亭》和从《聊斋志异》改编的《细侯》最有代表性。他主张唱词立意正大，词句雅洁，反对宣传封建迷信思想和低级趣味。中华人民共和国成立后，荣剑尘创作、改编和演唱了《天安门颂》、《徐翠云》、《闹天宫》、《武松打虎》、《火烧草料场》等新节目。1953年起任中央广播说唱团艺术顾问，培养了一些青年演员。有《演唱单弦的心得》和《荣剑尘岔曲集》行世。

他高个子，很瘦，总穿灰布或蓝布大褂儿、千层底儿布鞋和扎着腿带儿。过去留大辫子，后来留平头。回来对村里人很讲礼貌，慢条斯理，对人谦和。他的家人也改姓荣，如他的孙子就叫荣铁耕，是我四弟的同学。荣剑尘与健锐营的赵二友、史德华、梓梓拉等都是我爷爷的弟子，人都说荣剑尘长相像师傅。故此，我爷爷将许多角本传给了他，如《风雨归舟》《八花八典》等，还有牌子曲《乾隆爷下江南》、《战金川》、《审番酋》、《马四远开茶馆》、《凯歌词联唱》。将乐器和《喇喇蛄爬城墙》、《孔雀东南飞》、《苏武牧羊》、《蓝灵王》等曲子传给了赵二友。将莲花落《红楼梦角本》传给了韩洁远（住西城爱月胡同）。

我见到荣剑尘时，已经是他病重时，人更瘦了。加上反“右”的压力，77岁老人对我父亲说：“完了，唱不了了！等阎王爷请啦!”。后来，卧床不起去世了，与我的老师司徒乔前后脚逝世。香山又失去两员大将，一个是美术家，一个是曲艺家。这时已是1958年春天，我也离开了香山，投入到祖国建设的洪流之中……

六、龙泉岭的庙宇群及遗址

龙泉岭，也叫老爷岭，是与香山岭相平行的一条岭，将法海寺夹在中间。这条岭因上有龙泉寺下有山神庙而得名。龙泉寺目前只存遗址，留有几株龙松，我少年时去看还有残垣，如今被金山陵园占用。正红旗山神庙在我少年时代还有庙墙，中间一棵高大的柏树，左前方就是碉楼。在龙泉岭南坡下，是一处庙宇群。分布着白松堂石敞厅，梵香寺，喇嘛庙；往西南是宝谛寺、宝相寺、旭华之阁，阁后是小行宫，留有两棵高大的银杏树；再往南是方昭，圆昭。南河滩南坡上是镶红旗的老爷庙，庙后山上是福慧寺。寺前就是狮子窝儿和耗子嘴儿；老爷庙西南方是昌化寺，直通山南的八大处卢师山。

龙泉寺

龙泉寺，又叫龙泉禅林，在龙泉岭山脊背靠南的地方，如今山间公路由此穿过。理山路下来是翠华亭和小碧云寺遗址，下山到松堂西南门，出西南门就是“红阑板桥”，如今是操场。西上坡就是静妙庵(腾公寺)，现在是营房

龙泉山八角亭

平房。离此平房不远发现了滕中贵之墓，其南面平台就是宝谛寺遗址。

《山行杂记》载："中峰下南过龙泉禅林，为静妙庵，亦名滕公寺，盖滕中贵墓也。由红阑板桥入门，寺极藻饰，方丈在左，甚宽广。出门循大道而南，度阙惠寺，慈应寺、崇寿寺、宣化寺，俱废陋，而石磴嶙峋，绀殿隐见于松柏苍翠间。又数里至万佛阁。过此即杏子口，道旁杏皆老干，多百余年物，绝似金陵灵谷寺梅也。"

《北京文物》2002年10月总167期4版刊出《西山"致和延寿洞"》一文，文中说：西山旭华之阁东北150米，两排平房之间的山根处，有一东向条石砌筑的洞口。估计是数年前削山建房将洞掘出，洞前部被毁，仅存后段。残存的洞口通道长6.5米、宽2.8米、高3米。洞口有两扇石门，高2米、宽近1米、厚0.1米。门簪（錾）刻"福山寿海"四个字。门框上方嵌一块长1.73米、宽0.34米的石匾，上面阳刻楷书"致和延寿洞"五个字；左端竖刻"嘉靖四十一年（1562年）进入内书馆。隆庆年（1567年）选司礼监精微科。万历二十二年（1594年）钦定伴读、四十二年（1614年）续升麒麟、飞鱼、斗牛蟒衣玉带，内府骑马。"右端刻"泰昌元年（1620年）升司礼监秉笔总监、东厂掌尚膳监印，提督御酒房。天启元年（1621年）升坐龙服，五垦天恩解还告老，月给米石，油盐，以优老之意。"

石门内洞宽3.5米、高4米、深8米，呈拱卷状。两侧壁各开一顶有筒瓦檐的小龛。洞里端用四扇镂空花棂门隔成一窄室，室内横置一石榻，如现代三人沙发形。榻上方石壁浮雕团龙图案。花棂门上方浮雕如意头花边。上方嵌一块长1.6米、宽0.8米的汉白玉石浮雕，浮雕中心端坐一寿星模样的长髯老者，老者身左后一童执长柄扇，右侧一童托盘献茶。左右各立两位手捧礼物的合揖拜寿人，顽猴、金龟、童鹿、仙鹤齐聚。寿石间清泉流淌，山间满布奇花异草，云蒸霞蔚，宛如仙境。画面栩栩如生，着色依然鲜艳夺目，具有较高的艺术价值。

明代太监墓遗址

门额表明"致和延寿洞"是一位明代经历五朝皇帝的太监的墓室。致和是否其名，不敢妄断。此洞右前方20米，有一被毁坏填平的地宫，裸露在地面的门额刻“司礼监掌印太监滕公之墓”。可见此地当是明代太监墓葬区。周肇祥《琉璃厂杂记》记，旭华之阁附近原有明大珰墓，凿山为洞坐葬之。致和延寿洞和滕公墓的存在，说明周氏言之确凿。

《日下旧闻考》载：“滕公寺址在今长龄寺稍西，仅余白松四株。长龄寺即延寿庵旧址，东（应是北）去里许始为鲍家寺地，今改建实胜寺，朱彝尊误合为一耳。长龄寺详见后卷。”《日下旧闻考》载：梵香寺“又后为长龄寺，乃延寿庵旧址。”即在松堂石敞厅的假山西高台上的是“松堂喇嘛庙”，就是“长龄寺”，也就是延寿庵的旧址。

《余文敏集》载：“下香山至延寿庵楼五间，高数仞。右为蔬圃，种茜韭梨栗。其前田畴弥亘数里。上有大珰鲍忠墓。忠事武庙、世庙两庙，柄司礼监二十年，宜其营建宏敞如此也。”实际上这里所说的大珰鲍忠墓，不在这里，而在北边里许的‘实胜寺’地方。这里的西面有大珰滕中贵墓和滕公寺。

《山行杂记》载：“中峰下有鲍（应是滕）中贵墓，建有延寿庵，门外二松合抱，门内石级左右列松四株，人们复分立四株。上为天王殿，内有佛殿，两庑十三楹承之。两庑外更多精舍，石砌极工致。”文献中的记载同样是错误的，将鲍忠墓错按在滕公墓址，而此处更明显是滕公之误，因滕公称中贵，鲍家寺，为鲍忠墓。

《余文敏集》载：“从延寿庵折而北又西为小碧云寺，寺宣德中太监张某建，寺额宣庙所赐也。今之碧云乃昔俞（于）家庵。因有两寺，故此以小别之。隔垣有翠华亭。”香山碧云寺是元代耶律阿勒弥所建的碧云庵，明正德（1513年）年中御马监太监于经拓之为寺。于经为皇帝收通州张家湾榷商贾舟车之税，岁入银八万两之外，皆为于经所自饱私囊，用于购买香山碧云寺，并立冢域于寺后，正德皇帝常去寺里游幸并为之赐额。嘉靖（1522年）初，下狱瘐死。土人称碧云寺为于公寺。天启三年（1623年），内珰魏忠贤重修，亦立冢域其后。崇祯初(1628年)，魏亦戮尸。二珰皆立冢于此而不得其终，真是名山有灵不为奸竖藏魂耶！

正红旗山神庙

山神庙在龙泉岭最东面山阳，寺庙面东背西。有大殿三楹。我少年时常去轰鸽子，碉楼就在其左前方。那时大殿已无，庙墙完好，院中是一棵大柏树。如今

山神庙古松图（张嘉鼎摄影）

残碉

庙墙只存遗址，碉楼也已坍塌。人工松树林却很茂密，那是解放军1955年植树造林的结果。

在正红旗后山有座碉楼，是正红旗的至高点。碉楼后面就是那座“山神庙”。在我童年时代，这里的庙宇已经被八国联军焚毁了。残留下的是一个长方的院墙，墙很结实，也很厚，院内的大殿废墟上长满了草，有一种“赤包儿”生长在乱墙间，有红有绿的挂在杂树上。还有许多的“地黄”根粗如胡萝卜，是很好的药材。我和本旗的伙伴曾去那里割草。院子中间是棵顽强的大柏树，像柄“巴蕉扇”立在那里，从山下老远就会看到它。据说这座山神庙很灵验，过去猎户要交猎物来顶租，如果打猎前求山神庙的神保佑，结果从不落空，能顺利完成任务。所以猎户都非常崇敬山神。

趣闻轶事

番筑碉

这座碉楼，我为什么对它如此的记忆深刻呢？要从我养鸽子说起。

少年时代的我喜欢养鸽子，那时有一张宣传画《我们热爱和平》，画中一个小男孩和一个小女孩儿每人抱一只鸽子。鸽子象征着和平。所以，我养鸽子。另一原因是我的三舅，我姥姥本家的侄子，我母亲的弟弟喜欢养鸽子。所以他也喜欢让我养鸽子。第三点是我上中学了，每天早上去上学，要走很远的路，母亲不放心，老惦记我，于是，我走时带两只鸽子，到学校门口我把鸽子放回来，父母看见鸽子回来了，知道我到学校了。

这样，我的鸽子养得从一对儿到四只、八只、十只、二十只……最多时有40多只。一到星期天，我用竹竿将鸽群轰起来指挥它们盘高儿、远飞、扎翅、裹群……有时和别家的鸽群混战，能将人家的小雏鸽裹携回来，有时我的鸽子也被人家的鸽群裹走再也不回来……也是逗气儿的事情。但最不能容忍的是鸽子懒惰，飞几圈儿就飞到碉楼落下，为了惩罚鸽子，有时我就奔跑到正红旗的碉楼下用石头砍飞它们，但是，不久又飞去落着，很让人气愤。于是，在放鸽子前，我就拿上"二梯脚"炮竹等在碉楼下面，让弟弟放鸽子，一但它们飞来要落下时我点燃鞭炮，将其吓飞。可是，也不是很管用。后来，有一天，我的鸽子被一个城里猎手当成野鸽放了一枪，打死打伤七只鸽子，被人发现带到我家，因那人不知道是养的鸽子，误射的，赔偿就算了，放他走了。从此，这鸽群再也不落那碉楼了，可见枪很有震慑力量。

后来我学国画时，画了"香山之春"，写生的是正红旗杏花和桃花，营房和碉楼等入画也很美。

我们家乡香山是山区，我小的时候，这里野狼很多，特别是在小黄河（永定河）封冻之后，口外的狼就踏着冰过来了，常将我们村里养的猪、羊叼走。还有狐狸、獾等也很多。所以，人民政府允许我们家家户户持有猎枪，就是砂子枪。一直到文化大革命中期"武斗"后，将所有的猎枪都没收了，我家有长瞄儿和短瞄两杆枪，全缴给香山派出所了。在允许打猎的时代，每周我和大哥都一人一杆火枪上北山去打兔子和野鸡，总有收获。

后来，我工作了，认识了司徒圆姐的大学同学郑宝玉，她的丈夫是原国民党的飞行员，解放战争时期驾机起义，后来为民航开专机，曾为敬爱的周总理开过专机，他就是吴自庚，他在机场工作，又常开机到苏联去，有真正的"双筒猎枪"和真正的子弹。知道我喜欢打猎，有时用车接我到机场去打兔子，机场的土跑道边有很多荒草，隐藏着许多的兔子，对飞行是很大的威胁，若飞机起落时遇到野兔奔上跑道，要出飞行事故的。机场打猎是消灭隐患的好方法。

有时，他也带猎枪来香山玩儿，我就带他们上正红旗的山神庙后的山坡去打猎。我们的枪是双筒猎枪，打兔子、山鸡那是"小菜儿"，打狐狸和狼也不费力。所以，比起我的土枪就洋气多了。为了安全起见，我们在一条线往上趟着走，离谁近就归谁开枪！那天，真不错，老吴带的老邱是南方人，枪法真准，在我们上行时，突然一只大兔子从老吴前面跑出来，兔子总是之字形奔跑，老吴举起枪没开火儿，兔子跑到老邱那边，老邱回身就是一枪，那子弹就象打在棉花团上，“朴”的一声，那兔子窜起来就卧下了，我家的小黄儿鬣犬扑过去将猎物叼住了。其实，兔子见血就死，兔子早已死了。我们又向前走，飞起一只山鸡，老邱又是一枪，那野鸡“嘎嘎嘎”叫着跌下山沟，我们去找了半个小时，方从草丛里将未死的野鸡找到。后来又跑起一只野兔儿，老邱站的地形不利，没打着，跑掉了。我们带着猎物回来时，路过小行宫，我问老吴：“你怎么不开枪呀！”他笑笑说：“打猎我喜欢看人射击，钓鱼我喜欢看人家鱼上钩。玩嘛！开心就好。”后来我遇见他的岳母，老人说：“老吴喜欢打猎，但我不叫他杀生！”他很孝顺老人，很听话，原来是为了老人，克制自己的爱好。

梵香寺

梵香寺，原名新寺，古为永感庵。梵香寺在松堂北面，与之一墙之隔。这是个完整的寺庙。由三重大殿组成，与白松堂和石敞厅无涉。如今这里寺庙房屋遗址被占，殿堂全无，建有宿舍小楼。有小路通山上。

乾隆十四年改建为梵香寺。《五城寺院册》载：“演武厅西南里许有梵香寺、长龄寺。”《日下旧闻考》载：“梵香寺为新寺遗址，乾隆十四年（1749年）改建。前殿额曰‘旃檀净域’，正殿额曰‘圆通具足’。联曰：‘积翠蔚云霞飞来灵鹫；悬流戛金石响答迦陵。’后殿额曰‘入詹匐林’。皆皇上御书。正殿前恭立

梵香寺示意图（张嘉鼎绘）

山神庙遗址

乾隆十四年御制文碑二：左国书蒙古二体；右汉字梵书二体。寺旁松桧数百株，中建石敞厅，门额曰‘来远斋’，斋内额曰‘策功缵武’。石柱联曰：‘指云际千峰兴怀蜀道；听松间万籁顿入梵天。’斋后屋五楹，额曰‘含清堂’。联曰：‘旬披月协天心妙；窗纳千严万壑风。’皆皇上御书。又后为长龄寺，乃延寿庵旧址。”

趣闻轶事

烧饼牛儿

烧饼牛儿，是住在梵香寺内的喇嘛媳妇的称呼。她的丈夫是原来的小喇嘛，后来庙破落了，生活无着就改学做烧饼了，因为当喇嘛时就是给师傅做饭。如今给大家做饭也是一样。后来有个好心人给他说了一房亲事，娶了这个穷人的女儿，他在家做烧饼，他媳妇出来卖烧饼。解放后，他也翻身了，他媳妇固定到“牛录坟中学”（后改为北京四十五中）门前卖烧饼。说是烧饼，其实是个白面饼，5分钱一个，个儿很大，学生们喜欢买。还有卖炸豆腐的，这样，有一毛钱就可吃上一顿热呼呼的中午饭了。可在那刚刚解放的农村，这样的生活只是穷人家孩子的梦想。这时的烧饼牛已经是个五十多岁的老太太了，胖胖的，穿一身儿黑，围个灰白围裙，挑两个大圆笼，一边是烧饼，一边是零食和文化用品，橡皮、铅笔、尺子、本子等和糖果放在方盘上。她为人很善良，有一回见我站在墙根儿，点手叫我过去，顺手拿出个热烧饼给我说：“吃吧！”我说：“我没带钱！”她说：“没事！我给你的！不要钱！”她看我不接就硬塞我手里说：“我认识你，你是马路边张先生家的老三吧？我住松堂里边，离着不远儿。没带饭你就过来，有你吃的，你问你父亲去，都不是外人。”我回来把这事儿跟我母亲说了，母亲把钱给我说：“明天还人家去，喇嘛也不容易，他曾给咱家看过庙（指香山法海寺）……”怪不得说“不是外人”。但是，我没进他们的庙里去过，偶然一次我进去差点吓出病来。

大　蛇

那是1957年前后，我到松堂石敞厅去复习功课，一个同学说隔壁是个大庙，可以进去看看，我也好奇，就从塌陷的墙爬进去了，满院子长着全是一人多高的蒿子、荒草。碑亭里到处是鸟粪，地上是厚厚的一层，说明很久无人看管了。老喇嘛死了就没人住了。刚想往里走，我这个同学返身差点将我撞倒，头发都竖起来了，说："蟒！蟒！"，我们飞快爬回来，只见一群茶碗口粗的蛇在"开会"似的，抬着头朝碑亭方向晃着脑袋，在蒿子底下还有无数的小蛇，这可真是头回看见，真吓人！我们再也不敢乱闯了。回家都没敢跟家里人说，怕挨打。

大约是两年后，我路过这里，有几个大人围在一起议论什么，看见马路上躺着条死蛇，有饭碗那样粗细，一丈长短，被汽车压成三截，皮还连着。血流满地，召来许多苍蝇，有人正用树枝想把它挑到路边白薯地里埋掉，可蛇太重，有几十斤，那哪挑得动！还是一外地来的壮年人，用手将大蛇拖到地里。站着看的人虽说不动手，可嘴里一直没闲着，有的说："刚才汽车上坐的全是学生，这条蛇没过得了'童子关'，要是过了这关就成事儿啦！"我好奇地问："成什么事儿？"人家说："就能呼风唤雨呀！"。我想起了以前进里面看到的大蛇"开会"，也没这样长的蛇呀！说明里面的大蛇多着呢！年头也真有长的，要不是汽车凑巧压过，这蛇就会回到庙里，它到庙外干什么去了？原来是砂石的马路，摩擦力大，好走。如今新修的水泥路（1956—1957修成），爬过去费力气也是个原因。那是条暗红棕黑花纹的大蛇，不是毒蛇类。是蛇是蟒至今我也没弄清楚。可再也没见过这样的大蛇，想起来还很害怕。

松堂、石敞厅

这个松堂的中央就是修葺一新的石敞厅。石敞厅是个南式凉亭。背后就是太湖石假山。

乾隆皇帝的碑到处都是，多为楷书体碑文。而这个石敞厅内的碑文，却是草书碑文。联曰：指云际千峰兴怀蜀道，听松间万籁顿入梵天。说是石碑，实际也就是座"石屏风"而已。因凉亭不高，立碑就不协调了，因是个屏风式的建筑，也就不用那样严肃地使用国书四体碑文了。用草书更高雅些。那里当年有匾额、宝座。而这个草书的碑文，纪录的仍是乾隆一生都难以忘怀的"金川事件"。

据张家声老人讲：日伪时期，香山的"白松堂"是日本华北绵羊改进会。有日本人在那里养公的种羊，象小驴子一样大的叫"臊葫芦"，鬼子给羊注射一种什么雄性素，那羊一下从高高的羊栏里窜出来，朝山北追赶羊群，到大桥边，正遇见我的姨姥姥上街买东西回来，羊从腿下一拱将老人顶起来摔到地下，当时就晕死过去了。日本人追来还哈哈大笑。

那时在魏家村后头的昌化寺有个叫刘昌延的，是“青年会联谊社”社友。他从这绵羊改进会领羊数百只，在西山昌化农事试验场试验。他是场长，进行西山绵羊组合，曾改奶羊为毛羊。后来又养鸡和蜜蜂等做试验，结果不得而知。后来有人说是制造细菌用的细菌工厂。在鬼子投降之前，八路军和老百姓一齐心，将松堂给抢劫一空，什么也没剩，连煤块和豆饼全弄家里去了。把羊弄到镇边区去了，交门头沟村民们放养。

在石敞厅的后面就是一排漂亮的太湖石假山。那是我儿时的乐园。夏天那里凉爽还可吃到松籽，可用弹弓打鸟儿玩耍。我就在假山上读书复习功课、睡午觉。假山的中间是个洞，可通到后面的院落。拐到北面就是当年鬼子的试验场。实际就是一排单间的平房，每一间里都有不同的仪器设备、不同的药品和试验用具……像个医院。

再往后面就是一个高台阶的院落，那就是“喇嘛庙”，也就是书上说的延寿

正红旗上营（张嘉鼎绘）

松堂的白皮古松

庵（长龄寺），里面一直有僧人居住，我一直想进去也没成功。

松堂全是龙柏，就是白皮松，结松塔和松籽的。树高10多米、20米不等，上面是鸟搭的各种窝，有鹰架的巢如同大球，看不到里面的情景。有的是喜鹊窝，如同平常树上的一样，有很简陋的鹭鸶窝，简单的几根木柴，加上一些草就是窝；有很精致的黎鸡儿的窝，用细草编织成多角形的小窝；还有就是黄鹂的窝，像个两头通气的口袋吊在树枝上；还有许多的雀鸟如同麻雀那样将干树枝钻成洞，住在洞里。春天到初夏阶段，是鸟雀繁殖的季节。每天清晨，听吧！那黄鹂、黎鸡儿、斑鸠、喜鹊、松鹰、布谷的叫声不断，把个大自然的美丽用声音传导出来，那好心境、好理想，随着春天在飞舞，我就是做着这样美好的梦到城里去谋生。几十年听着汽车的哎叹和惊叫，传导着人间的不平和哀鸣，破坏了平静和清梦，到头来难以寻找到儿时的春梦。

松堂的龙柏，是保存最好的一处树林。鬼子的占领、国民党的兵营，都没能把龙柏破坏，松堂依旧是那样庄严肃静。2011年，松堂北边修建了一排高楼，不但景观遭到破坏，对这片古树的生存也构成威胁，古树也需要通风和生存空间呀！

我少年时代跟村里老人学习粘鸟和制作标本，还为中学制作过许多鸟的标本留作纪念。老人们把粘鸟的技艺告诉我，还教我到这松堂来收取柏油（松脂），兑在鳔胶里粘鸟，不伤羽毛。这样，制作的标本会卖更高的价钱。而这松堂里有许多的特殊的鸟类，如有一种“紫楝”、“白楝”，一般是一对对的很漂亮，拖着长尾巴，就连动物园里的“百鸟园”，也没有这种鸟，我曾见村里老人粘过这种鸟，用的是水尺子，为了制作的标本活灵活现，老人将鸟用水呛死后即刻解剖，除掉鸟肉，填上药棉花，用线缝好，用针管吸出鸟脑髓，打进去杀虫剂。药水（防腐剂）顺血管打进鸟体防腐，然后将鸟固定在树枝，造型成各种姿势，待鸟冷却后就定型了。定型前将鸟羽毛梳理顺，将针线痕迹遮盖好，一只珍贵的鸟类标本就做好了。如今想起来，许多鸟类绝灭了，而那时的鸟类标本还保存在学校的标本室内。老人说：死鸟也能做标本，但不活，毛也是暗淡无光泽。村里老人们的老辈儿就是给宫廷里做鸟标本的把式。故宫里的“大鹏展翅”的标本和“孔雀开屏”的标本，就是祖上献给乾隆老佛爷的……连我中学的老师们，后来也向他们学习这门家传的绝技。

趣闻轶事

曹雪芹“松亭”聚会

曹雪芹晚年在北京西郊香山著书《红楼梦》，当地的许多自然风物对其创作产生深远的影响。其中有许多美丽的传说，此处选录一则。

听老人们讲，咱健锐营西边那座松柏参天的庙宇叫“梵香寺”，后来变成喇嘛庙了。从庙的南墙往南，直到镶红旗大桥，那片松树林子就是“松堂”。哪年修的和种的树就远了去了。听说清朝乾隆年间，在松堂西北山坡建过“小行宫”，还有“方昭”和“圆昭”、“招提寺无梁殿”，都很宏伟。懂行的人说方昭、圆昭是请外国人设计的西洋巴拉克还是巴克拉式，古铜色的殿堂，巍峨矗立山间，再有点云雾一飘，远看似危楼临海岸，又像沙漠幻影、海市蜃楼。那“无梁殿”全是石结构起拱的，那年八国联军进北京，连小行宫、方昭、圆昭全烧了，可那招提寺无梁殿就没法烧掉，到现在还好好的，地震也没坏。其它的行宫大庙全成废墟了，如今只有“松堂”还算完整，原来松堂四周围是高墙，

松堂

正门有西式门楼，上边有小石狮子，铁栅栏，一般人不让进去，平日有旗里的兵丁看守。一进松堂大门，就能看见几十棵参天白皮古松矗立在左右。往里是二道门，有花墙格子，把大院分成两进。再往里是三间石敞厅，也叫南式松亭，亭内有一块乾隆写的草书“石躺”，也叫石屏风。早先在石敞厅里还有乾隆皇帝的紫石雕的宝座和御案、青石垫墩什么的，现在全没有了。据说有一年乾隆来西山游玩，声势浩大，前边是旗罗伞扇、金瓜月斧朝天镫，后有龙头豹尾八旗子弟兵。刚走到梵香寺南边，乾隆在轿中见一白胡子老头从轿前穿过就不见了，乾隆迷信又多疑，问手下人看见没有？

手下人全说没看见，于是乾隆停了轿，“划地为牢”，用“八卦神衣”把老头儿隐没的小山丘圈起来，说那是一棵百年的人参，于是在那个地方盖了“阅武楼”。而在落轿的地方修了松堂和石敞厅。乾隆每年二、八月两次来香山阅兵，中午休息和午膳就在石敞厅里。这石敞厅石碑后头的石柱上刻着一副阴文的对联，上联是：“指云际千峰兴怀蜀道”，下联是：“听松间万籁顿入梵天”。横额为“策功缵武”。

老人们说，当年这里没有“差事”时，就成了旗人老爷夏天乘凉避暑和文人墨客聚会的地方。据说曹雪芹和宗室好友爱新觉罗·敦诚哥俩、鄂比先生等常到这里饮酒赋诗。敦诚并以此“松堂”为号，写了不少爱松的诗稿。后来他随他父亲到喜峰口当收税官时，在“松亭关”又想起当年和曹雪芹好友在“松堂”的松亭内畅饮和写诗“序琵琶行”的往事，写下了“感时思君不相见，蓟门落日松亭樽”、“残杯冷炙有德色，不如著书黄叶村”的诗句，可见敦诚也是不愿意干那种官差事，非常想念和羡慕雪芹潇洒著书、无拘无束，清贫但不受人掣肘的生活。

“松堂”里非常宁静，石敞厅后边是太湖石垒的假山，非常像颐和园的“狮子林”，假山还有洞门与后边的房相通。据老人们讲，当年曹雪芹冬天也到松堂里来拣拾松籽和松塔，一是用松塔生火取暖和熏肉，二是用松籽给乡邻配药，平时他还爱吃松籽，这与他的贫困生活可能有关。还有的人说他跟法海禅师学的，能练功夫，不吃饭，只吃七粒松籽能活一天。还有人说他夏天常躲在假山后边写书，困了就卧在假山上睡一觉，饿了就到梵香寺里去吃粥。

长龄寺（延寿庵）

长龄寺，就是延寿庵的旧址，是面南背北的正庙。迎门是天王殿三间，里面佛殿大殿五间，东西配殿各三间。四周高墙围护，前面为高台石阶，寺门紧闭。后有精舍数间。清代成为“喇嘛庙”，在石敞厅假山的后面，是个高台阶的院落。不对外开放，我始终没能进去过。我只看到过着黄衣服的喇嘛从里面出来，一直有僧人居住。现在寺庙已破落，墙还在，被做它用。

记得印象最深的是喇嘛庙门外的那棵大榆树，是黄鹂做巢的好地方。黄鹂在这里孵化小黄鹂，一个同学告诉我说黄鹂孵卵时是仰着孵，在这里我看到了，它是为了进巢方便，抓着树枝滑入，被误认为是仰面孵卵，其实，还是正面孵卵的。

长龄寺（延寿庵）遗址

长龄寺示意图（张嘉鼎绘）

宝谛寺

在延寿寺的西面就是宝谛寺。宝谛寺是在原来的“滕公寺”或“滕寺”的旧址上建起来的。而滕公寺的原来地址是“静妙庵”。最近的发现是那滕公的墓穴已经显露出地面，上刻“司礼监掌印太监滕公之墓”，说明这里确实是明代太监之墓葬群。原址建筑无存，只有那平台存在。宝谛寺是乾隆十六年（公元1751年）仿五台山菩萨顶的样式在此修筑的。离无梁殿东北约150米的地方，就是解放军营房的平房处，平房就建在平台上。

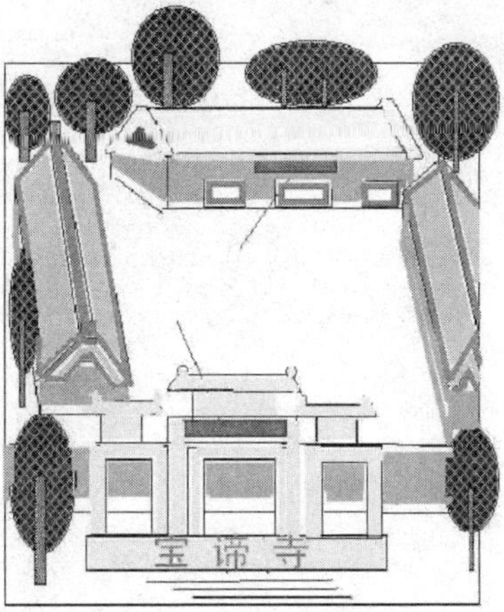

宝谛寺示意图（张嘉鼎绘）

《日下旧闻考》载：“寺前为台，台上建

石牌坊，额曰：乃至无有语言文字是菩萨真人，凡十三字。正殿檐额曰：金轮宝界；殿内额曰：天东鹫岭。联曰：地即清凉，白马贝书开震旦；山仍天竺，青鸳兰若近离宫。后殿额曰：法云慈荫。殿内联曰：国满旃香，古枝分鹿苑；天高竺梵，晴呗接鱼山。佛楼额曰：万法圆融。皆皇上御书。”

从笔者搜集到的图片上看到：在平台上面东是一座石牌坊，图片上是牌坊后为寺的院落，左右为南北的大殿，正面是背西面东的大殿。

“实胜寺”在“鲍家寺”或“表忠寺”的地方，而不在“宝谛寺”地方，二者相差二里地之遥。由于几经更毁，历史久远，有些文献误将滕公寺和鲍家寺的位置弄混。

宝相寺、旭华之阁（无梁殿）

“宝像寺”和“宝相寺”是一个寺。“宝像”就是乾隆皇帝绘制的“文殊菩萨”像，刻于无梁殿里左侧的碑上，乾隆后来写的诗，刻在背面。右面的石碑是“宝相寺”碑文。这个寺是乾隆二十七年（1762年）时修建的。前面的御书额曰：旭华之阁；殿后面的额曰：梵光楼；老百姓常把“梵香寺”读成“焚香寺”，把“梵光楼”读成“焚光楼”，果然，被八国联军全部焚光。只留下这个无梁殿没有被毁。迷信家讲“重地名”就是这个意思，如果说梵香和磕头焚香还靠得上，梵光和焚光就大不相同了。

旭华之阁在当地俗称“无梁殿”。清代，在北京香山南麓，建有不少寺庙。就在如今的“阅武楼”团城西南里许，那里有座梵香寺，是乾隆十四年（1750年）改建的。“寺旁松桧数百株，中建石敞厅，门额曰“来远斋”，斋内额曰：

无梁殿

无梁殿局部石雕

“策功缵武”。这就是“松堂”。如今来远斋已经修葺一新。

“殿制外方内圆，皆甃甓而成，不施木植。四面设瓮门。殿前恭悬皇上御书额曰旭华之阁。”（见《日下旧闻考》第六册1700页）因这旭华之阁不用木料，全是砖石起拱而构成，所以又叫“无梁殿”。殿后西行约数十步，有精舍五楹，檐额曰“香林室”，内额曰“幽赏亦异”。可惜此寺和香山其它寺庙一样，均被八国联军焚烧，变成一片废墟。“旭华之阁”因是石制结构，无法焚烧，八国联军便将阁上装饰的三座琉璃浮图（宝塔）用枪击碎。

无梁殿的古银杏（张嘉鼎摄影）

据张家声老人说，八国联军的鬼子们烧了香山南麓的许多庙宇和皇家建筑后，来到旭华之阁，将小行宫烧毁后，想烧掉无梁殿，可是砖石结构的大殿无法焚毁，于是一排鬼子站在前面瞄准庙顶的小塔开枪，将琉璃小塔击毁，方走开。我们如今还能清晰地看到当年八国联军纵火时旭华之阁被烧糊的痕迹。我小时候看到的圆昭、方昭楼顶坍塌的残迹，鸽子还在危楼残存的檐椽内繁殖和宿

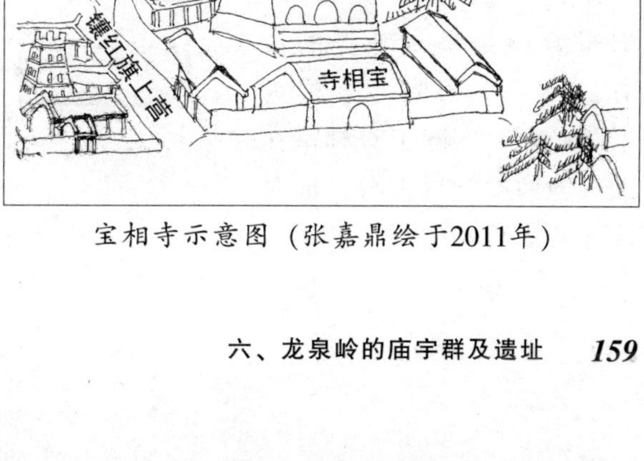

宝相寺示意图（张嘉鼎绘于2011年）

住。

这个无梁殿，新中国成立后，成了军队驻地。我们几乎一周要到这里看二至三次的电影。加上山北香山大操场的电影，几乎是天天看电影，多是苏联的电影和东北电影制片厂的电影。有时天气不好，就在无梁殿里演，我们就和解放军叔叔们坐在床铺上看电影。所以我进到无梁殿里看到了被焚的痕迹。那时最受欢迎的是《草原上的人们》和那好听的歌曲。这些军人是志愿兵，他们复员时，有的服从国家的需要到祖国需要的地方去了，没有回到自己的家乡。如我的一个大朋友，名叫刘吉隆，他是卫生员，复员前找我来玩儿，把他的脸盆儿等拿不走的东西都送给我了。他到内蒙古集宁二连地区的石门口水库报到上班，后来在那里成家，娶了蒙古族的妻子。我们通信到文化大革命前，那时他是卫生所的所长，还是小医院的院长，文化革命起来，他是"当权派"，被打倒了，还受了伤……后来断了联系。不知现在健在否？

北京市第三批文物保护单位中有"旭华之阁及松堂"。旭华之阁现今在某机关院内。建筑仍很坚固，背西面东，在青山绿树映衬下，更显得金碧辉煌，体现了我国古代劳动人民的聪明智慧和高超的建筑艺术。

小行宫

龙泉山和南河滩的后山凹里，是小行宫。那里有著名的泉眼，是皇帝测量过的泉水。皇帝建的行宫就在无梁殿的上面，那里有两株巨大的白果树（银杏树），当地人称那里为"小雄果"，实际是"小行宫"的口讹。那里曾经是皇帝驻跸的地方，《日下旧闻考》称为"香林室"。实际上香林室在无梁殿南侧紧靠大殿，面对西面的小行宫的宫门，不在

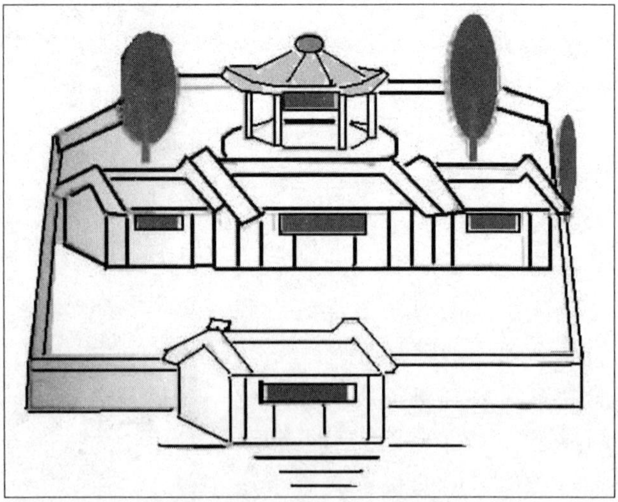

小行宫示意图（张嘉鼎绘）

小行宫院里。

小行宫是皇帝休息的地方，檐额曰："香林室"（应是"行宫"二字），殿里面的额曰：幽赏亦异；殿联曰：红篆炉烟看气直；绿苞庭竹爱心虚。殿前面是个门楼儿，中间是五间殿房，后面是座亭子曰：慧照亭。有轩名：妙达轩；有石牌楼，东面曰：圣涯道妙；西面曰：香海珠林。院内有两株高大的白果树（银杏树），下面就是泉水。而无梁殿就是乾隆二十七年所建的"宝相寺"。

小行宫的银杏树是雌雄各一株，所以结的果实最多。树临清泉，自然环境相当优美。大家都爱喝这里的泉水，有城里人拿塑料桶来此取水。而这里的白果树结的白果仁儿是很好的药材。当地的小儿尿床时，就采7枚白果在火上烤熟了吃下，神效。白果还治疗肝病、肾病等。此外，这里还有一个"巨蜥"和"银狐"的故事。

趣闻轶事

巨蜥的传说

镶红旗有个猎户叫"大老薛"，关于他狩猎的故事很多，有些还带有传奇色彩，这个关于巨蜥的传说就是如此。

有一年的夏天，大老薛到小行宫后山上打猎。天不作美，大雨瓢泼而来，他想到庙檐下避雨。躲在门洞下，可这雨是越来越大，雷声隆隆，围着头顶上转来转去，就是劈不开，大老薛害怕了，是否因我打猎太多，雷劈我来了？他胡思乱想着一抬头，吓了一跳！只见在一棵白果树尖儿上站着个小人一样的东西，手摇一块红布儿，拖着条尾巴。大老薛一看明白了，原来是你在招事儿呀！于是，端起枪就是一枪。这一枪响的同时，雷就借此而下将那东西劈下来，炸雷轰鸣将大老薛震晕过去了，待他醒过来时，雨过天晴，他想起来树上的东西呢？一看，摔在庙前，上去一看，原来是两尺长不算尾巴的大蝎虎子！真是吓人，它拿的是一块女人用过的红布儿……

传说中的大蝎虎子（壁虎），是根本长不到那样大的，只有现在南方的巨蜥方有那样大！从这里可看出，那时这一带的气候一定比现在温暖，方有巨蜥生长，那里有泉水，又潮湿，被误认为是"成了精"的壁虎。大老薛从此有了名气，后来官差派下来，要他猎银狐，可难为死他了。

曹雪芹猎银狐

据说曹雪芹在香山居住期间交游广泛，许多人成为他的好朋友。而他所结交的人中，也真是什么人都有，有八旗“冈达”（总管），也有“井屋子”水工（为八旗各家挑水送水的外地逃难来的人），还有“牧户”、“猎户”、“糟户”、“油房”……他真是无所不好，无所不学。而大家也愿意听他讲今比古说笑话，解除一天的疲劳。

镶红旗有个猎户姓薛，原本是汉人，因家处八旗地界，被“八旗”胁迫入了满洲旗籍。此人性格豪爽，个头高大，人送外号“大老薛”。乾隆二十一年，皇上五十大寿，盛京（沈阳）昂帮章京（总兵）晋献银狐大氅一领，只是没有领子，用猫皮所替。乾隆觉得美中不足，下旨：谁能猎得银狐一只，是兵加官，是官进爵。各旗都统哪个不愿升官进爵？于是往下层层加码，严令猎户限期捕捉。眼看期限迫近，大老薛正在发愁，曹雪芹来了。

过去曹雪芹写书，遇上有关进献猎物的事，常来求教大老薛，所以二人也是常来常往。这天雪芹见大老薛在发愁，就问：“怎么了，大老薛？有啥难处，说出来咱也听听。”大老薛把官府限期捕捉银狐的事向雪芹说了一遍，又说：“谁若能进献此狐，可免十年租役，可是银狐不好得呀！俗话说‘千年白万年黑’，黄狐哪儿都有，白狐太少见啦。万岁爷借‘千年白’的吉利，‘冈达’又催逼得紧，我可怎么办呢？”他这一说，雪芹忽然想起一件事。急忙说：“老薛，该您走运了，头年个我到小荒山上去踏青，就看见一只草白狐狸窜上山梁往大荒山跑去，说不定那儿有个狐狸窝。”大老薛一听，甭提多高兴啦，他一拍大腿，说：“那正是银狐啊！”于是问明了地点，就准备去捕捉。

半月过去了，曹雪芹又去看望大老薛，他满心欢喜地想听大老薛的喜讯。可是一进门却把他吓坏了，只见大老薛躺在炕上哼哼，外面又下起大雪，屋内水缸里都冻了老厚的冰，灶里冷冰冰的。雪芹急问：“这是怎么了？”大老薛摇摇头，叹息地说：“咳，全是命不济啊！”接着，大老薛便讲了受伤的经过。

原来，听雪芹说小荒山上发现了银狐后，大老薛白天黑夜里去找，可是没见到银狐的踪影。五天前，下了一场小雪，那天早晨，他正猫在山洼里，忽听见有鸡被咬的惨叫声，就顺声往山下一望，嘿！不知谁家的一只芦花母鸡，被一只草白狐狸叼着，往山上跑来。当时，大老薛那双打了几十年猎的手，竟激动得哆嗦起来。要知道这只白狐狸关系到他的命运呀！他一在鼓励自己：“沉住气，跑打嘴，站打腿儿”。可是当他扣动板机时，那只狐狸“突”地往高里一跳，枪响了，正打在那只鸡身上，狐狸只是前爪受了点伤，丢下鸡就跑。大老薛抬腿就追。那只狐狸很狡猾，边跑边往后望，见大老薛追得快，它就跑得快，大老薛追得慢，它就跑得慢，总在前边离大老薛百十来步远。大老薛一边追一边往枪里装砂粒和火药，准备再打它一枪。等他追到两棵白果树旁时，狐狸突然不见了。大老薛找哇、寻哇，等他爬上一道坡时，就见那只狐狸顺着水沟钻进了老坟地。大老薛刚追到老坟地，却发现那只狐狸又绕到他身后泊岸边上来了。大老薛爬上泊岸，正要向狐狸开枪，不想“轰”地一声，他脚下的石头塌了下去，大老薛身不由己，从一丈高的泊岸上摔下来，枪也摔断了，人也摔伤了。后来多亏砍柴的老六发现了他，将他背回来……

曹雪芹听他讲完，非常抱歉地说道：“全是我害得你受这场苦，要是我不告诉你小荒山上有白狐狸，你也不会摔成这个样子。”

大老薛说：“雪芹，可不能这么说，谁让万岁爷缺那条领子呢！只怪咱这条命还不值那领子钱吧！”

雪芹想了想，说：“咳，这也是没法子的事。你也甭着急，我这里刚弄来点银子，本想邀你上我那儿去喝几杯，既然是这样，我回去取件棉袍，回来跟你作伴吧。”说完，就匆匆地走了。

过了半晌，雪芹背着褡裢回来了，里边装着酒和吃食，还有治伤的膏药。他又弄来一捆干树枝子，先烧火做饭，又给大老薛揉腰搽药。等吃过晚饭，雪芹问道：“那支枪摔坏了，还能修上吗？”大老薛说：“那条枪不能再修了，我倒不心疼，那是条孬枪。我这里还有条好枪，不过没舍得用，这不！”说着他从身边顺过一支枪。雪芹拿过来一看，果真是杆好枪，长苗短把，足有七尺长，上边还挂着大红穗子，着实好看。

雪芹说：“大老薛，你在家好好歇着，这支枪我玩几天行不？”大老薛听了一愣：“雪芹，你也会玩枪？”雪芹笑了笑说：“那阵儿陪王爷们打围到过皇姑屯，那是骑马打猎，主要是给他们轰野牲畜，有时也放它几枪。”“那好，要是别人我说啥也不会借的，你么，可以让你好好过过枪瘾。不过我可告诉你，这东西嘴急，发火快，你可得小心着点儿。”

雪芹等大老薛睡下后，把棉袍翻过来穿上，里子朝外一顺白。他扛着火枪，踏着半尺厚的积雪，就上了山，躲进“鹰铺”（逮鹰临时搭起的石头小屋）里。

半夜，他正在打盹儿，忽听远处传来“呕—呜！呕—呜！”的叫声。在这风雪之夜，听到这种叫声，真有点吓人。他紧紧按住发火，走出鹰铺，慢慢爬上小山包，朝那叫声望去。只见有两只小灯笼一样的眼睛，一会儿喷出一个小火球，接着又吸进嘴里去。每喷一次叫一声。雪芹明白这就是人们所说的“狐狸炼丹”。于是他悄悄地向那只狐狸移近。等接近了狐狸，几次瞄准，因为狐狸总是跳，都没法开枪。雪芹心想，让它跳吧，等它累了再开枪。正在这时，忽然从山上飞下来一只猫头鹰，“咕咕”叫着朝喷火的狐狸冲去。就在狐狸一愣神，准备迎敌的时候，雪芹一声枪响，狐狸和猫头鹰同时应声滚下，雪芹点着了松明子，找到坡下，只见猫头鹰扎开翅膀死了，那只狐狸却怎么也找不见。他绕了半天圈子，终于发现了血迹。血迹往山上延伸，他顺着血迹追了半里路，忽然血迹消失了。他左找右找，好容易才发现雪上有用什么东西扫过的痕迹。雪芹骂了句：“鬼东西，想用尾巴扫雪掩盖足迹么?”他又紧紧盯着狐狸尾巴拖过的印痕，追到一块石崖下面，果然在石洞口外，趴着那只前腿和头部受伤的银狐。雪芹过去踢了一脚，那狐狸一动也不能动，显然是死了。雪芹把狐狸挑在枪后，连夜下山回家。

天刚亮，雪芹就回到了大老薛家。大老薛一睁眼，见雪芹挑着个白狐狸进屋里来了，还以为自己在做梦呢！他问清楚了雪芹猎狐的经过，称赞地说：“雪芹呀，你可真是个快枪手，这下你可救了我的命了！”雪芹开玩笑地说：“看来万岁爷还是离不开大老薛这支枪！等会儿，我替你找都统领赏去。你这后半辈子，再别干这倒霉的差事了。”

后来银狐献到乾隆那儿，乾隆一高兴，给都统加官进爵，也把大老薛封为营内养鹰拨什库，免除了他一切租役。从此，曹雪芹真诚待友的事也传开了。

(方凯祥先生讲于一九五七年冬)

方昭、圆昭、四方圈

在香林室的西南方高坡上，是方庙和圆庙，当地人称为“方昭”和“圆昭”。“昭”为蒙古语，庙的意思。《日下旧闻考》载：“香林室稍西有圆庙方庙，其制皆平顶有碟，如碉房式，中建佛楼，亦乾隆二十七年建。”宋彦《山行杂记》云：“……又稍西北为方庙圆庙。二庙之间有隙地，俗称四方圈。”我从有关图上看到，南边那个为圆庙，北边那个为方庙。四角有碉楼拱卫中央的佛楼。

但我少年时代看到的只有尚未完全坍塌的四根楼柱和残破的楼顶。上面住着许多野鸽子。这里的野鸽是深灰楼鸽，善飞而能与鹞子（吃鸽子的大爪小鹰）搏击，成为后来养家鸽的人改良品种的种鸽。据说还有一种观赏鸽名“金鸽子”，是曹雪芹养给宫廷的，后来送给穷人养，好交赋税，后来成为野鸽子，到方昭来住了。但野鸽子不好驯服，只有用家鸽孵化出野鸽的卵，再经几代的选育方可成珍惜品种。野性难驯，但是蜕化性的抗力仍是原始野性。野楼鸽的存在，是家鸽改良的好种源。我曾得到过一只这样的雄鸽子，为我的鸽群戴葫芦哨，声音极大，别的鸽子品种戴不动这样大的鸽铃。只是没能精心培育好雏鸽，我就要到城里工作去了，只好将所有的鸽子卖掉或送人了，从此不再养鸽。

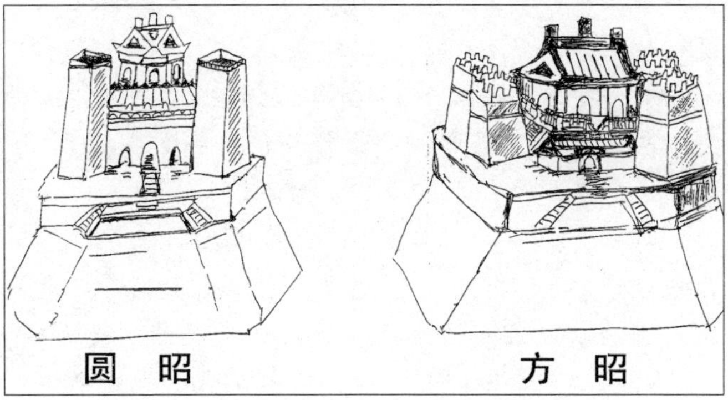

方昭圆昭示意图（张嘉鼎绘）

方昭圆昭旧址

趣闻轶事

“人头包”和煮饽饽

记得是张家声老人说的故事。那还是在清末时候，咱们旗的一个老人，每天要到狮子窝儿溜达一趟，顺着松堂南边往无梁殿走，到白果树那儿往南就到了方昭和圆昭了，往上去就到了狮子窝儿了。坐会儿歇一歇，然后拣点干枝儿提回来烧行灶用，吃午饭，天天如此。

有一年的大年初一，他还是这样去山上溜达。走到白果树那地方，就闻到一股香味儿，他心里说：“山神爷也过年吃好的呐！”他慢慢地来到方昭里面，见殿中间有个炉子，上面有锅正煮着饺子，没人，可抬头一看，吓了一跳，墙上贴着一男一女和一个几岁的孩子。老头忙行礼说：“对不起，打扰您开饭了，我每天来溜达溜达，您开饭，我上山去……”说着就走了，朝狮子窝儿走去，这天比哪天坐的功夫都长。待人家开完饭才回来，老远地就看见那方昭的梁前挂着个“人头包”，老头也不敢再看，回到家这心里还跳呢！家里人一问，老人一说，小伙儿们都是吃粮当兵的，哪信呀，架着老头又回到方昭看个究竟。果然，看到门梁上有个“人头包”。“人头包”就是过去杀了人把人头留下挂城墙或谁家大门上，有的用荷叶包上，辫子搭拉下来。这个也是一撮头发垂下来，小伙儿们哪管这个，一飞身将这个包儿摘下来，一看，都乐了，原来是四个肘子，包好放里面了，送给老头的，怕是他过不去年方到山上来的？跟他开个小小的玩笑。老头回来的路上可话多了，后悔没拜人为师傅。他说：“飞檐走壁，绝对是有这功夫，也一定是不难，因为我看见，人家两口子会功夫，说是练的，那几岁的孩子也在墙上贴着，看着我笑，他都能会，我怎学不会，可惜丢掉了这次机会！”后来，老人更加上心寻找人家，直到80多岁死时，人家也没再来。据说，人家有规矩，在哪里被人发现，不许再到那里来。也许确实如此。

镶红旗老爷庙

镶红旗老爷庙，又名关帝庙。建在镶红旗上营营房前的平台上。庙不是很大，关帝庙一般是三大间，有东西配房，而不是配殿。塑关帝像，很美，像左为周仓牵着白龙马站地下，如真人马大小。右边是关平守护关老爷那把青龙偃月刀配武器架。左右配楹联：丹心映日月；大义铸春秋。横匾是“浩气长存”。各旗都建关帝庙，主要是号召大家学习关老爷精忠报国的精神。

镶红旗南河滩上坡的这座“老爷庙”(关帝庙)，在京西最为有名，据说很灵验，“有求必应”。少年时代我常看庙会，有一年就是看见张二友从这里起步，赤脚走路到天台山、妙峰山。

南河滩远眺（二十世纪三四十年代）

镶红旗老爷庙前是个广场，比正黄旗关帝庙前的广场大。老爷庙里磬的声音可传很远，连门头村都听得见，一听磬响就知道是“初一了，该给菩萨上香啦！”“十五啦，该给老佛爷上供啦！”

每年妙峰山庙会，门头村是头道茶棚，这里的申商铺户都要出钱给走会的人摆桌，还要舍馒头和咸菜，舍茶、绿豆汤、酸梅汤、避瘟散等。出了门头村，就来到了镶红旗老爷庙前，在这里再停留一下，表演五虎棍、少林棍、竹马子……然后，就地休息，用餐，整理装备，不再演出，从“耗子嘴儿”上山往天台山和妙峰山走去。到妙峰山前再打开行头，准备表演。此中道香道，比走石景山南道和温泉北道，要近许多。

镶蓝旗学坊

镶蓝旗学坊，又叫镶蓝旗小学，日伪时期叫东正学校，在松堂东南150米处，现不存。这个院子是两进，北面是座垂花门、高台阶。进去后，是个四合院，北面是三大间北房，东西是配房，南面是矮墙和小门，过去是个操场。

这个学校是原来旗里的学坊。学的是论语、孟子、中庸……那小书如豆腐块儿，黑漆布皮，字很小。新中国成立后这里是“镶蓝旗小学”，民兵曾在这里办夜校，点的是“汽灯”，很亮，这个学校基本保持着原来的格局。

镶蓝旗学坊遗址（张嘉鼎摄于2013年）

镶蓝旗学坊示意图（张嘉鼎绘）

我们去那里为的是"扫盲"、演戏、宣传……那汽灯师傅原来是棚铺的，汽灯没出过任何问题，每天点起来照得雪亮，很神气的。舞台照明也是他去，在没有电的时候，汽灯可时兴了好多年，给我留下很深的印象。

镶蓝旗小学只到三年级，是门头村小学的分校。高年级要到门头村去上。但这里的校长是独立的，系统也是独立的。后来合并成一个小学就直接叫镶蓝旗分校了，也不设校长了。后来的镶蓝旗小学校址已经辟为教师宿舍，在2011年的大拆迁中，已经夷为平地，一切痕迹全不存。只有东面的礼王坟遗址开辟的果园尚存。

昌华寺

昌化寺，又名昌华寺，口讹为窗华寺，是个仅次于法海寺的大庙。在八大处卢师山山阴背后，此寺背南面北方向。前有小溪流水，背靠南山森林，清幽冷静，地处人迹罕至处，是修道的好道场。这座古刹也和八大处南法海寺一样，有珍贵的壁画。曾有明代著名画家吴伟小仙画的《五百罗汉》壁画，那些罗汉“穿崖渡海，神通游戏”，很有艺术价值。昌化寺毁于八国联军的焚烧抢掠，所余壁画房屋又在“文化大革命”中被彻底破坏，仅存断垣残迹。昌化寺前是“魏家村”，村南边就是“小营”的墓地，火葬的坛子埋在这里，有树林。对面马路边有小庙儿和大柳树、水井、饮马石槽等。村东是空场，新中国成立前，这里演出过许多戏剧迎接解放。

《日下旧闻考》载：“昌化寺殿壁绘阿罗汉五百尊，穿崖渡海，神通游戏，宣庙时吴伟小仙笔也。”（燕山记游）“昌化寺殿内恭悬世宗（应是圣祖康熙）御书额曰：卧松云（应是“卧松”云额）；后题识曰：戊午（1738年）赐（应是超崇）崇。殿壁尚有绘像，第未详其为吴伟笔否也。”《大腹山人集》载何景明《夜归昌化寺诗》：“日落归山刹，松风处处声。幽深不易到，昏黑夜多惊。壑断寻溪入，峰回绝岭行。兹游藉朋好，奇绝冠平生。”①

我少年时代常和哥哥们去那里粘鸟，为学校作标本。在那里下“水尺子”(在水边石头上放胶尺子粘鸟的方法称水尺子）捉“窜儿鸡”。顺便到昌化寺遗址内去参观。当时里面还有人家。遗址内有很高的墙，呈灰色，没有庙宇的样子了，有人住也是后来盖的平房，古迹是看不到了。没有壁画，也没有碑石什么的。日伪时期这里曾是日本绵羊改进会的养羊基地，称“西山昌化农事试验场”，

① 作者注：此《燕山记游》所记错误极多，误导许多人。本人最近查阅《大觉普济玉林禅师语录》，为其法孙超琦所撰。其中记：“师（玉林禅师）于乙卯（康熙十四年）八月初十示寂。至丁巳（1677年）夏初，今上皇（康熙）命先师法嗣，住宛平昌化寺住持超崇，至天目山请世祖皇帝宸翰回京。”康熙皇帝看后批示：“……世祖皇帝特赐老和尚《御书》以光佛法，今遽收回，朕心甚为不忍。仍付住持和尚收存。惟皇坛请师说戒，御讳法名、拜贴，留存大内。”康熙皇帝还亲书金字《心经》、“敬佛”匾式、临《苏·满庭芳》卷，钦差杭州织造臣金某，与超崇一同赍送天目供奉，再登东坞设供致祭。“超崇在途染病，回京日，上召见，以疾辞。未几亦送逝。上赐帑金建塔于昌化寺。复赐御笔‘卧松’云额于斯塔所。琦又识。”。

场长叫刘昌延。解放后，这里成为共青团的农场。据说胡耀邦同志就是在这里劳动的。

记得我进城到电子工厂工作后，被评为“高产优质红旗手”。有一天，厂共青团委会让我和另一位先进青年和领导一起到“中山公园音乐堂”开会，听胡耀邦讲话。他是共青团中央的书记，讲话很幽默，说到小时候逃学，父亲打他的屁股，他就改好了。如果工作中我们有了错误，也要打屁股，改好了，就好了。党的批评是对我们的爱护，我们才会健康地成长起来……

他个子不高，讲话声音哄亮，具有极强的感染力……后来我在部队时，召开共青团九大，他的报告得到了毛主席的表扬，说明他对毛泽东思想的理解是透彻的。胡耀邦真诚、正直，对子女教育有方，后来为毛主席晚年的错误做了许多的补救工作。他对在香山建立“曹雪芹纪念馆”也是支持的，因为他曾在昌华寺呆过，对西山的历史也很注意研究，还看了附近的碑文。这里有许多关于他的传说故事，如他和炊事员老张的故事等。

我编写的《曹雪芹的传说》一书出版后，我通过胡德平同志赠给胡耀邦同志一册。胡德平同志转告我说：“耀邦总书记说：这样的书我是要看的。”并对我表示感谢，说有机会见见我，可后来形势变化而没有晤面，成为我终生的遗憾。

东正教堂

在方昭和圆昭的下方有一座教堂，有人说是“东正教堂”，有人说是“法国教堂”，也有人说是“耶稣教堂”，反正建筑是西洋的样式。按现在的话说，都是洋房子。有的是铁皮瓦（铅瓦）屋顶，很刺眼。这种教堂在南辛庄和八大处也有，在香山一棵松、狼淀沟、北新村等地也有，大多为民国前后建立。

洋教堂遗址

洋教堂曾经和佛教争信众。当年在红山头小学东面的粥场里就上演过“争夺战”。现在想起来，无非是具体负责人间的争夺，与教主和教义全不相干。佛教徒们施舍的是粥，教大家唱：“南无阿弥陀佛！”而耶稣教发洋饼干和小天使画片儿，教大家唱："人人都有一死，死后哪里去？信耶稣，上天堂，不信下地狱！"。这佛教徒们教小孩儿唱歌谣："耶稣教，瞎胡闹，不烧香，尽祷告，趴的地上学羊叫。"……争夺少年的斗争还是很激烈的。

如今这里还有"安立甘堂"界碑立在无梁殿南端的山坡上，到西山森林公园的牡丹园就会看到此界桩。

狮云庵

狮云庵，俗呼"狮子窝儿"，是耗子嘴儿上面的一个小庙儿。因地处山峰高处，经常有卷动的狮云笼罩寺庙而得名。大殿三楹，座西朝东。是通往妙峰山必经之路。如今只存遗址。

其实这地名的本音应为狮云庵。北京香山有许多的地名由于口耳相传，加之儿化音多，造成了许多以讹传讹的地名，使本来的涵意全非，例如：把泄草池叫成蝎子石；羽片石叫成一片石；两家店叫成晾甲店；杰王府叫成爵王府；净德寺叫成敬德（dei）寺；福田寺叫成福天寺；杏子口叫成杏石口；狮云庵儿叫成狮子窝；石经山叫成石景山。

狮子窝，应位于小清凉山（清末和民国时期改称青龙山），据史书记载："下宝珠洞，过龙王堂，有狮云庵。"到乾隆时期的1749年时，已经有"狮云庵在龙王堂下，今废"的记载。（见《日下旧闻考》1712页）。从"有狮云庵"到"今废"，前后不过百年。那时已经是只有其名而无其实了。又过了260多年，不但名字从"狮云庵"讹变成"狮子窝"，连地点也改在"福惠寺"旁边去了。

狮子窝刻石

香山老人教小孩儿说绕口令就有一个是说地名的："狮子窝儿，耗子嘴儿；窗活寺儿，小雄果儿。"这里把狮云庵说成是狮子窝儿；把昌华寺说成窗活寺儿，将“小行宫”叫成“小雄果”了。虽属于“耳识之学，不足为据”，起码可以佐证地名讹传中“语音流变”的道理。

现在，许多人来寻找狮子窝儿，盘山公路（防火道）的建成，交通方便了，可是原有的“香道”也被切断了、地貌也被改变了，加上半个世纪的庙会中断、香道废弃，许多的遗迹消失了。幸亏有几处遗址被军队占用，还保留了一些残迹，也是不幸中的万幸。下面将这些遗迹记录如下。

二道茶棚（辘轳井沟）

我们首先能找到一处老远就能看到的石崖，当地人称“老虎嘴儿”的地方，到山上从南往北瞧，就成了尖尖的“耗子嘴儿”了。那上面设有防火了望哨和小红旗儿，坡东还有一段古香道，如今爬山的人就是从这里抄近路上来，这里原名“辘轳井沟”，怎么得名呢？是因这里原有一座“茶棚庵”，名“二道茶棚”，也有人叫“东茶棚”，有座庙，如今遗址还在，有两株粗壮的国槐在路边，正是从前庙门两边的大树。北面石坡上刻着：“普渡桥”三个大字。原来这里有大殿三楹，东西配殿三楹，庙西有一眼辘轳井，供寺庙和进香的香客以及来往的商旅饮水之用，庙井前有石槽供马匹、小毛驴以及牧放牛羊的人给牲畜饮水之用。进香时节，庙东搭起茶棚，也很热闹。那山前的门头村街里就是进香的头道茶棚，申商铺户在街里搭起茶棚，除了舍茶，还舍馒头、窝头、咸菜、避温散等。六郎庄的五虎棍、蓝淀厂的小车会、北坞村的跑旱船，全从这里去妙峰山，在门头村“献艺”，再到镶红旗老爷庙前演出一场后，收拾家什，从耗子嘴儿、狮子窝到念佛桥、一片石、陈家沟、满井茶棚、板凳沟、万善桥、双泉寺、天泰山、慈善寺、潭峪……老爷岭、涧沟、妙峰山。目前只有古树、刻石、压辘轳圆石、饮马槽残石在，庙宇已是废墟。

辘轳井插图（张嘉鼎绘于2011年）

如今耗子嘴儿后面的土坡被称为“佛”字岭，一组摩崖石刻基本保存完好。最上端是从右往左写的“狮子窝”三个大字。大字下面正中是一个巨大的“佛”字，以此得名。佛字下方有刻于清代乾隆十六年和乾隆三十三年的文字记载。中间有些功德信士的名字被后人敲毁，其它内容的文字清晰可见。其文字内容如下：

右面镌刻的是乾隆十六年的文字：（打X的地方为敲掉的字）

乾隆十六年僧源方住狮子窝

虽有庙基并无房舍　自本年

同穆克登额　开山修道　建

立庙宇　功德施主万古流芳

×××　健锐营

×××　月　米

×××　施　主

×　×　　门头村

×××　赵开　泰闫　李德录

×××　汇成估衣甫　赵德华

×××　王兴　布甫　麻应健

×××

×××

万人舍万人行结万人善缘

十方来十方去成十方功德　（计125字）

左面镌刻的是乾隆三十三年的文字：

乾隆三十三年狮子窝太平院

穆克登额修此盘道　主持

源方　录记

道人　张勇

新

石匠胆从　　拙手　（计38字）

亮

总共是125+38+4=167字。后来，有人在“万古流芳”四字下方补刻“乐宅西界”四字，有人杜撰说：“这是让您高高兴兴到西方极乐世界去住呀!”；在此刻石右侧前方，埋有半截残界碑，只剩“西界”二字。在古香道上山的路左侧大石上还留下“乐宅南界”的刻石。据张永海先生当年对笔者讲：这是民国后，同仁堂乐记老药铺购买的山场地界范围，老太太本想在此盖别墅和种植草药，在旁边的二道茶棚设点，庙会期间舍药。后来因日本侵华，此举没有实现。如今留此“半截功德”遗迹，也是巧合，可谓老太太的佛心佛知吧。

福惠寺

从这里往上走就是辘轳井沟的茶棚庵（二道茶棚），如今那两株古槐参天，纪录着当年的繁荣。庙基仍在，已无房舍。沿此路上行到头就是军营禁地，福惠寺被圈在营房内，禁止参观。

我从小路爬上山，站在那标志杆下，朝对面望去，一眼就看到了红旗下的狮子窝塔院的“八仙门”；往上看，就看到了福惠寺遗址的桥和门洞。到处一片废墟。和我印象中的福惠寺相差太远了。我小的时候这里还有人住，归香山五分署管辖，当年有法国人在此居住，那时院落还很整齐。我曾在里面玩耍。那时山门

福惠寺的仙人洞

是大殿，在坡下一上山的地方，中间是弥勒佛的供桌，背后是韦陀菩萨拿降魔杵。旁边就是四大天王。转过韦陀后面就进庙了，原来顺甬路直通“大雄宝殿”，供的是三身佛祖像。后来重修时改成“关帝殿”了，当年有个高僧对张永海先生说：“这庙改坏了，怕占不久矣。”张先生问他为什么？老僧说：“此庙无佛也，关帝是菩萨，圆通殿还是菩萨，只有大雄宝殿方是佛的住处。”

大雄宝殿前的院落里两边全是碑林，从西向东排开，有各时期重修此庙立的碑。我印象里不止八幢。大殿、古柏、石碑很威严肃穆。后来这里供奉的是关公关老爷。后面的二殿供奉的是观音菩萨。

小时候大人说右路是庙里的花园，我们喜欢在那里捉迷藏玩。那前面是个亭子，接着是一排长廊子，右面是墙，墙上满是画儿，后来知道画的是聊斋故事图。左面是可以坐人的长廊，可以靠在柱子上休息。下面全是带刺的花儿，不能穿行。只有中间开口的地方能到院子里。廊子到头是个山洞，

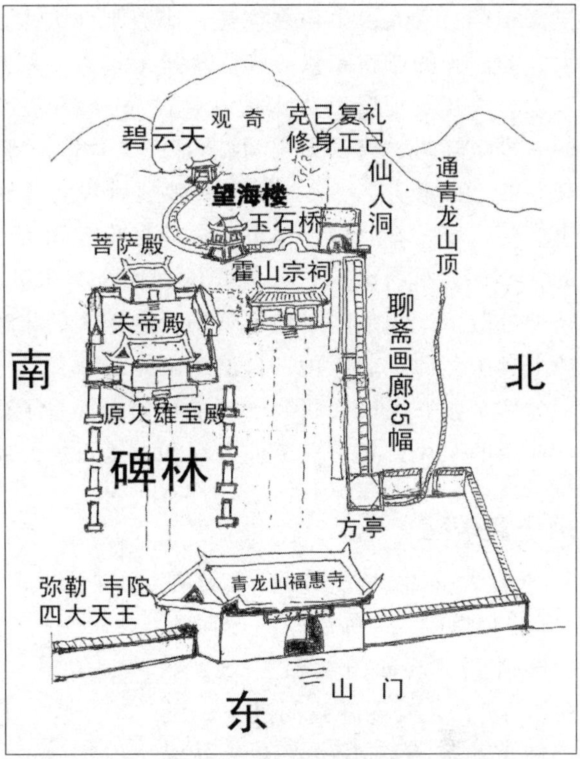

福惠寺示意图（张嘉鼎绘）

汉白玉石桥

里面很黑，大人说里面有大蛇，小孩不许进去。旁边就是一座小桥，一边贴在山上，如同画的舞台布景一样。从桥上过去，就是一个小楼阁，叫望海楼，我问过大人，哪里有海呀？大人说：“没海，是望云彩形成的云海。”有廊子通最后面的一个敞轩叫“碧云天”，我老是说成“碧云寺”。上面有刻在悬崖上的大字“奇观”和“画葩儿”，就是用真朱砂画后刻的锺馗像，可以避邪，小孩儿若是惊吓生病到这里一看就好，很灵验。后来我方知道其中的奥妙：朱砂矿物是可以镇静的，小孩儿哪有大病？发烧吃的药里全有朱砂，到这里来，一是看山玩耍高兴，精神分散了，一是闻朱砂也管用，这样大的朱砂矿气场自然就成空疗氧巴了。再加上爬山运动，助消化，自然病就好了。

后来，一次机会我终于进福惠寺内查看了遗迹。驻地的杨班长还帮我拍摄了八仙门的照片，我拍摄了仙人洞和白玉石桥的照片。其它遗迹没找到。

狮子窝塔院

从大庙出去往南下坡就是“狮子窝塔院”，站在庙门台阶上就能看到“八仙门”和三个“小白塔儿”。大人不许我们进去，说坟地里阴气重，小孩受不了要生病。所以我没进去过。连“八仙门”也没去看过。

狮子窝塔院示意图（张嘉鼎绘于2011年）

上庙会也不从狮子窝塔院路过，而是从福惠寺后山到“吉祥万胜仙桥”，比绕三间房还近。其实，那狮子窝塔院里埋的是老道穿的衣服和法器。刘老道埋在金山宝藏寺了。据说原因是刘老道请人算命，算命的说：“您听真话听假话？”刘老道说：“当然听真话了。”算命的说：“那里风水不好，宁住庙前不住庙后，宁住庙左不住庙右。把自己放狮子的窝里能有好结果吗？本就是净身真人，又不立小口，那不世代绝后无嗣啦。”徒弟们一听急了，把算命的先生打了一顿。到底还是没敢埋这里呀，果然，清朝一完，太监也取消了，这支派也没人继承了，你说巧合不？

塔院八仙门

狮子窝修道碑

如今，从辘轳井沟上行有两条往左的路可通“三间房”和“念佛桥”。从上面的那条路爬上陡坡，见右首一块平地，新建起一排白色的房屋，俗呼“白房子”，将古香道截断。许多人在网上报怨总是找不到那块真正的“狮子窝修道碑”。其实，你从白房子的右侧上去，沿那林间小路直着上行80米，就在小路左侧，立着这块一人来高的功德碑，上面是从右向左的三个大字：狮子窝；中间上方是个大“佛”字，下面是碑文的内容：

“宝相寺喇嘛蔡福寿敬施蒲钱
伍拾吊　信士王彬敬施钱
拾吊　殷毫　隆银拾两自此
道口　往西　至念佛
桥上　三家店　通天
太山　桥东　太平院
弟行僧源方　　广达月米助子
工共修石道　三百六十丈
乾隆三十四年穆克登额镌记”

狮子窝修道碑

此碑共86字，加上四个大字整90个字。是很吉利的数字，也是精心设计好的样式。碑石用石也是就地取材的红色花岗岩石质，字迹工整，款式布局大方，是此地保存比较完整的一块石碑。

念佛桥

古松万善桥（张嘉鼎绘）

2013年，白房子上盖玻璃屋已将路封死，只可从福惠寺那边上去。

宝胜仙桥

从此白房子往西就是“三间房”，沿三间房往西拐弯的地方往南下马路，有条小路，就是“古香道”，如今石道完好，通谷底就是“宝胜仙桥”，也叫念佛桥、面板桥。实际应该叫“吉祥宝胜仙桥”。古籍记载：“念佛桥旁边有石刻念佛二字”，故名（见《日下旧闻考》）。面板桥是因其形状如同和面的案板儿。在桥的西北方向坡坎上面，我们找到了残存的石碑，根据石碑上漫漶不清的文字，参照《京畿丛书·石景山》一书的记载，碑文云：明弘治壬子年（1492年），一位王爷游此，“谓左右曰：‘此地当修一桥，有利于往来者，可否？’左右嘉其善举，遂建其桥，额曰‘吉祥宝胜仙桥’。桥内供石佛，乃释迦如来尊像也。”如今念佛二字已无，碑石文字漫漶不清、龟趺也剥蚀严重。不知是谁，用墨黑乱涂文字为“刀客不朽”和“侠风凛凛千秋浩荡，烈骨铮铮万世流芳”。可惜连“上联”“下联”的位置也弄反了，准是看迷了武侠小说的孩子干的。这就更加难以辨认碑文了。我到念佛桥下拍照，看到桥是用雕琢十分精细的每组十二块花岗岩石、多组交错搭配至垒成拱券状，足见古人建桥的科学和智慧。虽说铺设桥面的石材只一层，那结实的程度可谓古代“薄壳设计”之典范。500年来的洪水、地震、人行马踏，仍不减当年的雄姿。只可惜“石佛”和“念佛”的刻石未见踪迹。

满井

沿着石碑的小路上去，就是海淀区、石景山区交界处的防火大道。眼前的大石块山坡，就是地图上著名的“一片石”了。往南走，是防火观察站，下去就是陈家沟了。沿着陈家沟往西南走，就是满井茶棚。如今茶棚那地方尚有人家居住尚未拆迁，满井据说早已被盖在房屋之下，只有路边那巨大的黑石头，记忆着当年的繁盛庙况。

一天，我又去那里踏戡，遇一位老乡在刨拆迁后遗留的砖，我上去攀谈，老人姓长，老姓姓张。当我问起满井的情况时，他说：谁说满井没了？我天天喝那的水。我说不是通自来水了吗？他说那自来水也没这井水甜和好喝呀。我说：那井还在吗？他说来，我带你去看看。于是，来到房屋南墙下，打开木板掩盖的井口，说：看，我天天看着，过去，这水到井口，弯腰就能舀上水来，满井嘛。如今水下降了一米多，得用桶打了。

满井

万善桥

从满井村往下走，就到了板凳沟的三叉路口，往右拐，沿黑陈路下去就到了双泉寺东面的山脚，往西看，就见到那高大碧翠的双柏站立在一座桥前，这就是著名的“万善桥”了。当你见到这座被人称为最美的古桥时，你会被它的高跨度、优雅舒长、古朴简捷的长虹式结构所感动，你站在约十米高的桥上往下看桥

万善桥（张嘉鼎摄影）

外的“万善桥”匾额时，都有些头晕的感觉。

我顺南侧陡坡小心下到谷底，再看那石桥，真像个巨大的马鞍架在龙马的身上，是那样优美自然。我看到那巨大的券由雕琢精湛的青石至垒而成，每边每组约12块，加上桥顶那吞水兽是25块组合成圆珙券状，共有多组交错搭配而成整体桥梁，造型独特、气势如虹、结构简捷、线条优雅、自然协调和古朴大方的特色令我大饱眼福。

杏子口

《日下旧闻考》载：“自杏子口度小岭，折而西，为嘉禧寺。松桧夹径，里许方入寺门。”《山行杂记》载：“……过此即杏子口，道旁杏皆老干，多百余年物，绝似金陵灵谷寺梅也。”解放后，这里开辟了采石场，名“杏石口采石场”，招收“打石头子儿”的工人，用手工砸石，核桃块、杏石等规格有不同的用途。每方1.5元到2元，快手的人一天可砸三五方石子。那是很重的力气活儿，有人干一天，第二天胳膊就抬不起来了。

在日伪时期，这里也是抓劳工采石的地方，八路军多次在此打击鬼子、抢鬼子的自行车，丢手雷炸鬼子……这些事情都得到群众的支持。如张家声老人讲他年青时被抓了劳工，在杏石口眼见八路军的武工队便衣刺鬼子自行车胎、抢鬼子的盒子枪的事情。

张家声

张先生说：咱北京周围地区的革命事迹，特别是抗日时期，真不少。就拿日本人在“南辛庄”和“四王府象鼻子沟”修山洞来说，鬼子看自已眼看就完蛋了，也修防空洞吧！就在南辛庄杏石口那儿挖山洞。给他抓来挖山洞的劳工中，尽是咱八路军的地下工作人员，我当时十五岁，也给鬼子抓了劳工。可你也是劳工，我也是劳工，大家也不过问别人是干什么的，都只是干一天挣二斤豆饼，回去一家子好糊口。

一天，日本的监工头和宪兵队都来了，势力很大。这俩监工头各骑一辆“芝麻酱色”的二六自行车，背着战刀、挎着带皮套的王八盒子，胳膊上挂个白箍，写着“宪兵”，豆包帽子上还有三屁股帘儿，来到南辛庄工地挖洞的地方巡视，看有不干活的没有，打架的有没有？罢工的有没有？

那天，“白箍儿”来后，将自行车支在那儿，到周围去巡视，他做梦也没想到这里就有八路军和游击队。看见这些日本宪兵就跟“黑眼盯”一样，抗日的人将那两辆车的车带（轮胎）全用刀子刺（拉）了。他们先将汽门嘴儿拔了，然后用快刀子噌噌几下就给刺了。你想鬼子就是骑上车再去报告也来不及了。刺完车带后，八路军便衣就在宪兵后面悄悄地跟着，找准了机会，迅速用刀子照准鬼子背着的盒子枪的皮套皮带刺下来了，提起盒子枪就跑。从杏石口经八大处往山上跑，这日本宪兵还想拔战刀呢！也不知地下游击队多少人，只听开了好几枪，顿时这工人们全乱了：“哎吆啊！了不得啦！开枪喽！”这抢枪的几个人早跑了。这俩日本人还喊：“快快地！骑车的跑！报告宪兵队，多多的来人！这里有八路！”一看，车早坏了，眼巴巴地看着人家把王八盒子抢走了。

这山洞在杏石口南侧小山包儿，翻过去山那边儿就是福田寺，现在是“北京射击场”北面山上。其实，当时也没挖多深，后来日本就投降了，也就停了，后来这里成了“杏石口采石场”。

如今射击场后山种满山桃和山杏树，一到4月，山桃花首先绽放，随后就是山杏花开，交错开花，杏红桃白，铺满山岗，远观一片红白，走近是满腹清香，“鼻无它馥”，如置身花海，略晚，落英遍地如雪，春风吹来，真是“西山晴雪”啊！不在山中，不知其景，只可惜花期较短，最好时刻约有10天，此处观花，不用打票，坐公交车到北京射击场下，往北走，从左侧路口上山，就进入花海。沿山路上行，可达西山森林公园。

卧佛寺国宝水杉林（张嘉鼎绘）

七、西山门径——门头村

远在辽金时，香山就是风景秀丽的风水宝地，留下了许多著名的景点，如金代的“八大水院”等。后来，为了供应这些拱卫京城的卫戍部队和寺庙、居民的生活，附近就逐渐形成了许多的村落，而“门头村”，就是香山最为繁华的古镇村落之一。

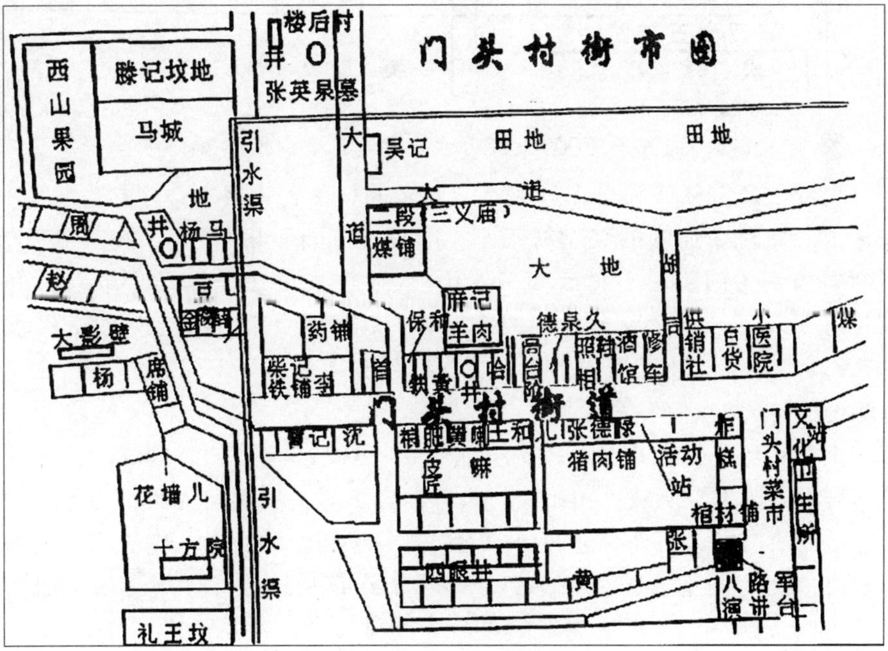

门头村街市地图（1958年前格局，张嘉鼎绘）

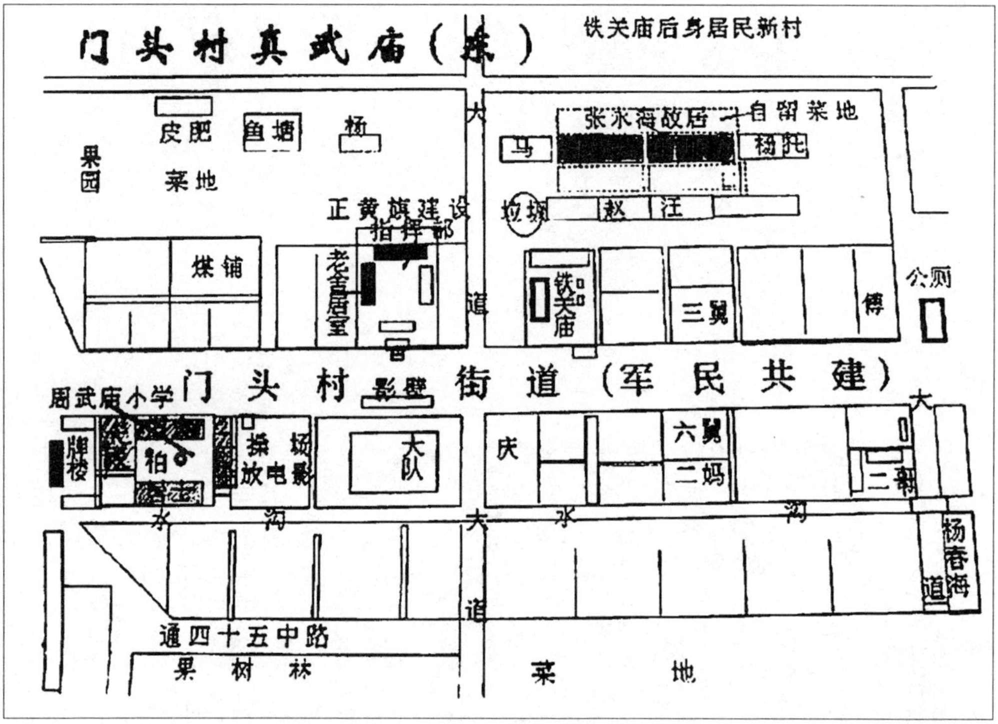

门头村1965—2005年格局示意图（张嘉鼎绘于2005年）

门头村，又俗称馒头村，其实是个古老的村落，古名“弥陀村”。因口讹成门头村了。此村在如今的红旗村正东二里处。《日下旧闻考》（第6册1696页）载：“香山南为门头村。村后为万安山。”“门头村在今静宜园东南二里许。”《燕都游览志》云：“门头村去郊西八里许，以其地为西山门径，故名。”袁宏道《中郎集》诗云：“踏青犹记出青门，先问门头第几村。旧日把杯人已往，雏鹰新柳暗伤神。”

20世纪80年代，在平整土地时，曾挖出一幢残碑，上书“永镇门头”四字。正如《燕都游览志》所载：“门头村去郊西八里许，以其地为西山门径，故名。”说明它地处西山的大门外，那西山的大门是哪里呢？“香山八旗健锐营”的正黄旗和正红旗交界的地方，是条大道，是当年八旗骑兵练习“跑马观山门”的大道，那山门，就是“香山法海寺的过街塔塔门”，这“跑马城”就紧连着门头村西头。

门头村是一东西走向的古镇村落，约有二里长，街面宽约7米，南北两侧为铺面房，当年很繁华。从西往东有席铺、豆腐坊、点心铺、马掌铺、铁铺、大车铺、骆驼院、烧饼铺、菜摊儿、煤铺、中药铺、羊肉铺、手饰楼、绱鞋铺、布铺、皮匠铺、王盒儿菜铺、高台阶洋货铺、德泉久油盐店、张德禄猪肉铺、那子源棺材铺、照像馆、修车棚、诊疗所、图书馆……在街东头就是每天都有的集市——菜市儿；菜市儿西南侧还有一处“小戏台”。街的东面还有几座庙宇，有周武庙（真武庙，后为小学校）、铁弓庙（俗呼铁关帝庙）等，街南有“礼王坟”和瑞王坟以及牛录坟和黄带子坟等。

原礼王坟代善墓碑

《日下旧闻考》还记载了门头村的古迹建筑，云：“门头村有朝阳庵、十方院、三义庙、五圣庵、真武庙、铁关帝庙、曹家庙、地藏庵、新寺（梵香寺）、香严寺（应是翠严寺）。”《五城寺院册》记载：“朝阳庵铁磬一，明嘉靖四年（1525年）造。”“十方院明碑一，都人彭应乾撰，崇祯己巳年（1627年）立，略云：“十方院施茶济渴之所，佛殿三楹，僧舍六间，年深毁坏，鸠工重修。”“本朝碑一，无撰人姓名，康熙六十年立。”“三义庙、五圣庵皆旧刹，康熙年间修葺。”“真武庙铁磬一，明正统八年（1444年）造。炉一，上有京都顺天府宛平县西万安山门头村真武庙住持显闻供奉等字，今上乾隆己巳年（1749年）造。”“铁关帝庙铸铁为神像。明碑一，已仆，字迹半漫漶，略举其可辩者曰：门头村延寿寺，嘉靖戊申（1548年）于其东置赡寺庄地一所，庄地之阳，铸神像，修饬庙貌，至是年庚戌修葺，五月竣厥事，嘉靖庚戌闰月，知井径县事六安阙　撰。”“曹家庙铁磬一，明弘治十六年（1504年）。”“地藏庵铁磬一，万历十三年（1585年）造。”“新寺本在香山之旁，今改建梵香寺，此为别院，尤存新寺之名。乾隆年间（作者按：乾隆十四年1749年改建）修葺。”“香严寺（应是翠严寺）钟一，明景泰五年（1455年）造；方铁炉一，万历甲申年（1584年）造。”

哈记“烧饼”

在门头村“官井”东边高台阶上，是哈记“烧饼铺”，人称店主为“哈大个儿”，是回民。其实，店主是哥俩，哈大个儿是老二，开始时并不是靠烙烧饼为生，而是靠“打香尺”指挥红白喜事，也叫“领杠”。差事忙时，应接不遐，他穿着号衣，戴着缨帽，手拿香尺，高高的个子，一举香尺，“啪！啪！啪”，清脆的香尺声中，杠夫整齐化一的动作，把个红白喜事的场面调配得秩序井然，使主家和观众如同看“演出”，有时更像是“皇帝”驾到那样，制造出一种威严肃穆的气氛。当然，哈大个儿也显得很威风，受到大家的尊敬，很有名声。许多人家有了红白喜事，都去请他领杠。后来因国家混乱，民不潦生，特别是日本侵略中国时期，生活在死亡线上的人家，基本失业了，哈大个儿也改行寻了别的事由，逐渐改行制作起烧饼来。哈大个儿因系伊斯兰，家传有“烤馕”的技巧，加上善学，心灵手巧，很快把个小小的烧饼鼓捣得圆圆扁扁，外焦里嫩。盐咸适口，麻酱略甜，加上烤香的芝麻味儿，成为旗人新的美食。

看着老哈烙烧饼，那也真是一种艺术享受，你看他不经意地聊着天儿，手是一刻不停地忙着，他根本不用刀切面团儿，是用手揪，速度真快，大小分量完全一样，他擀起面饼来也是非常熟练，特别是往铛里放时，不是用手摆，而是用手拽，你就听那“啪！啪！啪！”的声音，一个个拽的特别整齐，比码的还准。而且这一拽，使沾在面饼上的芝麻粘得更牢。然后是翻个儿。那时用的是烤炉炉灶，一铛烙多少和烤炉里能放多少相一致，打开铛拣出炉里烤熟的烧饼，将铛里烙好的烧饼放进炉里烤，那程序是一环扣一环，这铛烙好是那炉出炉。

哈记烧饼铺就是20世纪50年代，买烧饼也要排队。老哈人正直，谁来也得排队，不徇私情，每天烙多少有定数，烙完头天发的面就收工，也不扩大面积，也不雇伙计上案儿，保证质量和品味儿。是否有技术保密?反正门头村菜市早市儿上有面茶、炸糕、炸油饼、麻花儿，却没烧饼，就是有人

门头村哈记烧饼铺图（张嘉鼎绘于2011年）

做也不如人家哈记的烧饼好吃，而且放一天也不塌，不瘪，不疲，回炉一嘘就又鼓起来。别家的烧饼，是烙好后，拿到菜市儿来卖，全瘪了，疲了，还卖谁？到1956年前后，就逐渐合作化了，门头村铺户，也关板儿和停业了。如今，偌大的北京城，想吃一口真正的烧饼也不容易了，连有名的“又一顺”烙的烧饼也失去了应有的韵味。每一忆及就会想起门头村的“哈大个”和那高台阶上的烧饼铺。

和掌柜和“德泉久油盐店”

“德泉久油盐店”的老掌柜姓和。人称和掌柜的。这个店面，可算是此地一流的建筑了。

一进门儿，迎面是一个长长的一人高的大柜台，比当年的“当铺”柜台要低，小孩子要伸手方能把碗递上柜台。进门右首靠东墙前面的窗户旁边，是个大八仙桌儿，4条大板凳，茶盘子茶壶放桌上，这是老掌柜为附近来买东西的乡亲准备的。靠东墙往里与柜台平行的是掌柜的账台，上面如同是唱戏的小舞台，四方的木柱顶到房顶儿，后面是隔开的掌柜的卧室，有两层台阶到柜台上，有个活的与柜台一样高的小门儿，防止别人上柜台，那里墙上是记账“水版儿”，工尺形的柜台上是算盘和帐簿、笔墨。大家来买东西，老掌柜的从高高的柜台上下来，托着长杆烟袋，缓缓地走过来，给您让上一袋烟，并亲自划火柴给您点烟。当然，懂礼貌的人马上接过火来点燃烟，吸上一口，赞美说：“好关东烟儿！”此时，掌柜的也坐在您旁边亲切地问道：“您今天用点儿什么？我让伙计给您送府上去？”当然，都是熟人，买的东西又不多，就不必送了。当年，买的也就是2斤盐、两包火柴、半斤煤油（那时没有电灯，德泉久点的是汽灯，也很亮）、一斤干黄酱、两瓶烧锅、一包大料、一包小茴香、一块儿碱、两块儿猪

德泉久油盐店（张嘉鼎绘）

胰子、一小瓶儿润面油儿、来刀草纸……基本是吃的用的东西。绝对比挑担的卖的便宜而实惠，火柴决不会擦不着，碱决不会掉面儿，酒绝对是烧锅而不掺水，煤油也绝对好着而不冒烟子。所以，德泉久在京西方圆百里都是有名的油盐店。到我上中学的时候，老掌柜的有近80岁了，还是我小时候见到的那样慈祥，有几件小事使我终生难忘，为此，我专门写了一篇小说《德泉久的和掌柜》，可见当年的风土人情。

王合儿的菜摊

在门头村德泉久油盐店斜对面儿，就是王合儿的菜摊儿。为什么说是菜摊儿，不说是菜店呢？其实，王合儿在街南，房子较低矮，而房屋前面却搭了个比一间屋子还要大的大篷，照在南屋前面，显得南屋里漆黑一片。我回忆起来，好像我从没有进过那个南屋儿，但对那菜棚下的货物印象很深，除各种蔬菜外，还有种种孩子们喜欢的什么铁蚕豆儿、小花生儿（如三粒黄豆大，粉红色，仁儿很鼓，如今看不到了。）酸梅汤、柿霜糖（治口疮）、冰糖籽儿、大酸枣、酸枣面儿、柿饼儿、黑枣儿……我们去买这些吃食，其实他也赚不了多少钱，只是孩子们买菜时剩的小零头儿。他也不用秤，伸出他那比别人都大的右手，狠命的朝笸箩里的吃食抓去，实际是一种高超的障眼法，如同魔术，然后，让你把兜张开，他给你装兜里，还嘱咐“挣好别撒喽！”，到底他手里有多少东西，那是个谜，也没人看到过。在兴奋中挣开口袋，他或有意让瓜子什么的漏出几个，还埋怨说：“兜太小了，让你妈缝个大口袋儿”。那时，孩子们有了吃食，是舍不得马上吃的，所以，也不觉得被戏耍了，还很感念他那双大手抓的那样狠。实际上后来大些了，方知道那是假动作，实际抓手里的花生或瓜子很少，为的

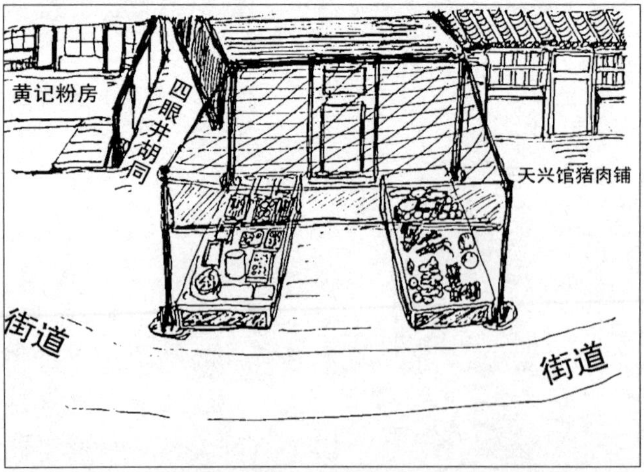

王合儿菜摊示意图（张嘉鼎绘于2011年）

是让你高兴。而这手技术，非常年训练和实践是学不会的。后来到天津看到卖虾米的也会这手儿，还包个大大的报纸包儿，为的是让您高兴。实际真是没有几个虾米。

我很感念这个大扁脸又有白麻子的穿一件半大土蓝布褂儿的王合儿老人。那是暑假快开学时，我用一天的时间，从我家房后的大酸枣树上摘下来半书包的大酸枣儿，拿到他那里说："王大爷，要开学了，我卖点学费！"他接过来书包掂掂分量说："3斤多一点，5毛钱吧！"也不等我说什么，哗！倒的笸箩里去了。把书包在手里拍拍土，然后从腰里抽出一张两元的新票儿塞在我的手里。又抓一把杏干放我手上弯下腰说："好好上学！"我鞠一躬，撒腿就跑……这在困难的年代，解决了我上学交学杂费的问题。也许他多给了我钱，也许我那酸枣比他给我的还要值钱，但是，不管怎样，人家是说五毛钱，而给的是四倍的钱，也许我就是不给他摘酸枣，他也会给我两块钱，我从他弯腰那亲切的嘱咐中体会到了一个老人对后生的关爱。这就是人都说"特抠门"的菜摊的王大爷。

那子源的棺材铺

"那子源"有两处棺材铺，一处是门头村街中间德泉久油盐店东边路北的铺子；一处是在菜市小戏台北边的西房里，加工制作棺材在后院儿。因棺材铺和喜轿铺是一处买卖，"婚丧嫁娶"的买卖全让他包下了。所以，这开棺材铺的在京西百里范围内也是很有名的。

"那子源"是满族叶赫那拉氏族。个子不高，老留个平头，为人平和。一说话先笑。他的铺子里有黄柏棺材、杉木十三圆和红柏棺材，也有很便宜的"狗碰头"……他有时发发善心，也会赏给穷人一口"狗碰头"棺材。他雇人常年做棺木，我的大舅姓关（满族瓜尔佳氏族），从小得了小儿麻痹症，腿瘸，正好会"拉大锯"，开板子要很高的技巧，棺材重要的部位都是整板儿，不能拼接，于是我的大舅成了拉锯的专家。

我问过城里的狄恒业老人，"做个棺材那么费劲吗?"他也是满族王爷后裔，也知道那子源。他说少说要费13道工夫。于是他讲了制作过程："棺材是上漆的，大漆是上十三遍，头一遍是溜缝儿，用漆灰焯（捉）上，为捉缝灰，完了一磨，磨平了上通灰，也是漆的；生漆和馀子（念突子）；漆灰上用夏布溜上条子，也是漆溜，又一道通灰，（漆铺卖的馀子面儿），通身再糊一道夏布，上又是一道压布灰、上一道中灰、上是细灰，水磨，再一道生漆，一道道工序做，要不在庙里停灵呢。最后上一道电光漆。再上退光，磨退再上退光这才完了。这道漆完了才画，五福捧寿啊，后边是脚踩莲花啊！木头就是胎子，里外都是这样。用前就是十三道漆，老人预备寿材没有黑的，全是红底子，银朱漆。现在这红颜色啊不行，上里边漆一咬就黑了。那时是真正的银朱，假一点都不行。

不漆的棺材就涮里子，用松香、沥青、黄蜡、桐油大锅熬喽，用杓往里一攘，用木板儿一搂，也不会漏汤。这是急事没预备的人家。那十三道漆的有裂的吗？没有，用布包上还能裂？（老狄说：文化大革命时，红卫兵来劈存在我们这儿庆王爷的棺材，那就是十三道，用大锤砸都砸不动，费了半天劲才劈下一个堵头。那木头还真好，满院子的木头香味儿。）”

“杉木有几种，如：福建杉（念沙）、江西杉、台湾杉。尺寸也是很严格的，汉族是二尺八的门口，满族人就得留三尺六；满族和满族也不一样，有点官衔，得搁四尺八门口；有爵的搁六尺四；王府的门口得搁八尺，头号荷包是八尺一长，五寸五厚，指着人靠绳子背是背不出来的，得使官扎杠——两根杠夹着，32人往出抬；由银安殿备好官扎杠，往出抬，门口小了抬不出来。”

真是隔行如隔山呀。可供研究民俗的朋友参考，王爷开棺材铺——自食其力，那手艺可一点也不能搀假呀，王爷就是王爷，做棺材也讲究像个样子呢。狄老说：“给活人、死人盖房子都要凭良心呀！”

柴记铁铺镰刀好

门头村西头把角是柴记铁铺。该铺打的镰刀最为有名，特别是刻有“枣花”的标记，割麦子，不卷刃，钢口好，特别快，也好磨，蹭几下就见刃儿，打草、割谷子、割麦子最好用，和别家的镰刀一比就知道。

柴记的锄头也好用，农具都是很地道的样式，打造结实。很多家庭都可说用了一辈子他家的农具，用到磨成小镰刀头儿也还是很锋利。柴记的老大是共产党，被国民党探子（特务）捉住后，吊在村口的树上，打得皮开肉绽，也没吐露一句话。当时说他“当了土匪”，一般人还以为是坏人，与抢劫、盗墓匪一样呢，后来方知道他是“共产党”。听说不是给活埋了，就是给带走了。

他的弟弟叫“小三儿”，因是打铁的世家，娶不上媳妇，后来娶了个残疾媳妇，还带她到大西北参加开发建设。去了多年，小三儿自己回来了，把她丢在大西北，没想到她自己会找到铁路上，路警给她送回北京香山来，成为当年的新闻。小三儿从此待她很好，给她收拾得很干净，逛街的人都能看到她的生活，夸奖铁铺小三儿不错……

八路军演讲台

在菜市西南角有一座小舞台，那是村里唱戏的地方。在抗日战争中，八路军曾经多次来这里宣传抗日，穿灰色军装的八路军男女战士们将菜市两头一掐，“撒上卡子”，就用铁皮喇叭筒喊话，宣传抗日。女兵教我们儿童唱革命歌曲。许多穿便衣的扛锄当雇工的也是八路军，掩护战士进入和撤退。许多热血青年当场报名参加八路军抗日队伍。

解放后，这小舞台，又是党的宣传阵地，演出许多著名的戏剧，如《小二黑结婚》《刘巧儿》《小姑贤》等。配合土地改革、宣传婚姻法、抗美援朝等党的中心工作，我的三姐张美如就是村里的宣传骨干。

到1956年前后，这里一直是群众的宣传阵地。合作化开始后，电影开始进入

门头村八路军演讲台（张嘉鼎绘于2011年）

农村，真武庙小学是放映基地，卖票为5分钱，每周都演电影，逐渐代替了戏剧宣传。

菜市小吃

门头村东头南侧是菜市，那是每天都有的热闹场所。有当地的村民来买菜，也有村民来卖自己吃不完的菜，如房前屋后种的架豆、枣、梨、桃、杏等。也有的是来买米面或是卖粮食。也有的是用粮食和毛皮来易货，来换酒和粗盐等。这样，菜市既是交易所，又是庸工和雇人的市场。特别是在夏天，许多卖力气的人，扛着大锄来到这里，俗呼“大鹰膀子”，有谁要耪地，当时就可以带他回去，因此时天刚亮，不会误工，所以，他们摸黑就到菜市来应工。菜市是他们来找临时性工作的场所。还有一些瓦工、木工也来这里寻工作。这样一来，菜市成了真正的交易所。当然，菜市里最多的还是卖吃食的商贩。

面茶：卖面茶的一头是一个用棉被包裹着的高坛子，大肚儿小口儿，棉布盖儿，一头儿是存放碗筷儿的竹橱。橱面儿上是一个大芝麻酱（活稀了的麻酱）罐儿，盛上面茶后，撒上花椒盐儿，均匀用两只筷子把麻酱撒成斜相眼儿，盖满碗面，会喝面茶的，不用勺子和筷子，托着碗转圈儿喝，不沾碗。那个卖面茶的，就住在我家的西面，姓傅，我们管他叫大舅。那舅妈一天到晚和芝麻酱，为第二天大舅去卖面茶做准备。记得后来舅妈来家串门儿讲她的小儿媳妇，把本儿上供应的二两麻酱买回来藏起来。舅妈说：“甭说如今麻酱花生味儿，就是真芝麻酱我闻见就恶心，就是那时天天和芝麻酱落下的病根儿。甭说吃了，闻就闻饱了。”她说的是真话，我那时常看见舅妈抱着铜旋子和芝麻酱。那铜镟子有大海碗粗细，一尺来高，象个大笔筒一样。擦得红亮干净。打芝麻酱是技巧，舅妈打的又快又好看，又卫生。

炸糕：卖炸糕的是菜市东面住的一个老头儿，一只眼睛有点毛病，长得很象是司徒乔画的《三个老华工》中的那个前面没戴帽子的老人。他说他每天三点就起来磨面和糗豆馅儿。全要新的，那炸糕用的黄面是用黄米磨的，小豆是红小豆，要挑干净沙子等杂物，煮透闷烂，然后就是打豆豉兑糖成豆馅儿。做好后，等到油热后，他熟练地抓起一砣面，在手心里按平成窝状，然后挖一勺豆馅在手心，把豆馅儿包好，再按平，这样，往油锅里一放，翻滚的油锅，把炸糕炸熟飘起来，然后，捞出来放铁丝架上控油，然后给顾客吃。金黄起泡，外焦里嫩，满口留香。这个老人每天如此，我也不知过了多少年，见到老头好像他没什么变化，还很硬朗。可惜再也吃不到这样好的炸糕了。如今的炸糕不是面是酸的，要不就是馅儿是让人恶心的稀塌塌。就是馅儿苦的，面臭的，能吃吗？

闷子：卖闷子的是位老太太“烧饼牛”，她卖发面烧饼加“闷子”、排叉儿。闷子是用胡罗卜、芥菜疙瘩、粉丝、肉皮冻、肥肉丁、香菜等切成丁，炒好，像包大饺子一样，然后下油锅一炸，五香略咸，夹着发面烧饼一吃，很香。这就是烧饼牛儿的闷子。别人做不出这样的味道。如今更是没处寻觅了。

张德禄猪肉炸丸子

在门头村德泉久油盐店对面，是张德禄的猪肉铺（天德馆），我管他叫“大爷”，他那里卖猪肉，很讲信义。卖的猪肉全是鲜肉，那时没有冰箱，除冬天可冻肉外，每天都要卖光。卖不光就要想法做成熟肉，这样一来，就要有点儿绝活儿方可招揽生意。张德禄除会做酱肉、酱肘子、酱猪头肉外，拿手的就是猪肉炸丸子。那炸丸子焦香，口感极好，越嚼越香。不是如今的丸子，一嚼满嘴干巴巴，又硬又无味道。他做的肉丸子肥而不腻，不是一咬出油儿，那香味儿不是五香粉味道，也没有那样多的面，那配方儿据说是宫廷里传出来的，可说我再也没吃过这样的炸丸子。连如今“天福厚”小干炸丸子也没有这样的味道了。

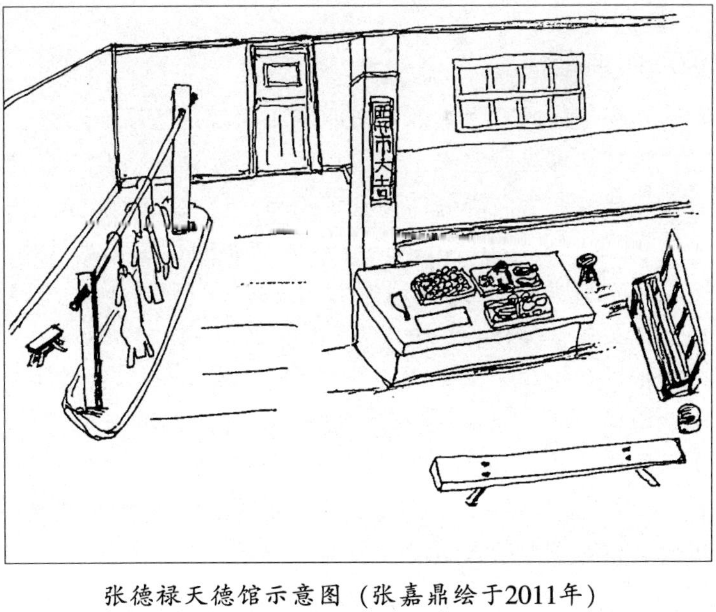

张德禄天德馆示意图（张嘉鼎绘于2011年）

大鼻子的物件

在门头村街里有个常年来摆地摊儿的，因个头儿高大，留着分头，最显眼的要数那高大的鼻子，所以人们不知道他叫什么名字，就叫他“大鼻子”的名号，人人不忘。

他摆地摊儿也没什么特殊货物，但是那铺在地上的白布单子很干净，上面摆着一些老乡实用的物件，有新有旧。电池、扣子、火柴、袜子、鞋带儿、腿带儿、旧棉鞋、洋画儿、洋烟盒、泥捏小汽车、小坦克、花郎棒、波浪鼓、转花筒、小剪刀和奶嘴儿、奶瓶儿、小暖瓶、木梳、卡子、绣花针、线、顶针儿、线板儿、锥子、手绢、九连环、揉手核桃、老花眼镜、小镜子、镯子、戒指、玻璃球、口琴、口哨儿、小人书、本儿、跳绳儿……分门别类，有的装小玻璃匣儿里，有的装在小抽匣里，如剪刀、锥子类易伤人的带刃儿的东西。有的是给学生用的，有的是给儿童用的，有的是给老人用的，有的是给妇女们用的……他每天坐在大马扎上等人来买东西，他不吸烟、也没别的嗜好，干干净净，很讨人喜欢。他总是多放一把或两把马扎在摊位前面，让人坐下挑和看，绝不催人买，而且都很便宜，随便还价，特别是学生，要买玩具，大多是半买半送。我就从他那里买到了全套的《梁红玉与韩世忠》洋画儿，一大张没剪开的，那是5分钱，当时一个烧饼3分钱，还不到俩烧饼钱，而且是彩印的。我一直珍藏到“文化大革命”，后来丢失。

保和的绱鞋铺

从侯记胡同穿出去的左右两家门面就是“手饰楼儿”和“保和绱鞋铺”。

这保和可是个名人，家喻户晓，不管是小孩儿还是老人，全叫他保和，成了官称。他绱鞋手艺极好，而且信用高，说什么时候得，就什么时候得，而且排好了，刷了大白，连自己纳的鞋底儿，做的鞋帮也难认出来。更重要的是他会反绱，特别结实，翻的手艺是绝活儿，别人干不了。再用鞋楦子一排，底边涂了大白，比买的鞋漂亮。

他的鞋铺里，从上到下全是鞋，是谁家的，他清清楚楚的，伸手就拿下来，不会出错。他一天到晚绱鞋，也不休息，也不雇个伙计，全靠他的夫人，一个大美人侍候，也没孩子。听人说那个美人是他从“芙蓉院”接出来的，花了大价钱，对他可好了。长得漂亮，还有点文化，会炒南方菜，可说是他保和的福分。多少有权有势力的人惦记这个美人，可她就是不动心，跟定了保和。

麻记羊肉铺

香山门头村是个多民族聚居的村落，因八旗健锐营也是多民族的聚合体，有八旗蒙古和草原民族，所以和回族有着千丝万缕的联系。门头村里也有羊肉铺，最大的要数“麻记”羊肉铺。麻记是大户，在四王府、北辛村全有人开着羊肉铺。记得我上中学的时候，老麻已经七十多岁，我们叫他儿子“二哥”，关称“麻二儿”，他叫我父亲“大叔”。

有一年，春末夏初时节，天气突然变化，麻二放羊赶快往回赶，此时起了大风，羊群被吹散了。时间不长，雨过天晴，不知何时，我家园子里进来两只白山羊，一大一小，大羊还怀着小羊，把我家刚刚长起来的玉米和“棍儿豆”秧吃了不少。父亲将两只羊拴起来并割草喂养起来，等待养主来认。大约有一周时间，我那麻家二哥来了，把羊领走了。怎么知道是他家的羊呢？第一，羊见了主人就叫起来；第二，他的羊群就在院儿外边，一解开绳子，马上追过去合了群儿。若不是他家的羊，会互相顶撞，不会合群儿。

大约过了两天，中午我放学回来，爸爸说：“今儿可有好吃的，你没吃过，是你麻记二哥特意给咱做的。”接着，爸爸把忙活半天做的作料准备好，我看有和好了的麻酱汁、香菜沫、韭菜花、酱豆腐、炸辣椒油儿……大约等锅开了，我看爸爸将切成一片片儿的羊肠子放进滚开的水锅里，突然，锅里的片片变成翻开的朵朵白花儿，爸爸说：“时间不能长，长就老了！”说着捞出来，“赶快吃！”，我把作料和好，夹起来蘸作料一吃，嗨！别有一番风味儿，腥香清嫩，入口即化，可说比涮羊肉要好吃得多，特别是那嫩滑润香的感觉，是别的食物无法代替的。我问爸爸：“这叫什么？”，爸爸说：“这就是有名的‘羊霜肠’，是你麻大爷亲自用血清灌的，现在很少做了。他跟你麻家二哥说：“让我永海兄弟尝尝，以后就吃不着啦，没人能做了。”果然，我在后来几十年的旅程中，走过西北的许多省份，吃过“血肠儿”“乳羊”，可是，再也没吃到这种“羊霜肠”。

麻记的大爷，在香山“北新村”开有羊肉铺，那旁边就是著名的“香山大旅社”，经常有来旅游的国内外游客寻找特殊风味食品，麻家大爷拿手的“白水羊头”，配上从哈记预订的烧饼，这种“快餐”，让当时来旅游的人大饱口福。

麻家大爷清真食品就是干净、好吃、不腻、还不贵。关键是作料和配制的羊肉清汤，我们是如何也炮制不出来那种味道的。就像我们如何也做不出“烧羊肉”的汤那样鲜香一样，特别是离不开那鲜香菜，翠绿清香配上羊头肉的纯正鲜香，给人一种难得的享受。

据说“羊床子”都有绝活儿，是不传人的，如同专利产品那样，怪不得，我走遍祖国大地，再也没吃到麻家大爷那样纯正的白水羊头了。

都说买卖难做，可我看满街的“红闷羊肉”、满街的“兰州拉面”，还硬称是“正宗”；满街的垃圾食品，还硬说成是“北京小吃”，真叫人哭笑不得。假冒伪劣的结果就是断了自己的后路，没人思念你，而真正的好品牌食品，是无法假冒的。几十年过去了，人们还在思念它。

“家乡”，不是抽象概念的堆砌，而是由这样细小的一山一水、一草一木、一人一家、一事一物、一言一语聚合而成的，具有让人魂牵梦绕的巨大磁力，使你无论走到哪里，也不会忘怀。寻根、寻旧、追忆童年，是每个中国人热爱家乡的具体体现。而民俗旅游为什么能历久不衰？为什么有些贫困的山区倒比平原富裕得快？就是那里的人热爱家乡而得到的福报，有些愚蠢的人，将村庄全部推倒，建起楼盘可能眼前得到点实惠，可丢掉的是“日进斗金”的民俗旅游和子孙后代的长久幸福啊！

门头村的骆驼队

老舍先生的名著《骆驼祥子》里，有不少地名都是真实的，特别是写从杏石口回来，路过魏家村，到南河滩，走过红山头后来到海淀，洗了澡……全是真实的地名。

门头村里还真有几家养骆驼的人家，如菜市南口的大墙赵家，还有大车曹家对面的“小耳朵李家”，全养许多的骆驼。每年夏天到口外放牧去，其它季节给人运输和驮煤。旗里每年各家烧的煤全靠叫“几把骆驼”的煤过冬。叫了煤还要找“摇煤球儿”的手艺人，来把硬煤分类后，把煤沫子掺上黄土，摇成煤球儿，凉干存起来留冬天烧火取暖。

骆驼队除了运煤外，还是内蒙运输的交通工具，有时到外蒙古去拉脚，一走就是几个月，拉骆驼的找个媳妇都困难，一年不着家。但合作化高潮到来时，他们没能入社，仍是拉骆驼走单帮，因为一年全在路上，谁也见不到谁，没法组织起来，反而成了自由民。

口外运输线的骆驼队有时也很危险，遇见狼群或是下小骆驼时召来野狗群，在千里沙漠中，叫天天不应，叫地地不灵，全靠自己的坚定和信念。这是"赶牲人"（拉骆驼的）的自白。他们挣点钱真是不容易。靠给勘探队运送物资和给养挣钱，靠给打井队驮设备挣钱，有时只好随人家一起走，一走就是一年半载的……

那时汽车少，沙漠里也开不了汽车，骆驼队还真是起了大作用。许多受了处分的人，离开了大城市，加入骆驼队淹没在人间瀚海里，如同失踪一样。

北京大车的变化和发展只是一瞬间的事情，几千年的"勒勒车"，毂辘大，车身小，钢瓦、反瓦木轮儿大车、马拉轿车等，全是这种大毂辘车。如今在西部地区和内蒙古还有，可是一夜春风，北京掀起胶皮毂辘大车族的热潮，很快这些拴了大车的家庭，变富了。他们缨抖长风，车轮飞转，运粮拉面、运水泥、拉砖，运钢材、拉木料，样样在先。那时汽车少，还要烧汽油，这马车方便，运输快还省钱。建设的需要使发展了几千年的马车变了样，但好景不长，很快被取代为载重汽车。如果说大车发展于1953年，兴盛于1958年大跃进，那么到了1980年，改革开放时，就开始衰落了。只兴旺了三十年。如今偶尔能在城里看到一辆拉着西瓜或白薯的马车，被"城管"追得四处奔逃……

正黄旗的游商

旧时清末和民国时代，香山健锐营正黄旗是八旗的精锐部队所在，除了平日派"井屋子"（为八旗各户担水的水工——山东人）的孩子，我们叫"小力巴"的去"跑腿儿"买醋，打酱油外，一般都是门头村里的铺户，按时到我们"营子"里为每家送日用日货，赊着，半年或一年总付。（旗人最低生活供给是：每季一担米，每月4两银，有职务的那就多了去了。铺户不会得罪他们，整个当了半个家。）

旗人除了过年过节、办红、白喜事，要大操办外，平日过日子，讲究简省。老人说："过日子，不得不简省；待人，不得不风光。""吃不穷，喝不穷，算计不到就受穷。"来了客人，会倾其所有、尽其所能招待。这是旗人保留了远古时代的风俗，让来的客人、哪怕是过路人，也吃饱上路。所以，平日的旗人生活，并非像有些人说的："旗人可讲究吃啦，净摆谱儿……谱大爷……"。

其实，旗人讲究的是"饮食文化"，包括其卫生、调配合理、色香味俱全，为的是营养和健康。如今的城市居民不是都这样生活了吗？如吃炸酱面，从和面开始，到抻面、下锅、煮的时间掌握上，面伴（念板）儿的配置上，都很讲究，如切黄瓜，除了黄瓜丝外，还要切三寸长、劈成四瓣的黄瓜条，小萝卜丝和萝卜条，青蒜、豆芽菜等。吃炸酱面，要新炸和干炸的肉丁炸酱，要用天园酱园或六必居的酱，为的是那个味道香。打卤面那要有好的“口蘑丁”和“鹿角菜”配卤，还要有好黄花、木耳、五花猪肉、鸡蛋、好“团粉”（淀粉）勾芡。吃“羊肉酸菜煨汆儿”，必然用文火（微火）靠出羊肉和酸菜的混合香味儿，这些“讲究”正是“饮食文化”的精髓。

旗人的饮食精力花在两方面，一是做饭前的准备充分，二是所用的辅料较为齐全、纯正。这与“将就、凑合”“吃不好瞎吃”的“文化”无法苟同。也许这就是旗人和别人不同的地方，其实是生活条件和生活习惯的区分。

为了满足旗人生活的特殊要求，除铺户包月外，还有许多的“游商”填补空缺，那就是中午卖饭和早晚卖零食和佐餐的游商。如：我们正黄旗有个常年来此卖包子的人，一到中午就会听到他吆喝卖包子的声音：“刚出锅的肉包子……”，我们家的隔壁是“大陈奶奶家”，大陈奶奶的儿子是教书先生，喜欢养鸟儿，他家养个“八哥儿”，教它学会说外语，会说汉语，还会学“碌碡”吱纽吱纽的叫。特别会学大陈奶奶叫孙女买包子的声音：“小英子，买包子去！”特别像，一到中午这个时候，八哥一听到卖包子的吆喝，就喊：“小英子，买包子去！”逗得邻里全笑。有个学生，天天路过墙外，总用弹弓瞄它，逗它。这天，失手，真的打到八哥儿的头上了，虽说没用力，毕竟打在眼睛上了，八哥儿叫着：“哎吆，疼死我唠！”半天不吃不喝死了。再听不到它叫“小英子，买包子去！”的声音，后来，听到卖包子的声音，小英子和他奶奶就哭，这个卖包子的就再也不到我们营子里来了。

后来一到中午，就有一个卖云豆的拉着长音吆喝：“五香——云豆，大啊云豆！”抑扬顿挫，特别低沉而好听。他用小洋瓷碗儿从篓里往外崴，干爽无汤儿很整齐，味道五香，很面，老人小孩都爱吃。最近我是在“香山香麓园”的餐桌上，吃到了久违的旗人“大云豆”，味道没变，还是儿时那个甜美的味道。

50多年前，我的老家香山正黄旗，中午前后总有个中年人挑着两只‘圆篓’(一种用木片制成的大圆盒子)，边走边吆喝：“臭豆腐——酱豆腐，王致和的臭豆腐……”淘气的孩子有时接在其吆喝之后吆喝：“臭豆腐——酱豆腐，王致和的小舅子……”引得大家哈哈大笑。当然，听到这样的吆喝后，人们纷纷开门端着碗、碟儿，叫住卖酱豆腐的，在路边树下买起来。刚刚解放了的人民，生活虽然清苦，2分钱一块的臭豆腐，来上5块，3分钱一块的酱豆腐，来3块儿，老太太总要说“多来点酱豆腐汤儿”，才花2角钱。中午用来佐餐成了一种美味。

要是到冬天，特别是快过年时，我们就盼一个老头儿晚上来吆喝：“水萝卜赛梨也——辣了换！”他把水萝卜削成一朵完整的花一样，绿皮是花瓣儿，花托儿，里面的粉红萝卜切成横竖整齐的四方块儿。吃起来是又甜又脆又爽口。在寂静的冬夜，听着那嘶哑略带沧桑的吆喝声，让人终生回味无穷。

当然，游商还有卖茉莉花儿、玉春棒儿、绣花样子、绣花线、梳头油、雪花膏、顶香的和算命的；也有用猫皮狗皮换盆儿换碗儿、剃头、锔锅的；也有摇煤球、劁猪和卖耗子药的……

那时的营子是安宁、和谐、生机勃勃的，都是熟人，随便赊欠，没有欺诈、勒索和赖账不还的，淳朴的乡民，古朴的民风造就了一地的文化氛围，培养了此处的道德和情操。

月牙河旁的买卖街

在香山公园正门外“月牙河古树林”路北，是著名的‘买卖街儿’，“街”读成“尖儿”。规模不是很大，主要是当年为皇上来“勤政殿”时，过过平民百姓的日子，让太监们当“售货员”卖东西，供皇帝和后妃们游乐。宫门里有一段，宫门外也有一段儿。后来，成了真正的供平民们生活所需的街市了。特别是民国革命以

香山月牙河买卖街（张嘉鼎摄于2011年）

后，熊希龄在香山建了慈幼院、静宜女学，在校门口设邮局、电业、消防等新政，学校有自己的工厂生产铅笔、铁工工具等，有时也参与买卖街的贸易。

北辛村买卖街（张嘉鼎摄于2011年）

后来，香山游人渐多，通往碧云寺的北辛村、煤厂街也成了“买卖街”。也逐渐多了许多的商号，如：农事试验场、煤厂街史记煤铺、“祥云记杂货店”、晋森玉粮店（也叫恒昌号）、管记文具店、王记修车铺、孟记照相馆、赵记缝纫铺、姜记理发馆、香山大旅社、屈记毛驴导游社、鹿记养蜂场、黑丫家养羊场、那记奶牛场、舍粥场、卫生院……

香山买卖街儿范围不是特别集中，但是离着也不是很远，而且各有特色，下面选几个著名的商号加以介绍，足见一斑。

大旅社的蘑菇宴

香山红叶，名闻天下。如今香山旅游设施也颇具规模，现代化饭店、高空索道，给中外游客带来了极大的舒适和方便，使香山成为四季游客不断的公园。望着那被踩秃的主峰山头，看着那排出十几里的车队，又使我想到往事……

旧日的香山游人也很多，可是旅游设施很差，除香山公园里的几座高级别墅外，就是香山楼门外、如今正对公共汽车停车场的“香山大旅社”了。那时主要服务对象是常驻中国的洋人和来华观光的外国人以及华侨富商。可是，这位旅社的经理是个精明人，他能说一口流利的英语，也会说一些德语、法语、俄语和日本话。那时，中国尚没有专门研究如何经营管理饭店的学科，更没有如今先进的饮水、供冷暖的设施，可是，他非常懂得怎样用热情周到的服务、用当地的山地土特产，来掏洋人的腰包儿，居然搞出了独特的“蘑菇宴”。使来华的外国游客慕名而来，高高兴兴而去。这位经理很懂得外国人的心理，他认为，外国人来华一要玩好，二要食宿舒适安全，并非要吃燕窝、鱼翅、山珍海味，主要是高兴两个字。只要使他们真的发自内心的高兴，他们不但舍得花钱，而且回去后，会告诉更多的朋友来。他怎样使外国朋友高兴呢？除他的旅社内有很周到的安排和服务外，他非常注意供应质高而洁净的节令食品，如春天，他为旅客餐桌上放一盘晶莹璀璨的香山樱桃沟的特产——对儿樱桃，这种樱桃尤如海棠大而长柄，一对儿一对儿长在一起，客人一入席就惊叫一声，紧接着就是闪光灯拍照，客人很快就和主人亲近起来。除了樱桃，还有初夏香山的“巴旦白杏”、高缸桃儿、奇形怪状的枣儿、香山京白梨、早熟五月鲜儿苹果；初秋的红柿、大石榴……总之，让客人惊叹和高兴，记住此地的特产。他很会经济核算，特别是就地取财供应菜肴。香山树木茂密，春雨过后，直到晚秋，山上都能采到蘑菇，因此，他请来名厨高手，专门研究出了蘑菇宴席。当然，他并不是光炒出菜来让人吃，夸奖味道好就算完了，他还是那个让人高兴的主意，怎么办呢？

香山挂甲塔山后有个老人，因一生靠山吃山，特别是他会采蘑菇，所以人们称他为“蘑菇老人”。香山大旅社的经理，相中了蘑菇老人，于是和他商定，每一星期，或每五天，送来一对蘑菇，每只蘑菇一块银元。这位蘑菇老人还真是位神仙，他高兴地答应了经理的请求，每五天准时送下山一对荆蘑。这荆蘑不要说是外国人没见过，就是久居香山的山客儿也很少有人见到过，个头有如今天儿童戴的草帽那样大、还不能开开伞儿，似开不开地放在两个荆条编织的篮子里，上面盖上鲜绿的荆条叶子，一头儿一个，老人挑下山来，大旅社经理除了留老人喝酒吃饭给两块大洋外，还给老人许多的“洋货”带回山去……

外国游客一来，落坐惊叹完樱桃不久，经理从后边手托一只荆条篮子出来，上面盖一块红绸布，他当着客人的面，像变魔术一样，把篮子上的布打开，顿时又引起外国人的一片惊叹声，他用流利的英语向客人介绍荆蘑的营养价值后，又讲了它的来之不易，每五天方能有两只采来，那一只给了一位外国要员品尝了，如今这只正巧给各位品尝，真是上帝赐的口福。说得外国人手舞足蹈，兴奋异常，又是一片闪光灯拍照。他立时让人提到厨房去加工，接着他就向大家介绍他的蘑菇宴的烹调技术、特色、口感……说得人馋涎欲滴，此时，菜已经做好，端上桌来，大家胃口大开，吃得津津有味，连连叫好！有人会问：“那大蘑菇真的当场给外国客人做啦？”那位经理说的话让人扫兴，他说：“我把那大蘑菇又放冰柜里了，给他们吃？他们牙还没长齐呢！蒙大鼻子呗！让他们开开眼，见识见识中国的蘑菇都这样大！您想，一炒熟，他还能看出个大个小来？鲜蘑菇都一个味儿，不然我每天买那么多小蘑菇干啥？”他还说：“等蘑菇老人再送新的荆蘑下山了，这两蘑菇我就带家去吃喽！”也是怪事，蘑菇老人准时五天送两个荆蘑下山，多少人跟着老人后边偷看他到哪里去采，可始终没弄清他的秘密地点。据老人们传说，荆蘑都有“埽”，而且都有毒蛇、猛兽守护，不是轻而易举能得到的。有人说：“是山神爷，专门给蘑菇老人准备的。”也有人说：“是蘑菇老人自己种的。”怎么种？种在哪里？没人知道。只可惜后来闹日本鬼子，封锁山区，老人去世了，也没留下这荆蘑的采摘地点和培植方法，大旅社的蘑菇宴也从此停做了。鬼子一来，旅社也被占了，只好关了张。

家庭旅馆与小毛驴

中国人最爱恋自己的家乡和故土，对家乡的一山一水、一草一木都非常珍视，正是中华民族内聚力的最好体现。俗话说：谁不说俺家乡好呀！香山，不止香山，凡是旅游业发达的地区，人们的文化素质提高也快，拿香山来说，过去，除了供中外游人居住的饭店旅社外，每个住户家里也是极讲究卫生和环境美化的，经常有侨胞和外国旅客定了高级包间不去住，请求留宿在村舍宅中，体会一下家人团聚和农舍的田园风光，以满足其心理平衡的需求。往往这家会殷勤款待来客，当成是全村全家的光荣，不收费，给客人以极大的安慰。他们感到十分亲切，特别是出洋的侨胞，更为感动，只有住到这样的田园农舍中，才有宾至如归的感受，才真像回到家里一样。所以，香山的家庭都十分好客，不以金钱计较，也给游客以宽松和安逸太平之感，淳朴的民风，促进了旅游业的发展。

这里还有许多的民间导游员，他们每年不是出于职业的需要，而是对家乡的热爱和熟悉，主动当上了导游员。当然，很少有姑娘和妇女担任，多为老人和儿童，特别是他们熟知外国游客的心理，乘惯了汽车和飞机，这里为游人上山准备了一头十字披红、系着串铃儿的温顺的小毛驴，上山十分灵便，外国游客个子大腿长，骑上毛驴也不会摔下来，十分安全可靠。而且有人牵驴陪同解说介绍，一天除了游香山三处地方（香山、卧佛寺、碧云寺）还可以从山上到“八大处”，也有到山后更远的地方游玩的。一来是交通工具便利，二来有人陪伴解说，还能提供食宿，住一天或两天，游玩得很畅快，因此，外国游客对这样的民间导游和小毛驴很感兴趣，从中可享受到另外一种情趣！也使一些老人有了一种生活的寄托，也为穷苦人开劈了一种职业。我国著名的作家杨朔先生曾写过《香山红叶》，正是对这种民间导游老人的热情赞颂。他们出于对家乡的热爱和深厚的感情，为游客们讲解得十分认真，恨不能把自己所知的一切和盘托出，决不像今天科班出来的一些导游小姐那样，用词简炼而省力，常对游人提出的问题给以外交辞令回答：无可奉告。这就更让人思念那些饱经风霜的“红叶”老人和那可爱的小毛驴……

煤厂街和小煤窑

香山地质复杂，有许多古生物化石、恐龙化石，特别是煤层很厚，离地表浅，所以，解放前，挂甲塔地区出现了许多的小煤窑，这样，香山“煤厂街”就成了小煤窑产煤的集散地，有名的煤商叫“史老铁”，有名的窑主姓姜，外号叫“姜歪脖儿”。

那时的挖煤工很辛苦，靠人拖拉斗往上运煤，没有任何的安全装置和现代化的送风、机采等洋玩艺儿。全是靠人挖肩背把煤弄出来，死人和瓦斯爆炸是经常的，窑主从不救人，所以，挂甲塔前山有许多的“窑神像”石刻，挖煤的人都信窑神爷，保佑别出险情，“吃的阳间饭，干的阴间活”。特别是许多童工也下煤窑，把筐拴脚脖子上，连拉带拽拖煤。其实，清代就不许在此采煤，皇帝有圣旨。但是，民国成立后，战乱不断，政府如同走马灯更替，土匪横行，地方势力猖獗。盗挖矿藏、砍伐森林、圈占土地……无恶不做。很多人惨死在小煤窑中。所以，一解放，政府就取缔了小煤窑，将罪大恶极的窑主“姜歪脖儿”开万人大会控诉后，拉到红山头山顶立即枪决。

看来，残害百姓的人，最终都要得到惩处，正是“善有善报，恶有恶报，不是不报，时候不到，时候一到，一切报消。”

真武庙（周武庙）

门头村东头有个周武庙小学，就是“真武庙”旧址。庙坐东朝西，三重院落，解放时尚完整。门西广场为寺庙大门，有一人高黄色庙墙围护，有木牌楼已残破。中院是四合院，北为僧舍，南为居士房，西有大殿、东为二殿，里院为菜

真武庙小学遗址（张嘉鼎摄影）

地，后为大操场。解放后，这里为小学校，大殿、二殿和南北僧舍全为教室。因教室少，低年级学生后迁“镶蓝旗学坊”上课。许多门头村的学生上山北的“红山头小学”，在那里毕业。我是在香山红山头小学（现在的香山小学）毕业的，而我少年时的朋友宋守潭就是门头村周武庙小学毕业的。

庙里的教室还发生过许多趣事。据说，当初这里来的是山西的和尚，年老就死在这里，停在二殿的东后墙夹缝里，为“囚子”，新中国成立后才弄走埋葬。夏天学生上课时，不时会有蛇、壁虎、蜈蚣、蝎子从顶棚掉下来，吓得学生大哭。一天，顶棚有个地方坠下一凸包，突然，那包摔破，学生又以为是蛇掉下来了，吓得夺路而逃；可是，随着尘土的坠落，几十块洋钱应声落下，学生们乐了，大家抢起洋钱来。当然，老师全部没收交给了校长，又转交上级了。

周武庙，是真武庙的讹传，真武庙应该是道家的寺庙，是真武大帝真君的庙宇，也就是我们说的“火神爷”的庙。所以，那大殿是黑色瓦，庙外墙是黄色，与一般的庙宇不同。它是防火和保护当地百姓的神庙，与土地庙、城隍庙、五道庙为同类。后为清代“关帝庙”所代替。20世纪50年代，我们每周可以到这里花5分钱看一场新电影，这里是海淀文化馆与村文化站组织的定点放映基地。我就是在这里看的《草原上的人们》和一个“抓特务”的什么电影。那时，周武庙这里已经是门头村的东头了，从它的南墙穿过就是通往“四十五中”的近路。

此处的“周武庙小学”已经全部迁到南河滩，并更名为“第四试验小学”。门头村周武庙小学完成了她的历史使命，消失在楼群中。

趣闻轶事

难忘老舍先生到我家

老舍先生住的院落是过去地主张万春的院子，门前有大影壁，高台阶儿，里边院很深，大四合院。老舍住西屋，指挥部在北屋，很安全。有军人站岗，门外有军用的吉普车可随时使用，那时还没有‘卧车’，到我家也是乘的军用吉普。他那时得的也是高血压病，我父亲也是高血压闹的两耳重听。两位老人很谈得来，炮司的王主任陪同，还将张永海先生的葡萄转送给毛主席去品尝。我那时正在大西北空军原子试验基地服役，全是父亲来信中所谈。

老舍居住的具体地点是在门头村街道的北侧，和铁关帝庙平行，中间隔条南北街道。

提起“老舍”，老北京人很少有不知道的，他写的《龙须沟》、《全家福》、《茶馆》、《骆驼祥子》等影视和话剧，得到老北京市民的热爱。那北京的浓郁乡土味儿和感人的艺术魅力、那幽默豪爽的气质和崇高的品格，充满了他作品的字里行间。他的语言是那样的真挚、热情、幽默、深刻而凝练，许多复杂现象从他眼里一过，顺理成章，言简意赅、切中时弊。他的比喻也极为深刻有力，他说旧中国的北京只用两句话就概括了：“刮风像香炉，下雨像墨盒子。”这在我上中学的时候就读过了，我是多么想见到老舍先生呀！没想到，他老人家竟然于风雨来临前的1964年10月到我家作客，只可惜我那时正在中国人民解放军空军里服役，没有能见到先生。

一九六四年十月的一天，我在山东济南第五航空学院接到父亲的来信，信上说：“……告诉你一件喜事，你久已想见的老舍先生，现在就住在香山养病，因他患的是血压高，在‘正红旗建设指挥部’住着……本月十日那天，炮司的高上尉来家中跟我说要看一看1963年4月18日那张《曹雪芹在香山的传说》一文的原稿（见北京日报），我说：‘因为原稿尚在报社未退回，如果要看我有那天的报，请您拿去看看。’当即拿去。十月二十二号那天上午十一点钟，‘炮司’王主任同着一位老人来家看我种的葡萄试验园，我看着老人象老舍，我就问：‘老先生，您贵姓’，他答‘我姓舒’。我就没敢认。后来王主任同老人进屋后，才介绍说：‘这是老舍老人’。我高兴地

张嘉鼎参军时的照片

葡萄张照片

说：‘真是（今天）贵客临门，要不是社会主义社会，哪能到我家来呢！’王主任说：“你的那篇文章老先生全看过了。”后来我去园里剪了两嘟噜‘北京红’，一嘟噜‘红鸡心’（葡萄），均套着纸袋儿送给老人，老人说：‘我不敢吃凉的。’我说：‘吃葡萄没关系。’我将纸袋打开，老人一看高兴了，吃了‘北京红’又吃‘红鸡心’，随吃随说：‘真好看，真好吃，真好真好。’后来我才问：“今年您高寿？”老人答：‘我今年六十六岁，我现在患高血压，不能多谈，我在‘炮司’住着养病来了。‘我告诉老人：‘我也是高血压，闹得两耳重听。现在稍微见好，也有经常犯晕的毛病。’后来老舍老人同王主任高兴地走出门外，我送出门外老人说：‘不要送了，今天我来认认门，日后我还要来呢。’后乘车返回炮司，时间已12点，到了吃午饭的时候了。”

葡萄张故居（张嘉鼎摄于2011年）

“如果日后先生来，我一定向老人打听一下老人原地籍，认不认识四王府左近镶白旗或右近正白旗的一个人‘梓子拉’”。

事有凑巧，不久我接到空军某部通知，到北京参加一个展览会，我从济南回到了北京，见到父亲又提起此事，父亲说到：“听说老舍老人正为写《正红旗下》搜集材料和修改剧本《西望长安》，可能还没走。”父亲还说：老舍先生说要写写八旗，先写的是《正红旗下》，这书名应读“整红器”，把旗和下读“器”

音。读其它的旗也是“整白器”“整黄器”“整蓝器”“镶黄器”“镶蓝器”“镶白器”“镶红器”。

您看两个旗人见面问话也是：

“您吃了吗?”

“偏过了您哪”

“您这是到哪去呀?”

“我上整黄器孩子他姥姥家看看。”

“您上哪去呀?”

“咳！我这不是到街里麻记端点烧羊肉汤，姑奶奶来了，说：‘嫂子，您也甭费事儿啦，给我端点烧羊肉加俩烧饼就成啦’。”“还点着要吃的?”

“咳！多年没回来，想这口儿吃呗。我去啦，得空到家里座啊!”……

听说老舍还没走，于是我去炮司看望老人，因我那时是现役军人，很容易找到了老人的住处，高上尉问明我的来意说：“真不凑巧，老舍先生回城里还是去密云了，也可能还会回来，倘回来我一定转口信儿给老人。”谁承想先生没有再回来，也没能再到我家来，我也终未与先生一晤……

1966年9月，我在甘肃武威接到父亲的来信，信中说：“……近日风闻（城里）抄家之事甚多，听你大哥讲老舍先生家也被抄并已去世，死得极惨，有人在太平湖里捞起尸身，体无完肤。可怜一生磊落，竟遭此运，令人心酸。近日时常停电，写信极为不便，旧病复发，心情极坏，就此搁笔，阅后烧掉。”我捧着父亲的信，心里极不平静，后来的形势就更难预料，一夜间好像翻了个个儿，报刊上批判死去和活着的老文化人，罪名是极为别致的，谁也不能幸免。真是：

“参天古木傲霜雪，忽遇邪风拔木摧。
百年荫凉竟成罪，播籽万方成诛因。”……

十年后，《新文学史料》上刊出了老舍1964年11月22日从我家走后，晚上给郭沫若先生写的信：提到门头村这里的情况说：“……生产青菜与水果，地处香山稍南，晴日可见山上红叶”。并附七言律诗：

“门头村里好为家，文艺源泉岂浪夸。
金玉红楼终是梦，镰锄碧野遍开花。
东流巨浪今潮北，霜降香山叶染霞。
瓜果齐歌丰产日，高天一弹吐光华。”

第三句的诗注：父老传言曹雪芹曾在法海寺内出家。

郭沫若先生接信后给老舍先生回信，和诗一首：

“门头村里社员家，四季青青岂浪夸。

争取青边三点水，赢得锦上又添花。

欢腾西域冲天弹，红遍香山映日霞。

反帝防修站前哨，万邦翘首望中华。”

京西葡萄张张永海照片

此时，我的父亲也已于1970年患脑溢血去世，临终还念叨老舍先生和香山与红楼梦有关遗址的保护事情，怕“扎沟垫地”和“打狗平坟”运动会将这些遗址破坏了。老天有眼，这些遗址有幸保存下来了，而且后来还发现了“题壁诗”，与我父亲发表的文章中的联语：“远富近贫以礼相交天下有，疏亲谩友因财绝义世间多”基本一致，才引起舆论界的广泛注意。此时，我的父亲已去世多年了。

为了纪念这件文化逸事，我将《老舍赞扬葡萄张》一文发表于《北京日报》(1988年10月26日，“人物与北京”专栏)。

“葡萄张”，名叫张永海，生于清末。他自幼好学，毕业于香山高等学堂。民国后，八旗解体，他一边当职业户籍警察糊口（为中共地下秘密党员），一边研习种植葡萄技术，率先在房前屋后种植葡萄，遂辞去警务以园艺为生。

新中国成立后，他为大面积种植和改良葡萄品种尽心工作。为培养当地种植葡萄果农，他先后带出一批骨干力量，为发展“四季清”葡萄种植做出了很大贡献。

他培植的葡萄品种主要有中国玛瑙红，后改名“北京红”。其果穗大，果实饱满，果肉厚，易贮存，抗病力强，单株产量高，成熟期正好在中秋节前。他培植的第二种葡萄为“冷香蜜”，成熟期晚，霜降时葡萄始转黄，耐寒性强，易贮藏，果实甘甜，植株抗病力强。他培植和改良的玫瑰香葡萄味道香甜、果实粒大、果穗密度大。他培植的盆栽葡萄和无籽葡萄以及试验的耐寒葡萄都受到国家科研部门的重视和赞扬。1964年秋，著名作家老舍先生慕名拜访张永海先生，张先生用自种葡萄待客，老舍先生尝后赞道：“真好吃，真好看，真好真好！”第二天写信给郭沫若先生，谈在香山所见所闻，并附小诗一首曰：“门头村里好为家，文艺源泉岂浪夸。金玉红楼终是梦，镰锄碧野遍开花……”

张永海虽已离开人世，但他辛勤劳动培育的葡萄却留给了后人。

结　束　语

香山法海寺是座有名的寺庙，不是因规模之大，而是人文荟萃而著称。郑板桥“每到京师必到山”，说明这里是除皇家园林之外，最好的可住可游之地，是文人、骚客聚会的地方。加上老方丈学识渊博，琴棋书画俱佳，“仁者爱山，智者乐水”。这里山水如画，仿如仙境，是陶冶人们性情的地方，连王爷们都常此聚会。曹雪芹、敦诚、敦敏，更是要尽“地主之谊”，虽不能设宴招待，好酒、山珍是必备的，见过世面的人不在乎吃什么，而在乎感情的抒发和志趣的相投。面对青山流水，一杯酒一石榻，临风赏月，好友相聚，山南海北，讴歌挥洒，尽情尽兴，不是神仙，胜似神仙。在清代文字狱猖獗的时候，有此安乐的地方，哪个不想来此超脱一番？

修复后的法海寺山门（张嘉鼎摄于2011年8月28日）

香山法海寺一带留下了许多珍贵的文物古迹或人文

轶事，无论是皇家的御碑胜迹，还是曹雪芹等历史名人的活动足迹，都表明此处具有极其重要的文化价值，值得我们去挖掘整理。本书的出版，是学苑出版社领导、编辑、策划和各个环节共同努力的结果。让我们以著者的名义向他们表示感谢！祝福他们吉祥如意，万事顺遂！

也祝愿我们的读者，添智增慧，圆满功德，心想事成！

张嘉鼎　铁木伦

2013年6月25日于北京香山